Wetterfest und robust!

Für die Innenseiten dieses Buches haben wir uns etwas Besonderes einfallen lassen. Die Seiten bestehen aus hochwertigem Landkartenpapier, welches mit einer robusten und wasserabweisenden Beschichtung versehen wurde. Somit übersteht es unbeschadet auch mal ein Regenwetter.

Bitte beachten Sie: wetterfest und wasserabweisend bedeutet nicht wasserfest! Die Seiten sind gut gegen Spritzwasser geschützt und kleben, wenn sie feucht werden, nicht aneinander. Dennoch darf das Buch nicht komplett durchnässt werden.

Bitte verwenden Sie bei Dauerregen zusätzlich einen Regenschutz.

wetterfest reißfest

Radatlas Rund um Hamburg

Die schönsten Radtouren rund um die Hansestadt

Ein original *bikeline*-Radtourenbuch

Esterbauer

bikeline®-Radatlas Rund um Hamburg
© 2009-2011, **Verlag Esterbauer GmbH**
A-3751 Rodingersdorf, Hauptstr. 31
Tel.: +43/2983/28982-0, Fax: -500
E-Mail: bikeline@esterbauer.com
www.esterbauer.com
3. überarbeitete Auflage 2011
ISBN: 978-3-85000-247-9

Bitte geben Sie bei jeder Korrespondenz die Auflage und die ISBN an!

Dank an alle, die uns bei der Erstellung dieses Buches tatkräftig unterstützt haben, besonders an A. Bergemann, Trittau; J. Kirschner, Hamburg; H. Jäkel, Hamburg; E. Wilkening, Weyhe; W. von Borstel; H. Rann, Hamburg..

Das *bikeline*-Team:
Heidi Authried, Beatrix Bauer, Markus Belz, Michael Bernhard, Michael Binder, Veronika Bock, Sandra Eisner, Roland Esterbauer, Gabi Glasstetter, Dagmar Güldenpfennig, Carmen Hager, Heidi Huber, Tobias Klein, Martina Kreindl, Eveline Müllauer, Gregor Münch, Karin Neichsner, Niki Nowak, Julia Pelikan, Petra Riss, Christian Schlechte, Erik Schmidt, Mandy Schwalbe, Michael Smogavetz, Matthias Thal, Martin Wischin, Wolfgang Zangerl.

Umschlagbilder: Chris Heymans: Hamburg, Hafen; Heidi Authried: Schloss Ahrensburg; Landkreis Stade: Jork, Altes Land
Bildnachweis: Behörde für Stadtentwicklung und Umwelt Hamburg: 180; Bernhard Mues: 40; Gästeinfo Hitzacker: 49; Glückstadt Destination Management GmbH: 66; Heidi Authried: 15, 16, 17, 18, 19, 29, 30, 32, 35, 37, 73, 76, 78, 81, 85, 86, 91, 94, 97, 100, 101, 102, 103, 105, 106, 110, 122, 126, 132, 154, 155, 156, 162, 166, 168, 170, 171, 183, 185, 187, 188, 189, 190, 191; Harald Jaekel: 178; Kreisverwaltung Pinneberg: 62; Stade Tourismus-GmbH / F. Tinnemeyer: 129, 130; Stade Tourismus-GmbH / M. Hutcheson: 12; Stadtinformation Buxtehude: 113, 114, 127; Stadt Lüneburg: 74, 78; Tourismus- und Gewerbeverein Wedel: 153; Tourismusverband LK Stade / Elbe e.V.: 70, 124; Touristinfo Geesthacht: 52; Unterelbe Tourismus: 11, 140; Valeska Henze: 148, 150; Wedel Marketing / Thomas Schmitt: 152

Kartografie erstellt mit axpand
(www.axes-systems.com)

Die GPS-Tracks zu diesem Buch erhalten Sie nach Registrierung im Internet unter: www.esterbauer.com

Produktcode: 247-m8t9-R34D

bikeline

Was ist bikeline?

Wir sind ein Team von Redakteuren, Kartografen, Geografen und anderen Mitarbeitern, die allesamt begeisterte Radfahrerinnen und Radfahrer sind. Ins „Rollen“ gebracht hat das Projekt 1987 eine Wiener Radinitiative, die begonnen hat Radkarten zu produzieren. Heute tun wir dies als Verlag mit großem Erfolg. Mittlerweile gibt's bikeline® und cycline® Bücher in fünf Sprachen und in vielen Ländern Europas.

Um unsere Bücher immer auf dem letzten Stand zu halten, brauchen wir auch Ihre Hilfe. Schreiben Sie uns, wenn Sie Unstimmigkeiten oder Änderungen in einem unserer Bücher entdeckt haben.

Wir freuen uns auf Ihre Rückmeldung (redaktion@esterbauer.com),

Ihre bikeline-Redaktion

Vorwort

Willkommen in der schönen Hansestadt! Wenn Sie das Wasser lieben und sich für schöne, alte Schlösser begeistern können, wenn Sie manchmal einfach die Stille des Waldes genießen möchten und blühende Obstbäume romantisch finden, dann sollten Sie mit diesem Büchlein auf Entdeckungsreise gehen. Wir haben für Sie Radtouren zusammengestellt, die Sie zu den Marschgebieten ins „Alte Land“ und in die Salzstadt Lüneburg führen, sie werden Ihnen die „Alte Salzstraße“ und den historischen Hafen von Buxtehude zeigen. Erkunden Sie die Umgebung Hamburgs per Fahrrad und Sie werden überrascht sein von der Vielfalt und der Weite der Landschaft, von den alten Wassermühlen und den farbenfrohen Fachwerkhäusern – und wenn Sie mögen, gibt's auch jede Menge Kultur und Großstadtgetümmel samt Fischmarkt oben drauf.

Präzise Karten, genaue Streckenbeschreibungen, zahlreiche Stadt- und Ortspläne, Hinweise auf das kulturelle und touristische Angebot der Region und ein umfangreiches Übernachtungsverzeichnis – in diesem Buch finden Sie alles, was Sie zu einer Radtour rund um Hamburg brauchen – außer gutem Radlwetter, das können wir Ihnen nur wünschen.

Kartenlegende

Radrouten

Hauptroute, wenig KFZ-Verkehr
- asphaltiert (main cycle route, low motor traffic)
- nicht asphaltiert (main cycle route, unpaved road)
- schlecht befahrbar (main cycle route, bad surface)

Radweg / Hauptroute, autofrei
- asphaltiert (cycle path, without motor traffic, paved road)
- nicht asphaltiert (cycle path, unpaved road)
- schlecht befahrbar (cycle path, bad surface)

Ausflug od. Variante
(excursion or alternative route, low motor traffic)
- asphaltiert (excursion or alternative route, paved road)
- nicht asphaltiert (excursion, unpaved road)
- schlecht befahrbar (excursion, bad surface)

Ausflug od. Variante, autofrei / Radweg
(excursion or alternative route, without motor traffic /cycle path)
- asphaltiert (excursion or alternative route, paved road)
- nicht asphaltiert (excursion, unpaved road)
- schlecht befahrbar (excursion, bad surface)

- sonstige Radrouten (other cycle routes)
- Radweg in Planung (planned cycle path)
- Radweg gesperrt (closed cycle path)
- Fährverbindung (ferry connection)

KFZ-Verkehr (vehicular traffic)

- Radroute auf mäßig befahrener Straße (cycle route with moderate motor traffic)
- Radroute auf stark befahrener Straße (cycle route with heavy motor traffic)
- Radfahrstreifen (cycle lane)
- mäßig befahrene Straße (road with motor traffic)
- stark befahrene Straße (road with heavy motor traffic)

Steigungen / Entfernungen (gradient / distance)

- starke Steigung (steep gradient, uphill)
- leichte bis mittlere Steigung (light gradient)
- 3,2 Entfernung in Kilometern (distance in km)
  Durch Rundungen können Differenzen zu den tatsächlich gefahrenen Kilometern entstehen.
- Kopfsteinpflaster (cobbled street)
- Tunnel (Tunnel)
- 374 5424 UTM-Gitter (2 km) (UTM-grid)
- Routenverlauf (cycle route direction)
- Stadt- /Ortsplan (city map)

Radinformationen

- Fahrradwerkstatt* (bike workshop*)
- Fahrradvermietung* (bike rental*)
- überdachter Abstellplatz* (covered bike stands*)
- abschließbarer Abstellplatz* (lockable bike stands*)
- Gefahrenstelle (dangerous section)
- Text beachten (read text carefully)
- Treppe* (stairs*)
- Engstelle* (narrow pass, bottleneck*)

Nur in Ortsplänen

- Parkplatz* (parking lot*)
- Parkhaus* (garage*)
- Post* (post office*)
- Apotheke* (pharmacy*)
- Krankenhaus* (hospital*)
- Feuerwehr* (fire-brigade*)
- Polizei* (police*)
- Theater* (theatre*)

* Auswahl (* selection)

Maßstab 1 : 20.000

1 cm ≙ 200 m 1 km ≙ 5 cm

0 0,2 0,4 0,6 0,8 1 km

Maßstab 1 : 75. 000

1 cm ≙ 750 m 1 km ≙ 13,3 mm

0 1 2 3 4 5 km

Wichtige bzw. sehenswerte thematische Informationen

- Schönern sehenswertes Ortsbild (picturesque town)
- Einrichtung im Ort vorhanden (facilities available)
- Hotel, Pension (hotel, guesthouse)
- Jugendherberge (youth hostel)
- Campingplatz (camping site)
- Naturlagerplatz* (simple tent site*)
- Tourist-Information (tourist information)
- Einkaufsmöglichkeit* (shopping facilities*)
- Kiosk* (kiosk*)
- Gasthaus (restaurant)
- Rastplatz* (resting place*)
- Unterstand* (covered stand*)
- Freibad (outdoor swimming pool)
- Hallenbad (indoor swimming pool)
- Kirche, Kloster (church, monastery)
- Schloss, Burg (palace, castle)
- Ruine (ruins)
- Museum (museum)
- Ausgrabungen (excavation)
- andere Sehenswürdigkeit (other place of interest)
- Tierpark (zoo)
- Naturpark (nature reserve)
- Aussichtspunkt (panoramic view)

Topographische Informationen

- Kirche (church)
- Kapelle (chapel)
- Kloster (monastery)
- Schloss, Burg (castle)
- Ruine (ruins)
- Turm (tower)
- Funk- und Fernsehanlage (TV/radio tower)
- Kraftwerk (power station)
- Umspannwerk (transformer)
- Windmühle (windmill)
- Windkraftanlage (windturbine)
- Wegkreuz (wayside cross)
- Höhle (cave)
- Bergwerk (mine)
- Leuchtturm (lighthouse)
- Sportplatz (sports field)
- Denkmal (monument)
- Flughafen (airport, airfield)
- Schiffsanleger (boat landing)
- Quelle (natural spring)
- Kläranlage (purification plant)

- Staatsgrenze (international border)
- Landesgrenze (country border)
- Kreisgrenze, Bezirksgrenze (district border)
- Wald (forest)
- Felsen (rock, cliff)
- Vernässung (marshy ground)
- Weingarten (vineyard)
- Friedhof (cemetary)
- Watt (shallows)
- Dünen (dunes)
- Gewerbe-, Industriegebiet (commercial area)
- Damm, Deich (embankment, dyke)
- Staumauer (dam, groyne)
- Autobahn (motorway)
- Hauptstraße (main road)
- untergeordnete Hauptstraße (secondary main road)
- Nebenstraße (minor road)
- Fahrweg (carriageway)
- Fußweg (footpath)
- Straße in Bau (road under construction)
- Eisenbahn m. Bahnhof (railway with station)
- Schmalspurbahn (narrow gage railway)
- Höhenlinie 100m/50m (contour line)

Inhalt

Stadtpläne

Radatlas Rund um Hamburg

In diesem Buch finden Sie 18 Radtouren, die Ihnen Hamburg und seine Umgebung von der besten Seite präsentieren werden. Egal, ob Sie als echter Hamburger, als Hansestadt-Touristin oder als Zugereister die Region erkunden möchten, hier finden Sie Tourenvorschläge in verschiedensten Längen und in allen Himmelsrichtungen rund um Hamburg. Vom Klassiker entlang der Alster, über eine gemütliche, kurze Rundtour im „Alten Land" bis hin zu Mehrtagestouren entlang der Elbe können Sie bei uns Ihre Lieblingsroute auswählen. Grundsätzlich sind diese Touren als Ein- oder Zweitagesausflüge gedacht – je nach Zeitbudget und Laune können Sie viele Touren aber auch abkürzen, indem Sie beispielsweise Teilstrecken per Bahn fahren oder auch verlängern, indem Sie die Touren untereinander kombinieren, was vor allem durch den Elbe-Radweg sehr einfach funktioniert. Alle Start- und Zielpunkte sind mit öffentlichen Verkehrsmitteln erreichbar (siehe Tourencharakteristik), und wenn Sie mehr als einen Tag für Ihre Radtour einplanen, so finden Sie am Ende dieses Buches auch Unterkunftsmöglichkeiten in der Region.

Streckencharakteristik

Länge

Die Gesamtlänge aller 18 Touren beträgt **1.230 Kilometer**. Außerdem sind in diesem Buch rund 90 Kilometer an zusätzlichen Ausflügen und Varianten beschrieben.

Wegequalität & Verkehr

Wegequalität und Verkehr werden zu jeder der 18 Touren in der Streckencharakteristik im Detail erklärt. Allgemein kann man jedoch sagen, dass die Wegequalität in und um Hamburg gut bis sehr gut ist. Meist fahren Sie auf geteerten Radwegen, gekiesten Uferwegen oder asphaltierten Landstraßen. Das Verkehrsaufkommen ist in der Stadt bzw. in Stadtnähe naturgemäß oft sehr hoch. Die Routen verlaufen jedoch immer abseits des Verkehrs durch Parkanlagen, auf Radwegen oder ruhigen Nebenstraßen. Nur in Ausnahmefällen führen die Touren kurz auf straßenbegleitenden Radwegen von verkehrsreichen Hauptverbindungen.

Beschilderung

Es gibt verschiedene Wegweisungssysteme in der Stadt und im Umland von Hamburg. Welchen von diesen Schildern Sie am besten folgen, wird bei jeder einzelnen Tour extra beschrieben.

Tourenplanung

Zentrale Infostellen

Tourismus-Zentrale Hamburg, Steinstr. 7, 20095 Hamburg, ✆ 040/30051-300, Fax: 040/30051-333, www.hamburg-tourism.de, info@hamburg-tourismus.de

ADFC Landesverband Hamburg, Koppel 34-36, 20099 Hamburg, ✆ 040/393933, Fax: 040/3903955, www.hamburg.adfc.de, E-Mail: info@hamburg.adfc.de

Lüneburger Heide GmbH, Wallstr. 4, 21335 Lüneburg, ✆ 0700/20993099, www.lueneburger-heide.de,

„metropolcard"

Ein Tipp für alle Hamburg-Besucher ist die „metropolcard". Diese Karte gewährt Ihnen ein Jahr lang vergünstigten Eintritt für rund 140 Freizeiteinrichtungen (z. B. Museen, Bäder, Tierparks, ...) und zusätzlich können Sie an einem frei wählbaren Tag alle öffentlichen Verkehrsmittel in und um Hamburg gratis nutzen. Erhältlich ist die „metropolcard" in allen Tourist-Informationen und an den HVV-Servicestellen. Sie können die Karte auch telefonisch über die Hamburg-Hotline ✆ 040/30051248 bestellen. Und der Preis? Erwachsene bezahlen € 18,50, für Kinder im Alter von sechs bis einschließlich 14 Jahren kostet die Karte € 8,50 und für Familien gibt es ein Angebot zu € 38,50.

Anreise & Abreise

Mit der Bahn

Die Stadt Hamburg ist bestens an das deutsche und internationale Bahnnetz angebunden. Details über die Anreise per Bahn erhalten Sie unter www.bahn.de und unter der Nummer der **Reise Service Deutsche Bahn AG:** ✆ 01805/996633 (€ 0,14/Min. aus dem Festnetz, Tarif bei Mobilfunk ggf. abweichend), Mo-So 8-20 Uhr, Auskünfte über Zugverbindungen, zur Fahrradmitnahme (Tastenwahl: 15 oder Stichwort: Fahrrad), Fahrpreise im In- und Ausland, Buchung von Tickets und Reservierungen, www.bahn.de, www.bahn.de/bahnundbike.

Die An- und Abreise zu den jeweiligen Touren finden Sie bei den Streckencharakteristiken.

Mit dem Flugzeug

Ein Großteil der Fluggesellschaften bietet heute schon den Service eines Fahrradtransportes an, daher ist für große Distanzen die Anreise per Flugzeug eine gute Alternative zu Auto oder Bahn.

Der moderne Flughafen Hamburg-Fuhlsbüttel (HAM) liegt rund acht Kilometer außerhalb der Stadt und ist ab Ende 2008 direkt ans Bahnnetz angebunden. Bis dahin bringt Sie die Buslinie 110 „Airport Express" im 10-Minuten-Takt vom Flughafen zur nächsten Bahnstation. Beachten Sie bitte unbedingt die sehr unterschiedlichen Tarife und Verpackungsvorschriften der Fluggesellschaften für den Fahrradtransport. Genauere Informationen bezüglich Verpackung, Versicherung und technischen Details erhalten Sie bei der Fluglinie Ihrer Wahl, Ihrem Reisebüro oder bei Ihrem Fahrradfachhändler.

Rad & Bahn

Bei vielen Touren besteht die Möglichkeit, zwischendurch auf die Bahn umzusteigen. Genaue Angaben dazu finden Sie bei den jeweiligen Touren in Text und Karte.

Ein ganz spezielles Angebot bietet der sogenannte **„metronom"**. Dieser schnelle Regionalzug, markant in den Farben Gelb, Weiß und Blau, verbindet im Stundentakt unter anderem die Städte Hamburg und Bremen. Durch eine eigene Rampe sind die Züge des „metronoms" bestens für die Fahrradmitnahme geeignet. Eine Reservierung für Fahrradgruppenstellplätze ist vor allem in den Sommermonaten empfehlenswert, denn nur so kann auch ein Platz garantiert werden. Als Fahrradgruppe gilt man, sobald mindestens sechs Personen mit sechs Fahrrädern reisen. Wichtig bei der Reservierung ist, dass diese mindestens drei Tage vor Reiseantritt und falls die Reise auf ein Wochenende fällt, bis Mittwoch um 12 Uhr getätigt wird.

Details dazu finden Sie unter www.der-metronom.de oder direkt bei der Infostelle in Uelzen: **metronom Eisenbahngesellschaft mbH**, St.-Viti-Str. 15, D-29525 Uelzen, ✆ 0581/97164-31

Rad & Bus

Im Naturschutzgebiet Lüneburger Heide gibt es die Möglichkeit, kostenlos mit dem eigens eingerichteten **Heide-Shuttle** mitzufahren. Vom 15. Juli bis zum 15. Oktober verkehren auf insgesamt drei verschiedenen Ringlinien Busse mit eigenen Fahrradanhängern. Zwischen 8.30 Uhr und 19.30 Uhr werden die Orte 6 bis 8 Mal pro Tag angefahren. Diese Busverbindungen sind für die Touren 7, 8 und 9 relevant.

Ring 1: Oberhaverbeck – Niederhaverbeck – Ehrhorn – Wintermoor – Schneverdingen – Heber – Bispingen – Behringen – Oberhaverbeck.

Ring 2: Oberhaverbeck – Wintermoor – Welle – Handeloh – Wesel – Undeloh – Egestorf – Behringen – Oberhaverbeck.
Ring 3: Buchholz (Nordheide) – Bendestorf – Jesteburg – Hanstedt – Salzhausen – Undeloh – Wesel – Buchholz (Nordheide).
Weitere Details zum Heide-Shuttle finden Sie unter www.heide-shuttle.de

Rad & Schiff

Eine Schifffahrt auf der Elbe ist bei manchen Touren eine reizvolle Ergänzung oder eine alternative Anreisemöglichkeit. Genauere Angaben dazu finden Sie bei den jeweiligen Touren oder unter www.adler-schiffe.de.

Übernachtung

Wenn Sie eine längere Tour im Umland von Hamburg planen, sollten Sie vor allem zur Urlaubs- und Messezeit Ihr Zimmer im Voraus buchen. In den beliebten Naherholungszielen in der Lüneburger Heide ist dies auf jeden Fall zu empfehlen.
Für alle, die Alternativen oder einfach noch mehr Anbieter als in unserem Übernachtungsverzeichnis (ab S. 192) suchen, gibt es nachfolgende Internet-Adressen, die auch Beherbergungen der etwas anderen Art bieten:

Jugendherbergen: www.djh.de
Naturfreunde: www.naturfreunde.de
Campingplätze: www.camping-in.de
Bett & Bike: www.bettundbike.de

Mit Kindern unterwegs

Die von uns vorgeschlagenen Touren sind teilweise auch für Kinder zu empfehlen. Beispielsweise können Sie Abschnitte entlang der Elbe, entlang der „Alten Salzstraße“ und in der Lüneburger Heide problemlos mit Kindern fahren. Details zu Verkehrsaufkommen und Oberflächenbeschaffenheit finden Sie in der jeweiligen Tour-Charakteristik.

Radreiseveranstalter

Velociped Fahrradreisen, Alte Kasseler Str. 43, D-35039 Marburg, ✆ 06421/24511, Fax 06421/161627, www.velociped.de

EUROBIKE, Mühlstr. 20, A-5162 Obertrum/See, ✆ +43(0)6219/7444, Fax +43(0)6219/8272, www.eurobike.at

Radissimo GmbH, Hennebergstr. 6, D-76131 Karlsruhe, ✆ 0721/3548180, Fax 35481818, www.radissimo.de

Zu diesem Buch

Dieser Radreiseführer enthält alle Informationen, die Sie für Radtouren rund um Hamburg brauchen: Exakte Karten, eine detaillierte Streckenbeschreibung, ein ausführliches Übernachtungsverzeichnis, Stadt- und Ortspläne und die wichtigsten Informationen zu touristischen Attraktionen und Sehenswürdigkeiten.

Und das alles mit der ***bikeline*-Garantie**: die Routen in unseren Büchern sind von unserem professionellen Redaktionsteam vor Ort auf ihre Fahrradtauglichkeit geprüft worden. Um höchste Aktualität zu gewährleisten, nehmen wir nach der Befahrung Korrekturen von Lesern bzw. offiziellen Stellen bis Redaktionsschluss entgegen, die dann jedoch teilweise nicht mehr an Ort und Stelle verifiziert werden können.

Konzept

Die Touren in diesem Buch lassen sich gut in vier Bereiche einteilen: Zunächst können Sie mit den beiden Stadttouren die Innenstadt von Hamburg näher kennenlernen. Entlang der Elbe geht es bei den Touren 3 und 4 dann Richtung Osten bis Hitzacker bzw. Richtung Westen bis Glückstadt.

Die Touren südlich der Elbe verlaufen meist entlang von Flüssen und führen Sie oftmals durch kleine Orte bzw. durch Naturschutzgebiete. Nördlich der Elbe können Sie zwischen sieben verschiedenen Touren wählen, die an Schlössern und anderen Sehenswürdigkeiten vorbeiführen und natürlich ebenfalls möglichst oft im Grünen verlaufen.

Die Karten

Die Detailkarten von den beiden Innenstadttouren sind im Maßstab 1 : 20.000 erstellt, alle übrigen Touren finden Sie im Maßstab 1 : 75.000. Dies bedeutet, dass 1 Zentimeter auf der Karte einer Strecke von 200 Metern bzw. von 750 Metern in der Natur entspricht. Zusätzlich zum genauen Routenverlauf infor-

Rastplatz bei reetgedecktem Haus

mieren die Karten auch über die Beschaffenheit des Bodenbelages (befestigt oder unbefestigt), Steigungen (leicht oder stark), Entfernungen sowie über kulturelle, touristische und gastronomische Einrichtungen entlang der Strecke.

Allerdings können selbst die genauesten Karten den Blick auf die Wegbeschreibung nicht ersetzen. Komplizierte Stellen werden in der Karte mit diesem Symbol ⚠ gekennzeichnet, im Text finden Sie das gleiche Zeichen zur

Fischfrau in Stade

Markierung der betreffenden Stelle wieder. Beachten Sie, dass die empfohlene Hauptroute immer in Rot und Violett, Varianten und Ausflüge hingegen in Orange dargestellt sind. Die genaue Bedeutung der einzelnen Symbole wird in der Legende auf den Seiten 4 und 5 erläutert.

Der Text

Der Textteil besteht im Wesentlichen aus der genauen Streckenbeschreibung, welche die empfohlene Hauptroute enthält. Stichwortartige Streckeninformationen werden, zum leichteren Auffinden, von dem Zeichen begleitet.

Unterbrochen wird dieser Text gegebenenfalls durch orangefarbige Absätze, die Varianten und Ausflüge behandeln.

Ferner sind alle wichtigen **Orte** zur besseren Orientierung aus dem Text hervorgehoben. Gibt es interessante Sehenswürdigkeiten in einem Ort, so finden Sie unter dem Ortsbalken die jeweiligen Adressen, Telefonnummern und Öffnungszeiten.

Die Beschreibung der einzelnen Orte sowi historisch, kulturell oder naturkundlich inter essanter Gegebenheiten entlang der Rout tragen zu einem abgerundeten Reiseerlebni bei. Diese Textblöcke sind kursiv gesetzt unc unterscheiden sich dadurch auch optisch vor der Streckenbeschreibung.

TIPP Textabschnitte in Violett heben Stellen hervor, an denen Sie Entscheidungen über Ihre weitere Fahrstrecke treffen müssen, z. B. wenn die Streckenführung von der Wegweisung abweicht oder mehrere Varianten zur Auswahl stehen u. ä.

AUSFLUG Sie weisen auch auf Ausflugstipps, interessante Sehenswürdigkeiten oder Freizeitaktivitäten etwas abseits der Route hin.

Übernachtungsverzeichnis

Auf den letzten Seiten dieses Radtourenbuches finden Sie zu fast allen Orten entlang der Strecke eine Vielzahl von Übernachtungsmöglichkeiten vom einfachen Zeltplatz bis zum 5-Sterne-Hotel.

Innenstadttouren

Tour 1 Entlang der Alster 17,5 kr

Tour 2 Zum Niendorfer Gehege & Altonaer Volkspark 30 kr

Hamburg

PLZ: 20000-22999; Vorwahl: 040

- **Hamburg Tourismus GmbH** (20015), ✆ 30051300, www.hamburg-tourism.de
- **Tourismusinformation im Hauptbahnhof,** Hauptausgang Kirchenallee
- **Tourismusinformation am Hafen,** St.-Pauli-Landungsbrücken, Zwischen Brücke 4 und 5, ✆ 3344220
- **Große Hafenrundfahrt,** St.-Pauli-Landungsbrücken, ✆ 311707-0, ✆ 313130. Fährbetrieb: April-Okt., tägl. 10-17.30 Uhr, halbstündlich, Nov.-März, Sa/So 11, 12, 12.30, 14 und 15.30 Uhr. Wochentags bei Bedarf, Abfahrt nach Anmeldung.
- **Englische Hafenrundfahrt,** Brücke 1. Fährbetrieb: März-Nov., tägl. 11.15 Uhr. Dauer: 1 Stunde.
- **Historische Fleet-Fahrt,** Vorsetzen (U Baumwall), ✆ 373168. Abfahrten: 29. März-2. Nov., tägl. 11.30 u. 14.30 Uhr. Dauer: ca. 2 Stunden.
- **Anleger Jungfernstieg:** Alster-Rundfahrten, Fleet-Fahrten, Kanal-Fahrten, Vierlande-Fahrten, Teich-Fahrten, Dämmertörn, Alster-Kreuz-Fahrt und Dampfschiff-Törn, Stimmungsfahrten mit dem Dampfschiff „St. Georg" – 2-stündige nostalgische Alsterfahrt mit Musik zu diversen Themen. Informationen und Buchungen bei den Touristinfos.

Hamburger Hafen

- **Hamburger Kunsthalle,** Glockengießerwall 1, ✆ 428131200. ÖZ: Di-So 10-18 Uhr, Do bis 21 Uhr. Kunst von der Renaissance bis zur Gegenwart.
- **Museum für Kunst und Gewerbe,** Steintorpl. 1, ✆ 4281342732. ÖZ: Di-So 10-18 Uhr, Do bis 21 Uhr. Plastik und angewandte Kunst Europas, graphische Sammlungen, Geschichte der Fotografie.
- **Museum für Hamburgische Geschichte,** Holstenwall 24, ✆ 428132-2380. ÖZ: Di-Sa 10-17 Uhr, So 10-18 Uhr. Hamburg im Mittelalter und in der Neuzeit.
- **Altonaer Museum/Norddeutsches Landesmuseum,** Museumstr. 23, ✆ 4281-353582. ÖZ: Di-So 10-18 Uhr, Do bis 21 Uhr. Kunst- und Kulturgeschichte Norddeutschlands, Fischerei und Schiffahrt.
- **Hamburgisches Museum für Völkerkunde,** Rothenbaumchaussee 64, ✆ 01805/308888. ÖZ: Di-So 10-18 Uhr, Do bis 21 Uhr. Schausammlungen aus Afrika, Amerika, Asien, Australien, Europa und der Südsee.
- **KZ-Gedenkstätte Neuengamme,** Jean-Dolidier-Weg 75, ✆ 428131500, ÖZ: Mo-Fr 9.30-16 Uhr, Sa,So 12-19 Uhr (Okt.-März bis 17 Uhr) Geschichte des Konzentrationslagers 1938-45.
- **Krameramtsstuben,** Krayenkamp 10, ✆ 37501988. ÖZ: Di-So 10-17 Uhr. Historische Witwenwohnung des Krameramtes.
- **Museum für Bergedorf und die Vierlande,** Bergedorfer Schloss, ✆ 42891/2894. ÖZ: Di-Do, Sa, So 10-17 Uhr. Zeugnisse städtischer und bäuerlicher Kultur.
- **Jenischhaus,** Baron-Voght-Str. 50, ✆ 4281353582. ÖZ: Di-So 11-18 Uhr. Beispiele großbürgerlicher Wohnkultur des 16.-19. Jh.
- **Hamburger Museum für Archäologie und die Geschichte Hamburgs** – Helms-Museum, Museumspl. 2, ✆ 42871/3609. ÖZ: Di-So 10-17 Uhr. Ur- und Frühgeschichte Hamburgs und der näheren Umgebung.
- **Freilichtmuseum Rieck-Haus,** Curslacker Deich 284, ✆ 7231223. ÖZ: April-Sept., Di-So 10-17 Uhr, Okt.-März, Di-So 10-16 Uhr, Vierländer Freilichtmuseum
- **Museum der Arbeit**, Wiesendamm 3, ✆ 4281330, ÖZ: Mo 13-21 Uhr, Di-Sa 10-17 Uhr, So 10-18 Uhr. Einblicke in die

Lebens- und Alltagswelt des Industriezeitalters und in für Hamburg typische Arbeitsbereiche.

Speicherstadtmuseum, St. Annenufer 2 im Block R, ✆ 321191, ÖZ: Di-So 10-17 Uhr. Die Arbeit in den Speichern und die Geschichte der Speicherstadt.

Erotic Art Museum, Bernhard-Nocht-Str. 69, ✆ 3178410, ÖZ: So-Do 12-22 Uhr, Fr, Sa 12-24 Uhr. Thema: Dauerausstellung erotischer Kunst aus mehreren Jahrhunderten

Museumsschiff – Windjammer Rickmer Rickmers, St.-Pauli-Landungsbrücken, Brücke 1, ✆ 319 59 59. ÖZ: tägl. 10-18 Uhr. Ehemaliger Ostindien-Fahrer. Als Museumsschiff und schwimmendes Denkmal soll die Rickmer Rickmers an die Zeiten erinnern, als der Wind die Schiffe über die Weltmeere trieb.

Museumsschiff – Cap San Diego, Überseebrücke, ✆ 364209, ÖZ: tägl. 10-18 Uhr. Letzter erhaltener klassischer Stückgutfrachter. Der „Weiße Schwan des Südatlantiks" wurde 1962 auf der Deutschen Werft Hamburg erbaut und fuhr im Liniendienst für die Reederei Hamburg-Süd die südamerikanische Ostküste an.

Das Feuerschiff, City Sporthafen Hamburg, Vorsetzen, ✆ 362553, -54. ÖZ: tägl. 11-1 Uhr, So 9.30-22.30 Uhr. Nach alter Tradition in Nietenbauweise errichtetes Schiff. Zu Besichtigen ist das reichhaltige maritime Equipment.

Panoptikum, Spielbudenpl. 3, ✆ 310317, ÖZ: Mo-Fr 11-21 Uhr, Sa 11-24 Uhr, So 10-21 Uhr. Hier sind weit über 100 Persönlich-

keiten aus Politik, Geschichte und Showgeschäft zu sehen, so zum Beispiel die Beatles, die in Hamburg ihre Karriere begannen.

St. Michaelis (1751-62). Der Kirchturm, der „Michel", ist das Wahrzeichen der Hansestadt. St. Michaelis ist die bedeutendste Barockkirche Norddeutschlands.

St. Katharinen (1350-1420). Eine Figur der Heiligen Katharina steht auf dem 115 m hohen Turm.

St. Petri (12. Jh.), Mönckebergstraße. Nach dem Großen Brand von 1842 neu errichtet.

St. Jacobi, sehenswert ist die berühmte Arp-Schnitger-Orgel.

St. Nicolai-Kirche. Hier ist das Altarmosaik nach einem Entwurf des Künstlers Oskar Kokoschka zu bewundern.

Alte St. Nicolai-Kirche. Sie wurde im Zweiten Weltkrieg zerstört. Die Turmruine blieb als Mahnmal erhalten.

St. Marien, St. Georg. Gut zu erkennen an ihrem Doppelkirch turm. Sie ist die katholische Hauptkirche und Sitz des Hamburge Erzbischofs.

Ahrensburger Schloss, ✆ 04102/42510. Das durch Pete Rantzau 1595 errichtete Schloss ist ein Kleinod der Renaissance baukunst.

Bergedorfer Schloss (13. Jh.), Wasserburg. Hier ist auch da Bergedorfer Museum untergebracht (s. o.).

Reinbeker Schloss, ✆ 7273460. 1576 durch den Herzog Adol von Gottorf im niederländischen Renaissance-Stil errichtet.

Imperial Theater, Reeperbahn 5, ✆ 30051-666.

Neue Flora, Stresemannstr./Ecke Alsenplatz, ✆ 30051-350

Theater im Hamburger Hafen, im Hamburger Hafen gegenüber St. Pauli Landungsbrücken, ✆ 30051-150.

Operettenhaus, Spielbudenpl. 1, ✆ 30051-350

Deutsches Schauspielhaus, Kirchenallee 39/41, ✆ 30051-666

Ohnsorg-Theater, Große Bleichen 23, ✆ 30051-666

Schmidts TIVOLI, Spielbudenpl. 24, ✆ 30051-400

Thalia-Theater, Alstertor, ✆ 300 51-666

Rathaus, ✆ 42831-2010 od. 2064. Führungen: Mo-Do 10-15 Uhr, Fr 10-13 Uhr, Sa 10-18 Uhr, So 10-17 Uhr, halbstündlich. 1886-97 im Stil der Neo-Renaissance erbaut. Mit 647 Räumen besitzt das Rathaus sechs Zimmer mehr als der Buckingham-Palace. Sitz des Senats und der Bürgerschaft.

Börse, Adolphsplatz. ÖZ: Mo-Fr 9-20 Uhr; Führungen für Gruppen unter ✆ 367444. Die Börse wurde 1558 gegründet und ist die älteste Börse Deutschlands.

Speicherstadt. Mitten im Freihafen zwischen Deichtorhallen und Baumwall liegt die hundertjährige Speicherstadt. Hinter der Fassade der wilhelminischen Backsteingotik der Gründerzeit lagern edle Güter: Kaffee, Tee, Kakao, Gewürze, Tabak, Computer und das größte Orientteppichlager der Welt.

Övelgönne, langgestrecktes Lotsendorf am Elbanleger Neumühlen. In dieser Elbidylle säumen alte Häuser mit verträumten Veranden die Uferstraße. Hier befindet sich auch der **Museumshafen Övelgönne,** ✆ 41912761. Rund 20 Oldtimerschiffe sind hier zu besichtigen. Stolz des Hafens ist das ehemalige Feuerschiff Elbe 3.

Blankenese, ehemaliges Kapitäns-, Lotsen- und Fischerdorf mit dem einzigartigen verschachtelten Treppenviertel. Sehenswert ist auch der nahegelegene Hirschpark mit dem Godeffroy-Haus aus dem Jahre 1792.

Stadtrundfahrten. Top-Tour, Gala-Stadtrundfahrt, Hamburg bei Nacht, mit der Hummelbahn oder im roten Doppeldecker, Große Lichterfahrt mit der Hummelbahn u. a.: Abfahrtszeiten und Preise bitte bei der Tourist-Information erfragen.

Stadtrundgänge. Hamburger Stadtrundgänge zu den verschiedensten Themen werden von der Tourismus-Zentrale, ✆ 30051-300 sowie von Stattreisen Hamburg e. V., ✆ 87080100 durchgeführt.

Planetarium, Hindenburgstr. 1b, ✆ 5149850. Auf der 21 m großen Planetariumskuppel wird der Sternenhimmel naturgetreu projiziert. Vorführungen mit monatlich wechselnden Themen: Mi, Fr 18.00 Uhr, So 11, 14.30 u. 16 Uhr. Ausstellung zur Geschichte der Himmelskunde und Astronomie, Aussichtsturm: So-Fr 10-14.45 Uhr.

Hagenbecks Tierpark, U Hagenbecks Tierpark, ✆ 5300330, ÖZ: tägl. ab 9 Uhr. Mai-Juni: Dschungelnächte. Mehr als 370 Tierarten in 54 Freigehegen. Troparium.

Alsterpark, am grünen Alsterufer von Harvestehude gelegen

Binnen- und Außenalster. Sie entstand 1235, als ein Damm die Alster staute und die Alsterniederung überflutet wurde.

Planten un Blomen. Hier gibt es einen Botanischen Garten mit einem Tropenhaus, den größten Japanischen Garten Europas und die in Europa einmalige Wasserlichtorgel.

Fahrradstation, Schlüterstr. 11, ✆ 41468277, zusätzlich Werkstatt zum selber Reparieren

Rad & Tat, Am Felde 2, Altona, ✆ 395667

Koech 2-Rad Technologie, Sievekingsalle 94-96, ✆ 2194634

Planetwheel, Mobiler Fahrradservice, Süderquerweg 620, ✆ 79327555

Harrys Rad Station, Bargteheiderstr. 87, ✆ 662529

RADWERK, Langenfelder Damm 6, ✆ 43270143

rent a bike, Jarrestr. 29, ✆ 27882768

Marienhof, Marienhof 4, Poppenbüttel, ✆ 6066677

Hamburg – die mehr als 1.000 Jahre alte Hansestadt, pulsierende Metropole für 1,7 Millionen Hanseaten, Attraktion für täglich 150.000 Touristen. Vom Turm des „Michel", der Hauptkirche St. Michaelis bekommt man einen Eindruck von der Elb-Seite. Ein Blick vom „Tele-Michel", dem Fernsehturm, macht klar, dass Hamburg auch an der Alster liegt. Hafenstadt, Industriestandort und Medienmetropole – beim NDR in Lokstedt entsteht täglich die Tagesschau.

Zwischen dem 13. und dem 16. Jahrhundert war Hamburg Mitglied des Hanseatischen Städtebundes und der Reichtum der hanseatischen Kaufleute hat die Stadt groß gemacht. Daran erinnern heute noch das sehenswerte, prunkvolle Rathaus, die Börse, die Speicherstadt, das Deichstraßen-Viertel und viele traditionelle Kontor-Häuser.

Hamburg ist aber trotz aller Traditionen auch eine junge Stadt. Das macht sich vor allem in dem 200 Jahre alten Stadtteil St. Pauli bemerkbar, das einerseits zwar als Hochburg der Prostitution abgestempelt wird, andererseits aber in den letzten Jahren deutlich an Attraktivität gewonnen hat. Wenn Sie die vielen Facetten dieses spannenden Hamburger Stadtteiles entdecken wollen, dann empfiehlt sich ein Streifzug mit den GästeführerInnen der Tourismus-Zentrale. Denn tagsüber wirkt die 600 Meter lange Reeperbahn ruhig und gar nicht verrucht. 35.000 Menschen wohnen hier und in den Seitenstraßen des 2,5 Quadratkilometer großen Stadtteils. Das weltberühmte Leben auf der „sündigen Meile" beginnt mit Einbruch der Dunkelheit. Dann erstrahlen die Fassaden im

Außenalster

Neonlicht, von neun Uhr abends bis vier Uhr früh stehen im Sperrbezirk die Damen vom Kiez.

Das neue St. Pauli, wo sich die jungen Leute in vielen Kneipen die Tür in die Hand geben, liegt am Spielbudenplatz, der anderen Straßenseite der Reeperbahn.

Aber ebenso wie die Reeperbahn, so ist der Hafen für jeden Hamburg-Besucher ein Muss. Und wer ihn richtig erleben will, der muss ihn zu Fuß erobern. Nach einem Bummel durch die historische Deichstraße eröffnet sich der Blick auf die schöne Fassade der alten Kontorhäuser in der Speicherstadt. Mit einer der vielen Hafenbarkassen lässt sich dieser Teil der Stadt aber auch bestens vom Wasser aus erkunden. Nach dem Besuch der Speicherstadt fahren die Barkassen vorbei an den sehenswerten Museumsschiffen „Cap San Diego" und „Rickmer Rickmers" in die großen Hafenbecken. Zum Greifen nahe kommen Sie an die Container-Riesen heran, die im Container-Terminal ent- und beladen werden.

Ein Erlebnis im Hafen ist auch der Alte Elbtunnel. Mit einem hölzernen Fahrstuhl geht es in die Tiefe, mit ihm können sogar Autos transportiert werden.

Ein weiteres Muss für jeden Hansestadtbesucher ist unter anderem auch der Fischmarkt. Das bunte Treiben findet hier sonntags zwischen 6 und 9.30 Uhr statt, gefrühstückt wird in der historischen Fischauktionshalle. Zum Schluss geht es dann nach Övelgönne, eines der beliebtesten Ausflugsziele der Hamburger, wo seit 20 Jahren Hamburgs Schiffs-Oldtimer im Museumshafen vor Anker liegen.

Tour 1 Entlang der Alster 17,5 km

Die erste Innenstadttour verläuft – wie könnte es anders sein – entlang des schönen Alstertales. Sie starten im Zentrum der Hansestadt, direkt am Jungfernstieg, und radeln vorbei an den ursprünglich als Mühlenteiche genutzte „Binnen- und Außenalster" Richtung Norden. Auf Höhe des Stadtparkes werden die Wege endgültig unbefestigt und die Alster fließt direkt neben dem Radweg – allerdings vorerst noch in künstlich begradigter Form. Von Ohlsdorf bis Poppenbüttel darf die Alster dann so fließen wie sie möchte und auch der Radweg daneben ist wunderschön, weil er auf gut gesandeten Waldwegen verläuft. Wer dann noch weiter radeln möchte, findet im Anschluss daran eine Variante nach Ahrensburg beschrieben.

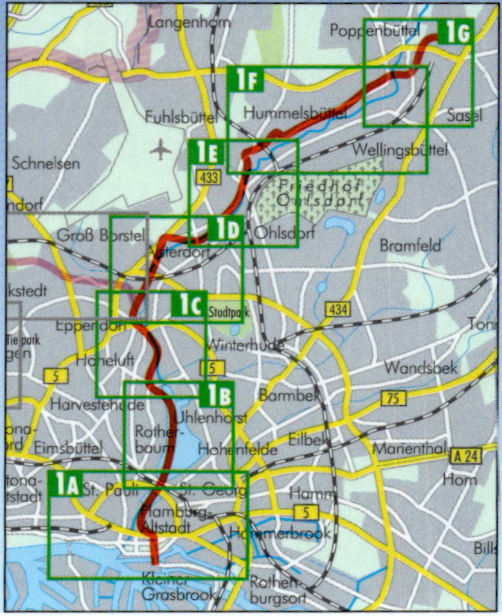

Charakteristik

Länge: 17,5 km

Start: Binnenalster, S- und U-Bahn-Station Jungfernstieg

Ziel: S-Bahn-Station Poppenbüttel oder Ahrensburg (zusätzlich 12,5 km)

Anreise: per S- oder U-Bahn

Wegbeschaffenheit: Im ersten Drittel wechseln asphaltierte mit gesandeten Radwegen. Ab dem Alsterwanderweg wird die Oberfläche durchgehend unbefestigt, jedoch nach wie vor gut befahrbar.

Verkehr: Sie radeln fast ausschließlich auf Radwegen, lediglich beim Überqueren von manchen Straßen und bei den letzten Metern zur S-Bahn-Station Poppenbüttel müssen Sie auf den Verkehr achten.

Entlang der Alster

Beschilderung: allgemeine Radwegschilder

Steigungen: keine

Tipp: Wenn Sie Lust auf Radfahren in der Stadt Hamburg bekommen haben, empfehlen wir Ihnen den *bikeline*-Radatlas Hamburg, wo Sie in einem genauen Stadtplan die vom ADFC empfohlenen Radwege eingezeichnet finden.

Anschlusstouren: 2, 3, 4, 14, 15, 16

1A
1:20.000
1 Rautenbergstr.
2 Borgesch
3 R.-Niels-Str.
4 Carl-von-Opsietzky-Platz
5 Helmuth-Hübener-Gang
Heinrich-Hertz-Turm
Kongress-Zentrum
Parksee
Planten un Blomen
Messegelände
Messehallen
Alter Botanischer Garten
Stephanspl.
Dammtor
Theodor-Heuss-Platz
Dag-Hammarskjöld-Platz
Moorweide
Gurlitt Insel
An der Alster
Alsterglacis
Kennedybrücke
Esplanade
Lombardsbrücke
Gorch-Fock-Wall
Staatsoper
Binnenalster
Jungfernstieg
Ferdinandstor
Kunsthalle
Hauptbahnhof
Schauspielhaus
St. Georg
Krankenhaus St. Georg
Stift
Lohm
Steindamm
Adenauer Allee
Beim Strohhause
K.-Schumacher-Allee
Besenbinderhof
Steintordamm
Neustadt
Sieveking Platz
Johannes-Brahms-Platz
Gänsemarkt
Heiligengeistfeld
Große Wallanlagen
Holstenwall
Glacischaussee
Feldstraße
Neuer Kamp
Budapester Straße
Hallenbad
St. Pauli
Museum für Hamburgische Geschichte
Millerntorplatz
Reeperbahn
Ludwig-Erhard-Str.
Panoptikum
Helgoländer Allee
St. Michaelis
Stadthaus
Rathaus
Rathausmarkt
Börse
Mönckebergstraße
Steinstraße
Speersort
Domstraße
Ost-West-Straße
St. Nikolai
Rödingsmarkt
Altstadt
Tour 1
Tour 3
Tour 4
Tour 17
Deichtorplatz
Meßberg
Nordkanalstraße
Hammerbrook
Spaldingstraße
Amsinckstraße
Klostertor
Großmarkt
Landungsbrücken
St.-Pauli-Hafenstr.
Rickmer Rickmers
Vorsetzen
Baumwall
Speicherstadt
Speicherstadtmuseum
Brooktor
Sandtorkai
Kaiserkai
Am Sandtorkai
Norderelbe
HVV-Fähre 77/62
Zollkanal
Oberbaumbrücke
Altmannbrücke
Klosterwall
Bernhard-Nocht-Straße
Seewartenstr.
Venusberg
Zeughausmarkt
Neuer Steinweg
Großneumarkt
Axel-Springer-Platz
Ida-Ehrenfeld-Platz
Adolphsplatz
Hopfenmarkt
Dovenfleet
Katharinenkirche
Jungiusstraße
Marseiller Str.
Karolinenstr.
Lagerstraße
Grabenstr.
Hohe

Hamburg s. S. 15

TIPP Die Beschreibung beginnt beim Elbe-Radweg. Wer ausschließlich diese Tour fahren möchte, startet am besten bei der S-Bahn-Station Jungfernstieg bzw. bei der Binnenalster.

Von der Binnenalster nach Poppenbüttel ***17,5 km***

Vom Elbe-Radweg kommend rechts in die **Brandstwiete** ⁓ geradeaus über die Ampelkreuzung ⁓ weiter auf dem rechtsseitigen Radweg.

TIPP Diese Straße ist nur für den motorisierten Verkehr eine Einbahn in die entgegengesetzte Richtung, Radfahrer dürfen hier fahren.

Geradeaus die Domstraße queren ⁓ über den weiten Rathausplatz gelangen Sie zur Binnenalster.

Lebensader Alstertal

Joggen, spazieren, radeln, Boot fahren oder einfach die schöne Aussicht genießen – die Alster bietet Freizeitgenuss für Jedermann mitten in der Hansestadt.

Die Quelle liegt im Norden Hamburgs, unweit des Ortes Henstedt-Ulzburg, von wo aus sich die Alster zunächst Richtung Süden schlängelt, bis sie ab dem Mühlenteich bei Fuhlsbüttel künstlich begradigt verläuft. Die Oberalster wurde im 15. Jahrhundert für einen Wasserweg zwischen Hamburg und Lübeck kanalisiert (Alster-Trave-Kanal), zahlreiche Schleusen zeugen bis heute von der ehemals wichtigen Wasserstraße. Bis 1970 wurden Güter aus Hamburgs Hafen über die Fleete zur Binnen- und Außenalster transportiert, auch für den Personenverkehr fuhren Alsterdampfer bis 1984 als reguläres Verkehrsmittel.

Doch wenn in Hamburg von der „Alster" gesprochen wird, ist

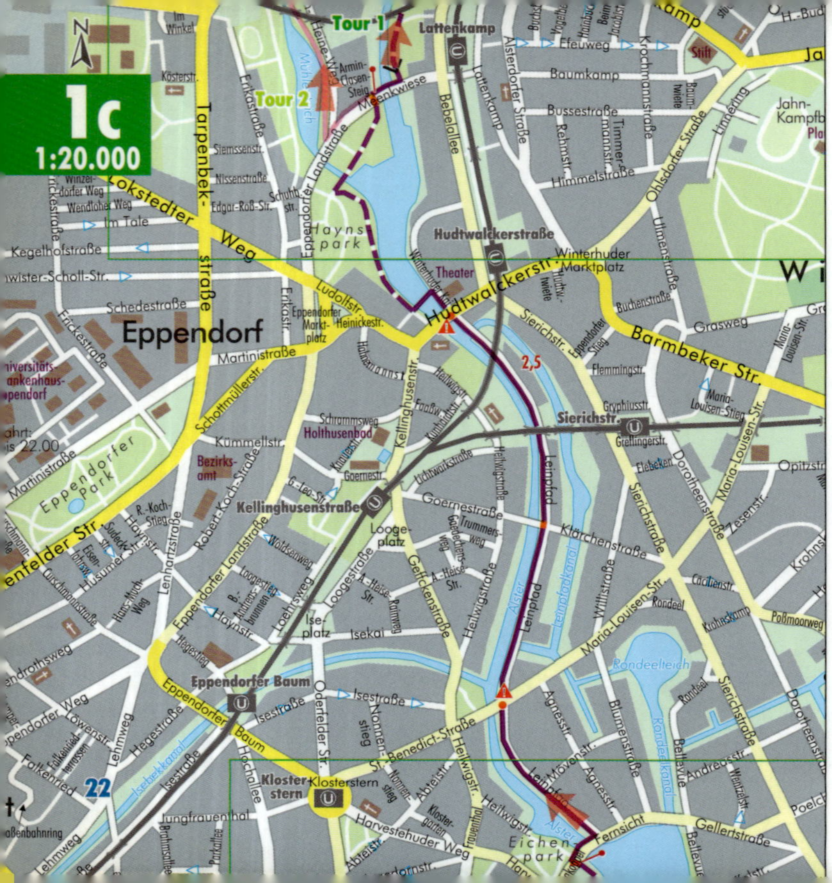

meist die Binnen- und Außenalster gemeint. Diese beiden Seen, ursprünglich Mühlenteiche, wurden bereits im Jahre 1190 aufgestaut um eine Kornmühle zu betreiben. Im 17. Jahrhundert trennte man die beiden Teiche schließlich durch die Hamburger Wallanlagen, wo heute die Lombards- und die Kennedybrücke verlaufen. Rund um die Binnenalster haben sich mittlerweile zahlreiche Geschäftslokale, Hotels und Kaufhäuser der gehobenen Preisklasse angesiedelt. Auch entlang des Flusslaufes Richtung Norden finden sich immer wieder wunderschöne, alte, oftmals weiße Villen, die als Botschaftsgebäude oder einfach als prächtige Wohnhäuser genutzt werden. Wichtiger für Ihre Radtour sind jedoch die kleinen, netten Gaststätten, die bis heute an den (ehemaligen) Schleusen und Mühlenteichen angesiedelt sind. In diesem Sinne – eine gemütliche und erholsame Tour entlang der schönen Alster!

Am Radweg geht es entlang der Binnenalster ⤳ in einer Rechtskurve weiter an der Binnenalster, parallel zum **Jungfernstieg** ⤳ geradeaus über die Straße **Stephans-Esplanade** ⤳ unter der Bahn hindurch ⤳ unter der Straßenbrücke hindurch ⤳ rechts halten ⤳ auf dem rechtsseitigen Radweg entlang der Straße **Alsterufer** ⤳ rechts halten ⤳ weiter auf dem Radweg entlang der Außenalster.

Außenalster

Am Ende der Außenalster rechts auf den Radweg der **Krugkoppelstraße** ⤳ über die Brücke ⤳ links in den **Leinpfad** ⚠ ⤳ auf dem linksseitigen Radweg entlang der Alster ⤳ unter einer Bahnbrücke hindurch ⤳ die **Hudtwalckerstra-**

ße geradeaus queren ⤳ ⚠ stark befahrene Straße ohne Schutzweg ⤳ kurz danach links in den **Tewestieg** ⤳ kurz bergab ⤳ rechts auf den unbefestigten Weg entlang der Alster ⤳ im Hayns-Park rechts halten.

Hayns-Park

Immer der Alster entlang ⤳ über eine Brücke ⤳ an der Straße **Meenkwiese** rechts und über die Alster.

ANSCHLUSS Hier zweigt nach links Tour 2 ab.

Nach der Brücke links bergab ⤳ rechts der Alster entlang auf einem unbefestigten Radweg ⤳ unter der Bahn und der Straße Deelböge hindurch ⤳ es geht entlang des **Alsterwanderweges** ⤳ geradeaus über die Wilhelm Metzger-Straße.

ACHTUNG Achten Sie auf das Drängelgitter am anderen Ende der Straße.

Wiederum kurz bergab ⤳ weiter entlang der Alster ⤳ nach der Rechtskurve links auf die **Rathenaustraße** ⤳ gleich wieder links und

weiter an der Alster entlang ~ vorbei an Kleingärten ~ über ein paar Stufen hinauf zur Straße Alsterdorfer Damm ~ über die Straße ~ kurz rechts und gleich wieder links hinunter ~ unbefestigt weiterhin entlang der Alster ~ an der **Rathenaustraße** links ~ über eine Brücke ~ an der Ampelkreuzung geradeaus in die **Rathenaustraße** ~ auf dem straßenbegleitenden Radweg entlang der Alster ~ an der Ampelkreuzung links und über die Alster ~ nach der Alster rechts wiederum in einen unbefestigten Weg, diesem für rund zwei Kilometer folgen.

An der T-Kreuzung rechts in die Straße **Am Hasenberge** ~ über die Alster ~ nach der Brücke links in den **Justus-Strandes-Weg** ~ die nächste Vorfahrtsstraße geradeaus queren ⚠ stark befahrene Straße ohne Schutzweg.

TIPP Bei sehr starkem Verkehr können Sie die Straße auch etwas weiter rechts an der ampelgeregelten Kreuzung überqueren.

Gleich zu Beginn der Struckholt-Straße links bergab ~ in einem Rechtsbogen dem unbefestigten Weg zur Alster folgen ~ der Alster entlang und dem Rechtsbogen folgen ~ unter der Bahn hindurch ~ weiter rechts entlang der Alster ~ längere Zeit dem **Alsterwanderweg** entlang ~ immer rechts der Alster bleiben auf dem unbefestigten Weg. Bei der Straße Grüner Winkel geht es über die Alster ~ weiter der Alster entlang am linken Ufer ~ mittels einer Brücke wieder auf das rechte Ufer wechseln ~ in 1,5 km erreichen Sie das Alstertal-Museum.

Alstertal-Museum, Wellingsbüttler Weg 75a, ✆ 040/5366679, ÖZ: Sa, So 11-13 Uhr und 15-17 Uhr. Im ehemaligen Gut Wellingsbüttel zeigt eine Ausstellung Geschichtliches rund um

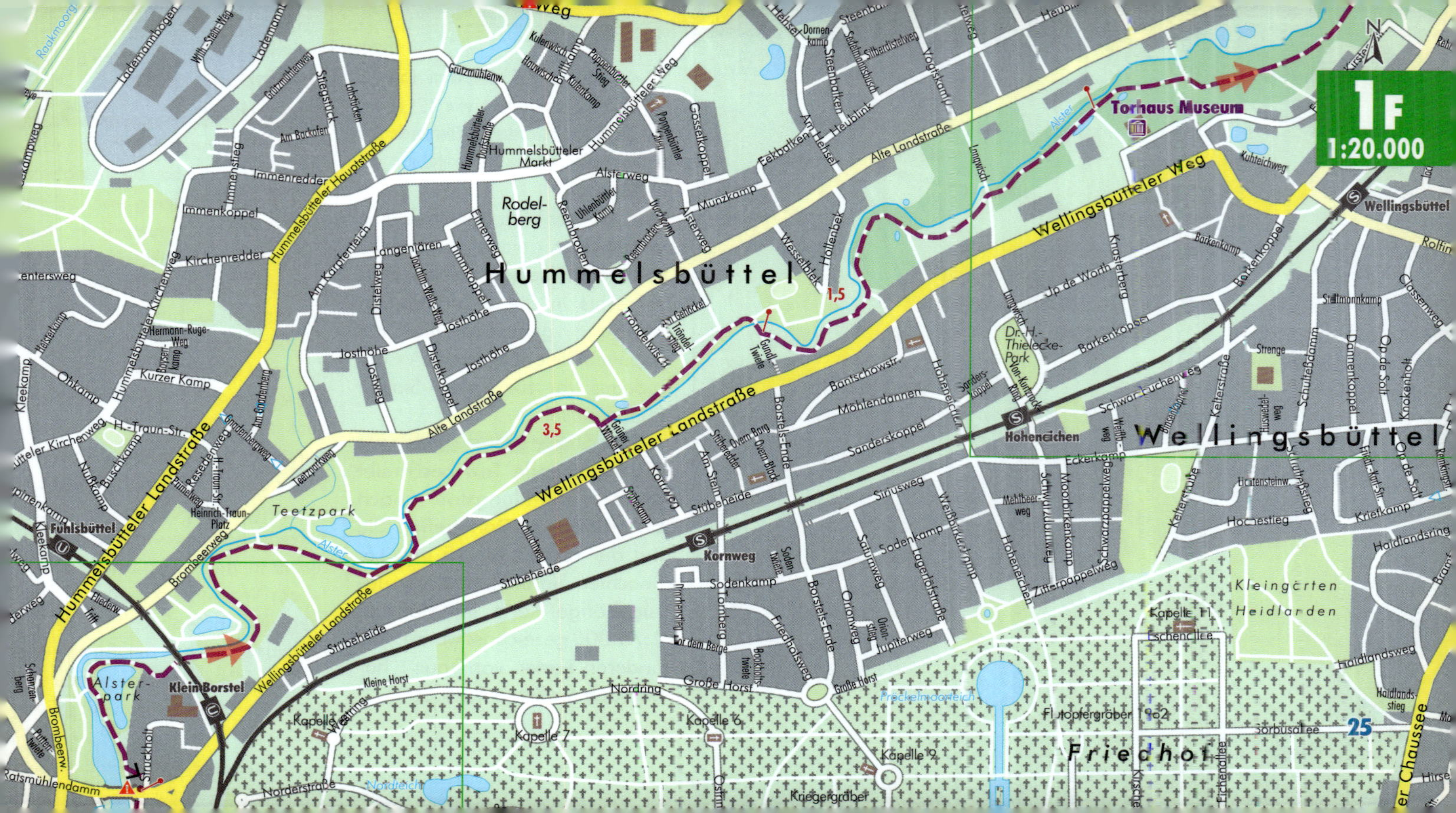
1F
1:20.000
Hummelsbüttel
Wellingsbüttel
Torhaus Museum
Hummelsbütteler Landstraße
Hummelsbütteler Hauptstraße
Wellingsbütteler Landstraße
Wellingsbütteler Weg
Alte Landstraße
Hummelsbütteler Markt
Rodelberg
Teetzpark
Alsterpark
Alster
Fuhlsbüttel
Klein Borstel
Kornweg
Hoheneichen
Wellingsbüttel
Dr.-H.-Thielecke-Park
Kleingärten Heidlarden
Friedhof
Kapelle 6
Kapelle 7
Kapelle 8
Kapelle 9
Kapelle 11
Kriegergräber
Nordteich
Pröckelmoorteich
Fliegeropfergräber 1952
Nordring
Große Horst
Norderstraße
Sörbusallee
Eschenallee
Stübeheide
Immenredder
Immenkoppel
Kirchenredder
Alsterweg
Munzkamp
Eekbalken
Am Hehsel
Heublink
Möhlendannen
Sanderskoppel
Barkenkoppel
Barkenkamp
Up de Worth
Kritenbarg
Strenge
Stellmannkamp
Classenweg
Haidlandsring
Haidlandsweg
Kriegkamp
Hochnestieg
Eckerkamp
Sodenkamp
Siriusweg
Orionweg
Jupiterweg
Friedhofsweg
Borstels-Ende
Ratsmühlendamm
Brombeerweg
Struckholt
Kleekamp
Ohkamp
Kurzer Kamp
Josthöhe
Distelweg
Distelkoppel
Langenjären
Am Karpfenteich
Grützmühlenweg
Lademannbogen
Kuhteichweg
1,5
3,5
25

die Alster, so z. B. Dokumente über die Oberalster-Lastschifffahrt vom 15. bis ins 20. Jh., eine Fotoausstellung über das alte Dorf Sasel und alte bäuerliche Gerätschaften und Kleider.

Dort, wo der Weg links über eine Brücke führt, geradeaus weiter ~ vorbei am kleinen runden Platz ~ rechts in die **Grotenbleken Straße** ~ geradeaus über die Poppenbütteler Landstraße ~ geradeaus vor zur S-Bahn-Station Poppenbüttel.

S-Bahn-Station Poppenbüttel

TIPP

Der folgende Text beschreibt die Verbindungstour nach Ahrensburg. Dort treffen Sie auf die Touren 14, 15 und 16. Beachten Sie bitte, dass die dazugehörige Karte im Maßstab 1:75.000 gezeichnet wurde. Alle anderen Karten von Tour 1 haben den Maßstab 1:20.000.

Verbindung nach Ahrensburg 12,5 km

Von der S-Bahnstation Poppenbüttel rechts in die Straße **Heegbarg** ~ auf dem Radweg vor bis zur großen Ampelkreuzung ~ hier rechts auf den linksseitigen Radweg des **Saseler Damms** ~ an der Ampelkreuzung links in die **Saseler Chaussee**, wiederum auf den straßenbegleitenden Radweg ~ nach rund 1,5 km, nach der Tankstelle rechts in den **Immenhorstweg** ~ es geht bergauf ~ der Weg geht über in einen Radweg ~ diesem geradeaus folgen ~ an der T-Kreuzung links ~ gleich danach rechts in den Weg **Timmermoor** ~ am Wasserwerk vorbei ~ der Weg wird befestigt ~ an der T-Kreuzung rechts in den **Streekweg** ~ zwei Querstraßen geradeaus queren ~ an der T-Kreuzung links n den **Rögenweg** ⤳ leicht bergauf durch die Allee ⤳ rechts in den **Volksdorfer Damm** ⤳ an der ampelgeregelten Kreuzung links ⤳ an der Gabelung rechts ⤳ gleich danach links n die Straße **Gussau** ⤳ leicht bergab der Rechtskurve folgen ⤳ an der Gabelung links und weiter in der Straße **Gussau** ⤳ auf dem linksseitigen Radweg leicht bergauf ⤳ an der T-Kreuzung rechts in den **Moorweg** ⤳ an der 4er-Kreuzung links in den **Ahrensburger Weg** ⤳ auf dem Radweg der Rechtskurve folgen ⤳ längere Zeit entlang des **Bornkampsweges** ⤳ mittels einer Brücke über die Bahn ⤳ der Radweg wird unbefestigt ⤳ am Friedhof vorbei ⤳ an der Stopp-Kreuzung links Richtung Ahrensburg ⤳ auf dem schönen, linksseitigen Radweg leicht bergauf nach Ahrensburg ⤳ an der zweiten Ampelkreuzung rechts in die **Bahnhofstraße** ⤳ nach der Linkskurve liegt rechter Hand die S-Bahn-Station Ahrensburg.

Ahrensburg **s. S. 161**

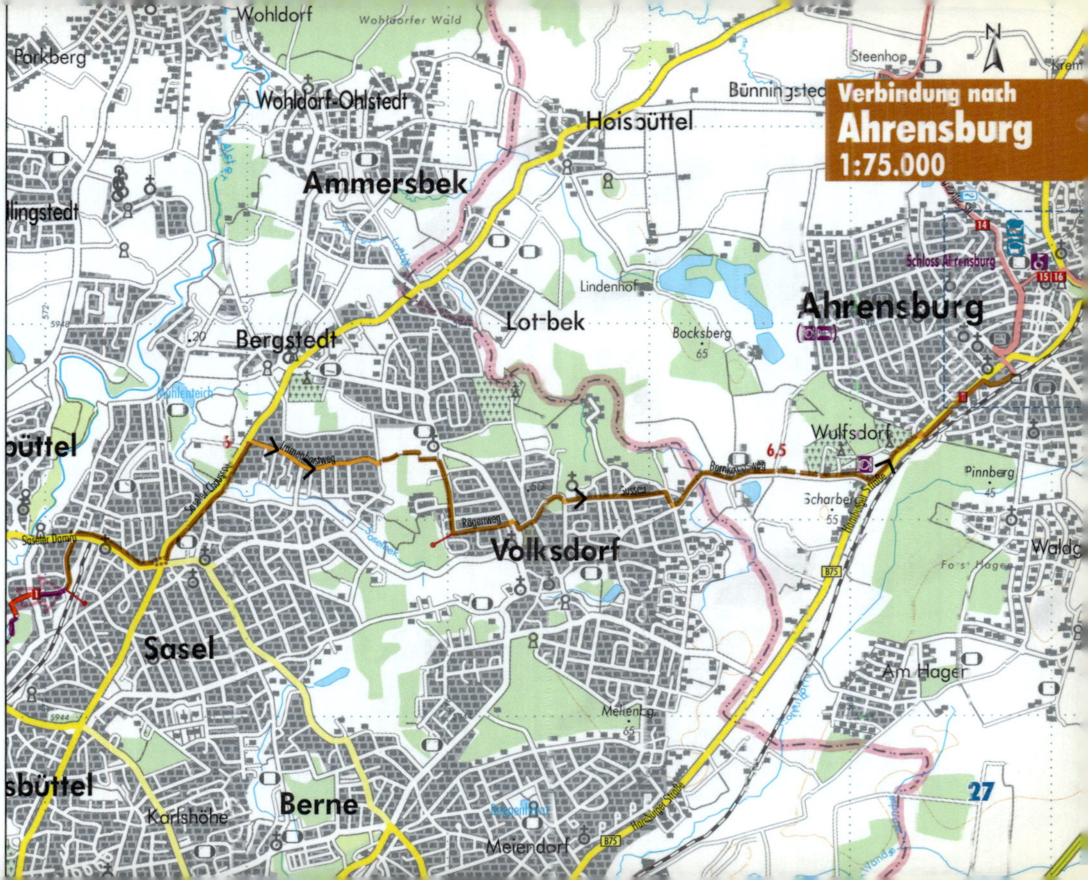

Tour 2 Zum Niendorfer Gehege & Altonaer Volkspark 30 km

Entlang der Alster geht es zunächst aus der Altstadt hinaus, ab dem Eppendorfer Mühlenteich verläuft die Tour dann Richtung Westen. Der erste Stopp bietet sich beim Erholungsgebiet Niendorfer Gehege an, vor allem Kinder lieben das dazugehörige Damwildgehege und den riesigen Spielplatz. Löwen, Elefanten und Giraffen können Sie danach in Hagenbecks Tierpark besuchen – oder möchten Sie lieber einen Spaziergang durch den Altonaer Volkspark machen, samt buntem Dahliengarten? Wer noch Zeit und Lust für Kultur hat, für den sei in Pinneberg noch das alte Backsteingebäude „Landdrostei" erwähnt, bevor es per S-Bahn wieder nach Hause geht.

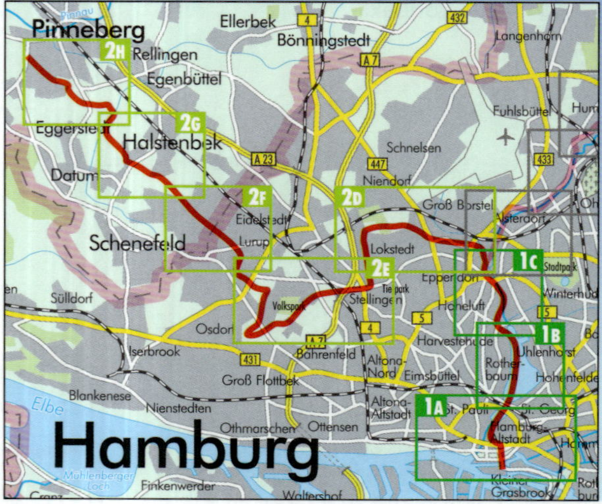

Charakteristik

Länge: 30 km
Start: Hamburg, U- und S-Bahn Station Jungfernstieg
Ziel: Pinneberg, S-Bahn-Station
Anreise: per U- oder S-Bahn
Wegbeschaffenheit: Der überwiegende Teil der Oberflächen ist asphaltiert, Ausnahmen dabei sind die Wege entlang des Kollauwanderweges, rund um das Niendorfer Gehege (Variante) und durch den Altonaer Volkspark.
Verkehr: Auf Radwegen werden Sie aus der Innenstadt herausgeführt und ab dem Altonaer Volkspark fahren Sie auf verkehrsarmen, ruhigen Wegen.
Beschilderung: allgemeine Radrichtungsschilder, keine spezielle Beschilderung für diese Tour
Steigungen: keine
Tipp: Für all jene, die kleinere Abschnitte dieser Tour fahren möchten, gibt es immer wieder die Möglichkeit, auf die S-Bahn umzusteigen.
Anschlusstouren: 1, 3, 4, 13, 14

Rast- und Spielplatz beim Niendorfer Gehege

Hamburg s. S. 15

Von der Binnenalster zum Niendorfer Gehege 10 km

TIPP Die ersten Kilometer von der Binnenalster bis zur Gabelung von Tour 1 und Tour 2 verläuft ident mit der Route von Tour 1 (s. S. 20) Die folgende Beschreibung beginnt an der Gabelung der beiden Touren.

Kurz nach der Querung des Salomon-Heine-Weges links in den Radweg ⇝ rechts am Teich vorbei ⇝ unter der Straße Rosenbrook hindurch ⇝ der Weg wird unbefestigt ⇝ geradeaus über die Straße Kellerbleek ⇝ in einer Linkskurve über eine kleine Brücke ⇝ geradeaus in die Straße einfahren, laut Radschilder zum Niendorfer Gehege ⇝ die Kollaustraße geradeaus queren, Ampel vorhanden ⇝ geradeaus weiter auf dem unbefestigten Radweg ⇝ auf diesem bis zur Niendorfer Straße ⚠ ⇝ diese überqueren ⇝ weiter entlang des Kanals, auf der linken Seite ⇝ den Radschildern Richtung Niendorfer Gehege folgen ⇝ der Weg verläuft entlang der Schienen ⇝ unter einer Brücke hindurch ⇝ geradeaus vor bis zur Kreuzung, wo Sie links die Bahnüberführung sehen.

Rund um das Niendorfer Gehege 3,5 km

An der Kreuzung rechts durch die Kleingärten ⚠ Achtung auf das Drängelgitter und die kleine Holzbrücke bei Nässe ⇝ geradeaus weiter in die Straße **Bondenwald** ⇝ der Linkskurve folgen ⇝ am Spiel- und Rastplatz vorbei ⇝ an der Vorfahrtsstraße links ⇝ der Linkskurve in die Straße **Niendorfer Gehege** folgen.

Entlang der Alster

Niendorfer Gehege

Eines der größten Waldgebiete Hamburgs finden Sie hier im Nordwesten der Hansestadt. Es wird gerne als Erholungs- und Freizeitgebiet genutzt, denn hier gibt es sowohl einige Kilometer an Wander- und Reitwegen, als auch das bei Kindern sehr beliebte Damwildgehege samt großem Kinderspielplatz. Heute besteht das Waldgebiet hauptsächlich aus Buchenmischwald, da in den 1950er Jahren die Stadt Hamburg den Wald wieder aufforsten ließ nachdem in den Jahren zuvor große Teile abgeholzt worden waren.

Wiederum entlang der Linkskurve ⇝ weiter in die **Vogt-Kölln-Straße**.

Bei Hagenbecks Tierpark

TIPP

Wenn Sie den Tierpark nicht besuchen möchten, können Sie hier auch geradeaus weiter fahren und treffen an der Koppelstraße wieder auf die Hauptroute. Vor der Überführung links in die **Kollenhof-Straße** ⇝ die Straße geht über in einen Radweg ⇝ rechts halten und durch die Kleingärten ⇝ entlang der Gleise zur Bahnüberführung, hier rechts.

Vom Niendorfer Gehege nach Pinneberg — 19,5 km

Unter der Bahnüberführung hindurch ⇝ geradeaus in die Straße **Deelwisch** ⇝ geradeaus die Straße Gazellenkamp queren ⇝ auf dem rechtsseitigen Radweg entlang des Tierparks ⇝ rechter Hand befindet sich der Eingang zum Tierpark.

Hagenbecks Tierpark

Mehr als 200 verschiedene Tierarten aus aller Kontinenten der Welt werden hier in Freigehege gehalten, bereits in sechster Generation führe zwei Direktoren aus der Familie Hagenbeck ihren Familienbetrieb. Angefangen hatte alles vor rund 150 Jahren, als der Fischhändler Gottfried Hagenbeck sechs Seehunde im Hamburger St. Pauli ausstellte. Diese kleine Tierschau war bald so beliebt, dass sich daraus zunächst ein kleines und einige Jahre später eines der größten Tierhandelshäuser der Welt entwickelte. Nach zahlreichen Dressurnummern, hauptsächlich mit Raubkatzen, in ganz Europa, eröffnete Hagenbeck 1907 schließlich den ersten gitterlosen Tierpark der Welt in der Nähe von Hamburg. Bis heute blieb dieser in Familienbesitz und erhält somit keine staatlichen Zuwendungen. Trotzdem bietet er über 1.800 Tieren ein zu Hause und ist erfolgreich bei der Züchtung. Viel Spaß also in der Elefantenfreilaufhalle, bei der Giraffenfütterung und den Orang-Utans!

Vor bis zur großen Ampelkreuzung ⇝ hier rechts auf den straßenbegleitenden Radweg in

2D
1:20.000
Niendorf
Niendorfer Marktplatz
Alter Friedhof
Niendorfer Gehege
Bondenwald
Wildgehege
Niendorfer Gehege
3,5
Kollaustr.
Sootbörn
Vogt-Cordes-Damm
Lokstedter Holt
447
Papenreye
Groß Borstel
Beerboomstücken
Klotzenmoorstieg
Haldenstieg
Eberkampstr.
Nirmheimweg
Spreenende
Stutzenkamp
Licentiatenberg
Weg beim Jäger
Borsteler Chaussee
Eppendorfer Moor
Rathbusch
Kobenbusch
Bondeel
Schmiedekoppel
Langenhorst
Niendorfer Str.
Kollaustraße
Gr. Borsteler-Str.
Niendorfer Weg
Warnckesweg
Kollaukamp
Lütt Kollau
Schrödersweg
Georgiweg
Köppenstraße
Woltersstraße
Klotzenmoor
Kollau
Alte Kollau
1,5
Bullenredder
Auf dem Kollauer Hof
Bei der Pulvermühle
Geesmoor
Brödermannsweg
Lokstedter Damm
Brückwiesenstr.
Tarpenbek
2,5
Alsterkrugchaussee
Deelböge
Rosenbrook
Hildburgweg
Wulfwisch
Döringweg
Heckenrosenweg
Baarkamp
Hagendeel
Hinter der Lieth
Schwabb
Liethwisch
Deelwisch
Oldenburger Str.
Hagendeel
Vogt-Kölln-Straße
Niewisch
Stubenwisch
Eickenpark
Harsprung
Willinks-park
Niendorfer Straße
Rütersbarg
Feldhoopstücken
Nedderfeld
Ahornallee
Lembekstraße
Jägerlauf
Offakamp
Amsinckpark
Stellinger Chaussee
Grelckstr.
Stapelstraße
Odenskamp
Spritzenw.
Behrmannplatz
Vogt-Wells-Str.
Siemersplatz
Osterfeldstraße
Tour 1
Tour 2
31
Universität FB Informatik
2,2
Gazellenkamp
Die Lieth
Hagenbecks
Fernsehstudio NDR
Erlenstraße
Grandweg
Bei der Lutherbuche
Höxterstraße
Corveystraße
Sottorfallee
Tarpenbek-
Lokstedter
Lokstedter Landstraße
Siemssenstr.
Nissenstraße
Edgar-Roß-Str.
Im Winkel
Kösterstr.
Erikastraße
Appener Weg
Antilopenstieg

HSV-Arena

die **Koppelstraße** ⇝ vorbei an der großen Giraffe des Tierparks ⇝ geradeaus weiter in die **Sportplatzring** ⇝ die Kieler Straße geradeaus queren ⇝ auf dem rechtsseitigen Radweg der **Volksparkstraße** bis kurz vor die Autobahn ⇝ direkt vor der Autobahnbrücke links in die **Randstraße** ⇝ an der ersten Möglichkeit rechts in die **Volksparkstraße**.

S-Bahn-Station Stellingen (Volksparkstadion)

Geradeaus unter den Schienen und der Autobahn hindurch ⇝ auf einem schönen Radweg weiter Richtung Altonaer Volkspark ⇝ mittels einer modernen Radbrücke über die Ottensener Straße und die Schnackenburgallee.

HSV-Arena

Das Stadion des Hamburger SV bietet bei Sportveranstaltungen und Konzerten Platz für 57.000 Zuschauer. Aufgrund dieser Größe und seiner guten Ausstattung und Infrastruktur wird hier aller Voraussicht nach auch das UEFA-Cup Finale 2010 stattfinden.

TIPP Wer direkt zum Stadion möchte, fährt an der ersten Möglichkeit rechts und kurz bergab. Nach der Linkskurve stehen Sie direkt vor der HSH Nordbank Arena.

An der zweiten Möglichkeit rechts Richtung HSH-Nordbank-Arena ⇝ über eine Brücke ⇝ in einem Linksbogen kurz bergab ⇝ vor der Arena links in den unbefestigten Waldweg ⇝ geradeaus in die **August-Kirch-Straße** einfahren ⇝ kurz bergauf ⇝ nach der Linkskurve rechts in den Park.

Altonaer Volkspark

Mit rund 200 Hektar Wald-, Wiesen- und Kulturfläche ist der Altonaer Volkspark Hamburgs größter öffentlicher Park. Gegründet wurde er um 1900, um eine Grünfläche für das immer stärker industriell geprägte Altona zu schaffen. Unter Ferdinand Tutenberg, dem Gartenbaudirektor, entstand ein von Wald geprägter Volkspark, der für die gesamte Bevölkerung zugänglich war. Nach und nach kamen Spiel- und Liegewiesen, eine Minigolfanlage und der bis heute älteste Dahliengarten – mit rund 12.000 Dahlien – dazu.

Nach dem Park an der **Stadionstraße** rechts ⇝ auf dem rechtsseitigen Radweg der Linkskurve in den **Hellgrundweg** folgen ⇝ geradeaus zwischen Friedhof Altona und Stadion ⇝ an der Ampelkreuzung links in den **Farnhornweg** ⇝ auf dem Radweg leicht

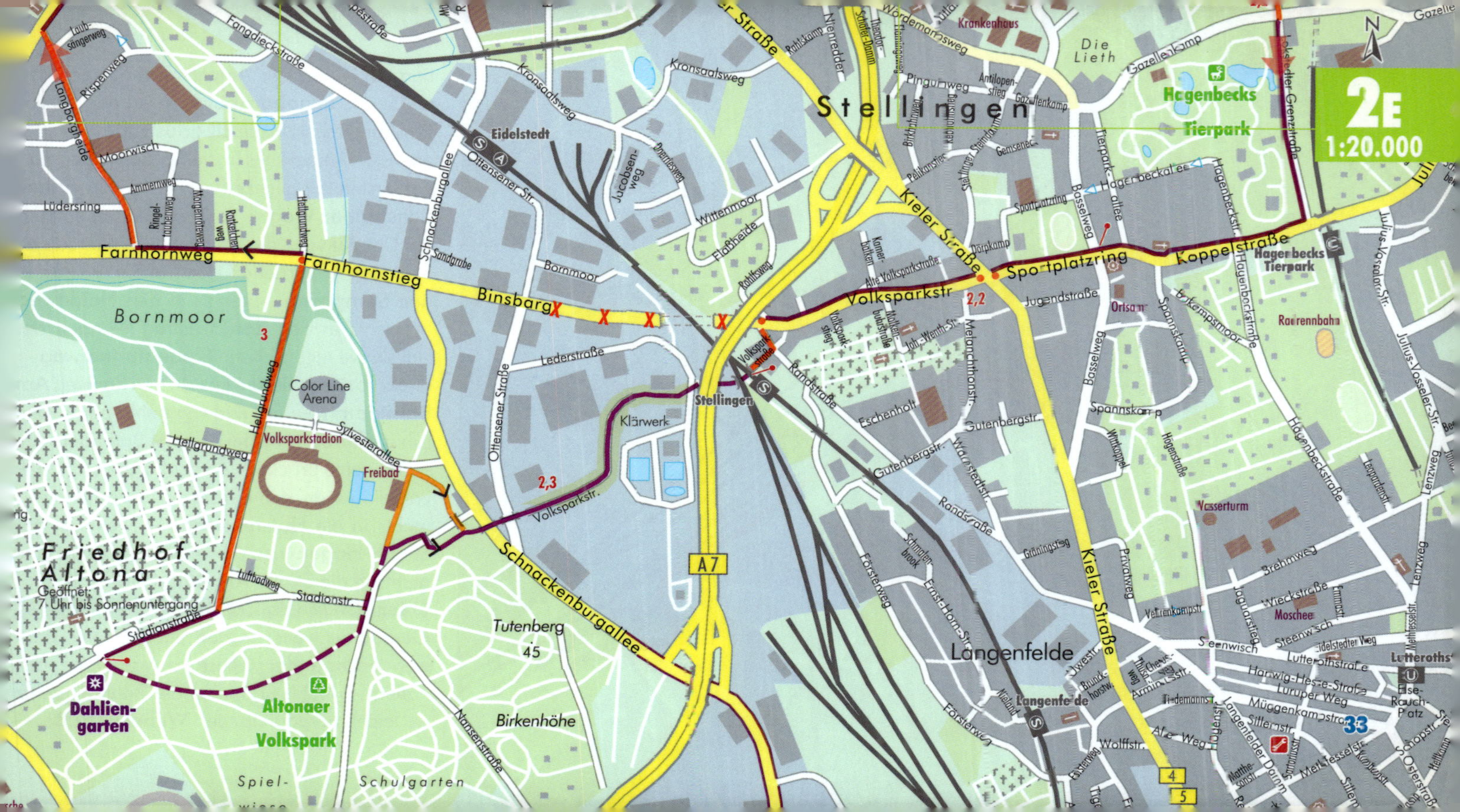
2E
1:20.000
Stellingen
Hagenbecks Tierpark
Die Lieth
Krankenhaus
Gazellenkamp
Kronsaalsweg
Fangdieckstraße
Eidelstedt
Ottensener Str.
Langbargheide
Rispenweg
Moorwisch
Lüdersring
Ammerweg
Farnhornweg
Farnhornstieg
Binsbarg
Bornmoor
Sandgrube
Schnackenburgallee
Lederstraße
Ottensener Straße
Wittenmoor
Flaßheide
Jacobsenweg
Kieler Straße
Volksparkstr
Sportplatzring
Koppelstraße
Hagenbecks Tierpark
Jugendstraße
Basselweg
Ortsamt
Kempsmoor
Rennbahn
Hagenbeckstraße
Julius-Vosseler-Str.
Randstraße
Melanchthonstr.
Eschenholt
Gutenbergstr.
Spannskamp
Wasserturm
Brehmweg
Wieckstraße
Moschee
Steenwisch
Lutterothstraße
Lutteroths
Harwig-Hesse-Straße
Luruper Weg
Müggenkampstraße
Else-Rauch-Platz
Langenfelde
Langenfelder Damm
Wolffstr.
Försterweg
Ernst-Horn-Str.
Stellingen
Klärwerk
Volksparkstr.
A7
Bornmoor
Color Line Arena
Volksparkstadion
Sylvesterallee
Hellgrundweg
Freibad
Friedhof Altona
Geöffnet:
7 Uhr bis Sonnenuntergang
Stadionstraße
Stadionstr.
Luftbadweg
Tutenberg
45
Birkenhöhe
Nansenstraße
Dahliengarten
Altonaer Volkspark
Spielwiese
Schulgarten
3
2,3
2,2
4
5

bergauf ⇝ an der Ampelkreuzung rechts i die Straße **Langbargheide** ⇝ an der großen Kreuzung rechts in die **Elbgaustraße** ⇝ an de nächsten Ampel links in die **Spreestraße** ⇝ ar der ersten Möglichkeit rechts in den **Friedrichshulder Weg** ⇝ vor den Gleisen entlang der Linkskurve ⇝ der Weg führt parallel zu der Schienen ⇝ vorbei an den Pollern ⇝ links in den **Sumpfweg** ⇝ rechts in den **Heideweg** ⇝ rechts in den **Rotdornstieg** ⇝ nach der Linkskurve rechts in den **Siebentunnelweg** ⇝ direkt vor den Gleisen links in den Radweg **Am Bahndamm** ⇝ der Radweg geht über in eine ruhige Straße ⇝ vorbei an einer Baumaufzucht ⇝ über eine Brücke ⇝ an der Eurobaumschule vorbei ⇝ an der Gabelung links halten ⇝ rechts in die **Holstenstraße** ⇝ weiter in der Straße **Hagenwisch** ⇝ nach der Linkskurve rechts in die Straße **Am Bahnhof**.

S-Bahn-Station Halstenbek

Geradeaus weiter in den unbefestigten Radweg entlang der Gleise ⇝ vorbei an den Pollern ⇝ rechts und unter der Bahn hindurch ⇝ leicht bergauf in der **Wilhelmstraße** ⇝

Radweg bei Halstenbek

nach der Rechtskurve an der Vorfahrtsstraße links ~ gleich an der nächsten Möglichkeit links in die Straße **Neuer Weg**.

TIPP Ab hier sind Teile dieser Route mit dem Radwegschild „Pinneberger Rundwanderweg" gekennzeichnet.

Durch eine Wohnsiedlung ~ links in den **Thesdorfer Weg** Richtung Sportplatz ~ in einer Rechtskurve vorbei an den Sportanlagen ~ hinaus aus dem Ortsteil Halstenbek Richtung Pinneberg ~ in einer Rechtskurve in die **Neue Straße** ~ leicht bergauf ~ an der Gabelung links in die **Bogenstraße** ~ an der Vorfahrtsstraße links ~ an der Ampelkreuzung

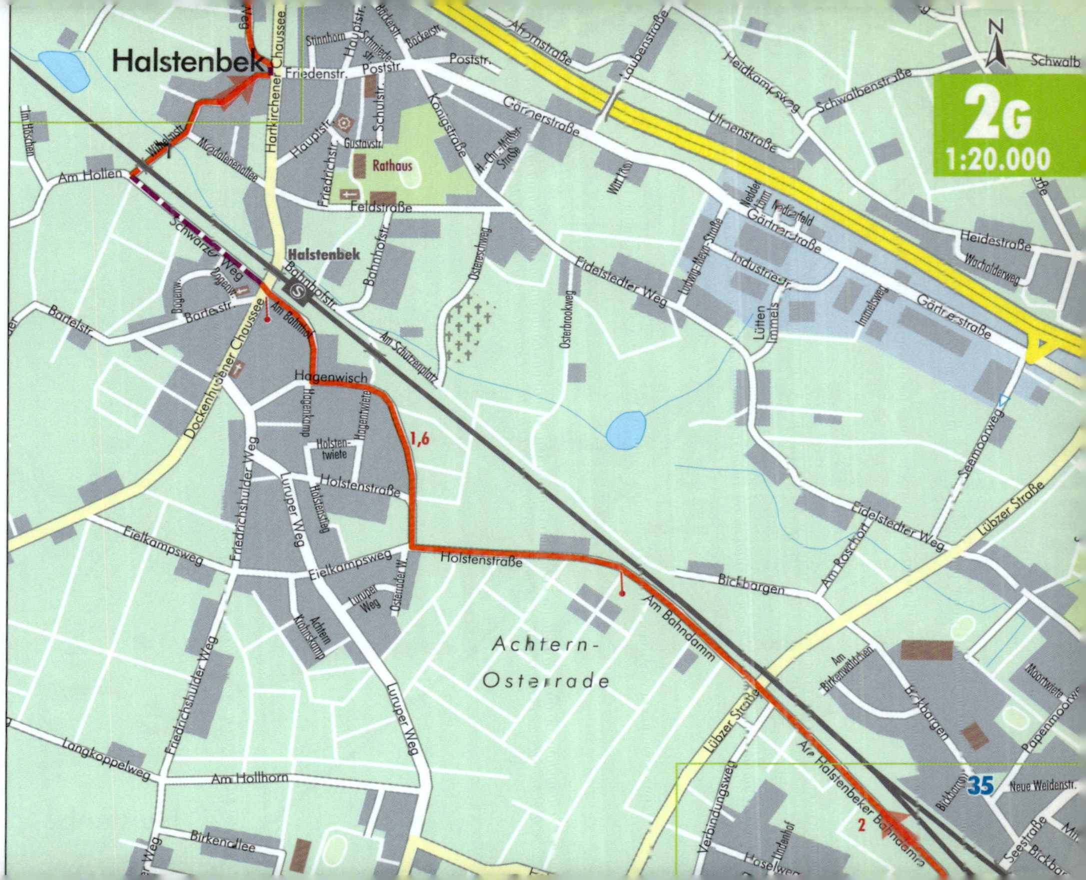

rechts auf den rechtsseitigen Radweg ~ nach der Rechtskurve weiter entlang der Schienen ~ an Schule und Sportplatz vorbei ~ in einer Rechtskurve über eine Brücke ~ gleich danach links ~ auf der linken Seite befindet sich die **S-Bahn-Station Pinneberg**.

Pinneberg

PLZ: 25421; Vorwahl: 04101

- **Stadt Pinneberg**, Bismarckstr. 8, ✆ 2110
- **Stadtmuseum**, Dingstätte 25, ✆ 207465, ÖZ: Di, Mi, Fr 17-19 Uhr, Do 10-12 Uhr und 15-17 Uhr, Sa 11-13 Uhr. Das ehemalige Amtsgerichtsgebäude beherbergt heute zahlreiche Dokumente und Fotografien über den Kreis Pinneberg.
- **Landdrostei**, Dingstätte 23, ✆ 21030, ÖZ: Mi, Do, Sa, 11-17 Uhr, verschiedenste kulturelle Veranstaltungen und wechselnde Ausstellungen. Erbaut wurde das heutige Kulturzentrum von Pinneberg in den 1760er Jahren im Stil des norddeutschen Backsteinbarock. Lange Jahre diente es als Wohn- und Amtssitz des Landdroten, also des dänischen Verwalters der Grafschaft Pinneberg. Seit 1965 steht es unter Denkmalschutz und dient als Raum für Hochzeiten, Lesungen, klassische Konzerte, Skulpturenausstellungen, u. v. m.
- **Wasserturm** (ehemaliger), aus dem Jahre 1912, heute in Privatbesitz

TIPP Die folgende kurze Verbindungstour bringt Sie zur nächsten Radroute, zu einem Teilabschnitt des Heerweg/Ochsenweges, s. Tour 13. Beachten Sie bitte den geänderten Maßstab von **1:75.000**.

Verbindung zu Tour 13 — 7 km

Rechts der S-Bahn-Station unter den Schienen hindurch ⇝ kurz bergauf ⇝ rechts in die Straße **An der Mühlenau** ⇝ geradeaus weiter entlang der Schienen ⇝ unter einer Brücke hindurch ⇝ weiter in der Straße **Am Hafen** ⇝ kurz vor Ende der Straße schräg rechts in den unbefestigten Landwirtschaftsweg Richtung Prisdorf ⇝ nach dem Peiner Hof der Rechtskurve folgen ⇝ der Weg führt zwischen einem Golfplatz hindurch ⇝ an der 4er-Kreuzung

Radwegbeschilderung Kreis Pinneberg

links ⇝ nach der starken Rechtskurve bergab ⇝ unter der Bahn hindurch.

Prisdorf

An der T-Kreuzung links ⇝ auf dem linksseitigen Radweg über eine Brücke ⇝ aus dem Ort hinaus ⇝ auf dem Radweg bis nach Tornesch ⇝ im Gewerbegebiet rechts in die **Denkmalstraße**.

Uetersen/Tornesch s. S. 138

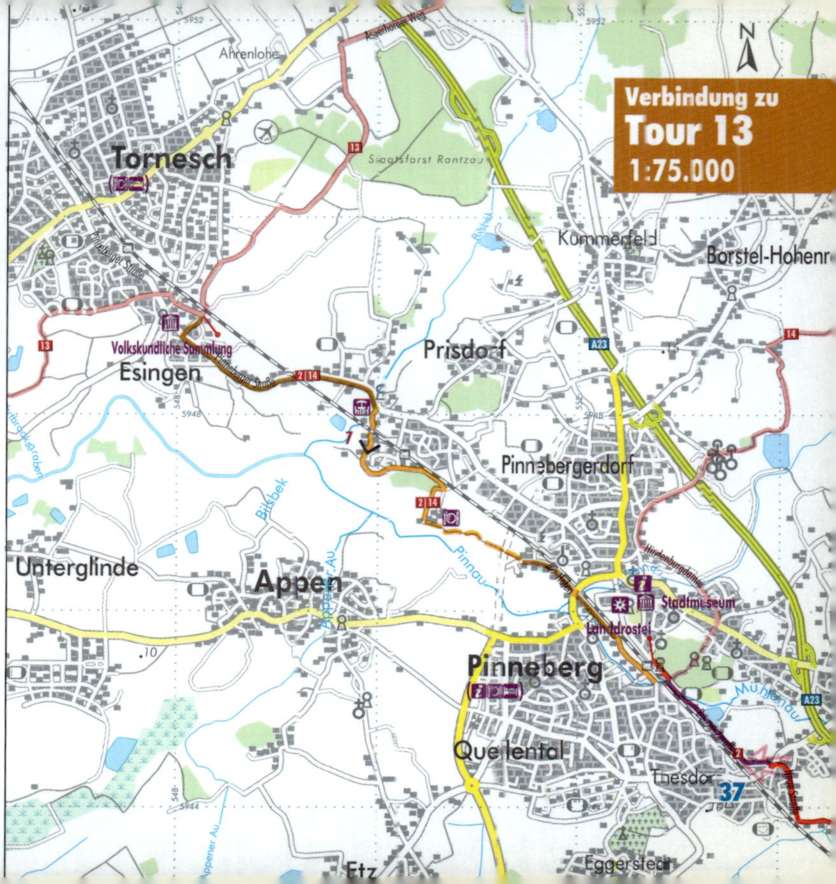

Elbtouren

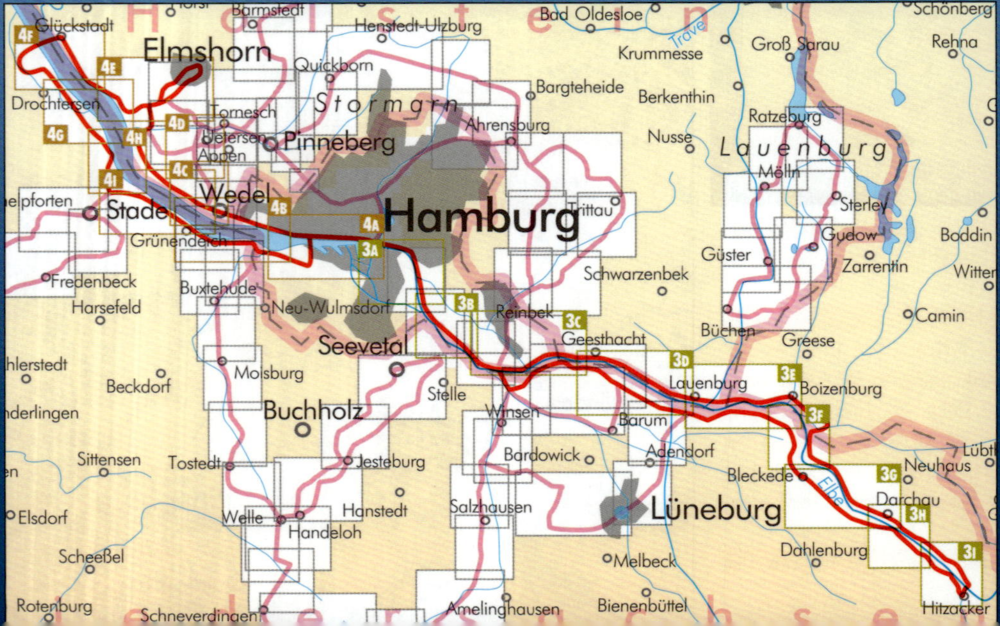

Tour 3 Östliche Elbtour 226 km

Tour 4 Westliche Elbtour 168 km

Tour 3 Östliche Elbtour 226 km

Einen sehr schönen und ruhigen Abschnitt des Elberadweges im Osten Hamburgs können Sie mit dieser Tour entdecken. Am südlichen Elbufer radeln Sie zunächst auf bestens ausgebauten Dammradwegen durch die Winsener Marsch, vorbei am Schloss Bleckede bis zu den kunstvoll verzierten Fachwerkhäusern von Hitzacker. Entlang des Elbe-Radweges am nördlichen Ufer geht es danach durch die herrlich weiten Elbauen über Lauenburg und Geesthacht zurück nach Hamburg.

Charakteristik

Länge: 226 km

Start & Ziel: Hamburg, Hauptbahnhof

Anreise: per U-Bahn, S-Bahn oder Bahn

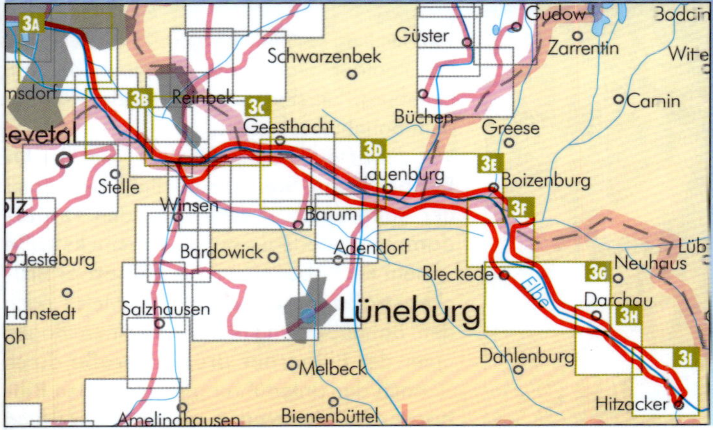

Wegbeschaffenheit: Die Route verläuft zum Großteil auf asphaltierten, gut ausgebauten Radwegen. Nur selten wird der Weg unbefestigt.

Verkehr: Da der überwiegende Teil auf Rad- und Deichwegen verläuft, müssen Sie lediglich in Hamburg und ein kurzes Stück in Lauenburg mit motorisiertem Verkehr rechnen.

Beschilderung: Sie können sich auf der gesamten Strecke an der Elbe-Radweg-Beschilderung orientieren.

Steigungen: Die Strecke verläuft größtenteils steigungsfrei, im Abschnitt zwischen Neu Darchau und Hitzacker (ca. 18 Kilometer am südlichen Ufer) erwarten Sie jedoch leichte bis mittlere Steigungen.

Tipp: Diese Tour können Sie einerseits nach Belieben abkürzen, indem Sie die zahlreichen Fähren entlang der Strecke nutzen und somit nur Teile dieser Tour fahren. Andererseits gibt Ihnen der Elbe-Radweg auch die Möglichkeit, auf andere Touren „umzusteigen". Sie können ihn sozusagen als Verbindungsweg zu zahlreichen anderen Touren in diesem Buch verwenden, wenn Sie direkt in Hamburg starten möchten.

Anschlusstouren: 1, 2, 5, 6, 7, 17

Radweg entlang der Elbe

Von Hamburg nach Lütjenburg 22,5 km

Die Radtour beginnt am Hauptbahnhof von Hamburg, Sie starten vom **Steindorwall** vor dem Bahnhofsgebäude.

Vor dem Hauptbahnhof links ~ bei der **U-Bahn-Station Steinstraße** links und unter der Bahn durch ~ rechts auf den **Högerdamm** ~ geradeaus auf die **Amsinckstraße** ~ dem Rechtsbogen auf die **Billhorner Brückenstraße** folgen ~ ca. 200 Meter nach dem Bahnübergang rechts ~ in einem Bogen unter der **Billhorner Brückenstraße** durch ~ nach der Unterführung rechts in den **Billhorner Mühlenweg** ~ an der T–Kreuzung links und gleich wieder rechts über die Brücke ~ der **Entenwerder Straße** folgen ~ an der Vorfahrtsstraße rechts ~ am **Sperrwerk Billwerder Bucht** rechts über die Brücke und dem asphaltierten Radweg auf dem Deich für die nächsten 4 Kilometer folgen ~ rechts auf die Vorfahrtsstraße und über die Brücke ~ nach der Brücke in die erste Abzweigung links ~ an der nächsten Möglichkeit rechts in die Sackgasse ~ Sie durchqueren auf dem unbefestigten **Marschbahndamm** eine Kleingartensiedlung.

Ochsenwerder

In Ochsenwerder die Vorfahrtsstraße überqueren und geradeaus weiter ~ nach ca. 4,5 Kilometern erreichen Sie **Fünfhausen**.

Fünfhausen

Die Vorfahrtsstraße kreuzen und auf dem zweispurigen Plattenweg geradeaus weiter ~ nach ca. 5 Kilometern an der Kreuzung beim Rastplatz rechts Richtung Lütjenburg.

Lütjenburg

Von Lütjenburg nach Hohnstorf — *34 km*

Kurz vor der Elbe, nach dem Sportplatz, links auf die **Elbdeichstraße** ~ mit der Fähre ans südliche Elbufer wechseln ~ auf der südlichen Elbseite weiter ~ am oder neben dem Deich über Laßrönne.

ANSCHLUSS Hier können Sie zu Tour 6 und zu Tour 7 wechseln. Erstere führt Sie durch die Winsener Marsch – im Anschluss können Sie dem Elbe-Radweg in beide Richtungen folgen, Tour 7 bringt Sie entlang der Luhe in den Süden bis Bispingen bzw. Schneverdingen.

Weiter durch **Drage** bis zur Brücke Höhe Geesthacht ~ diese

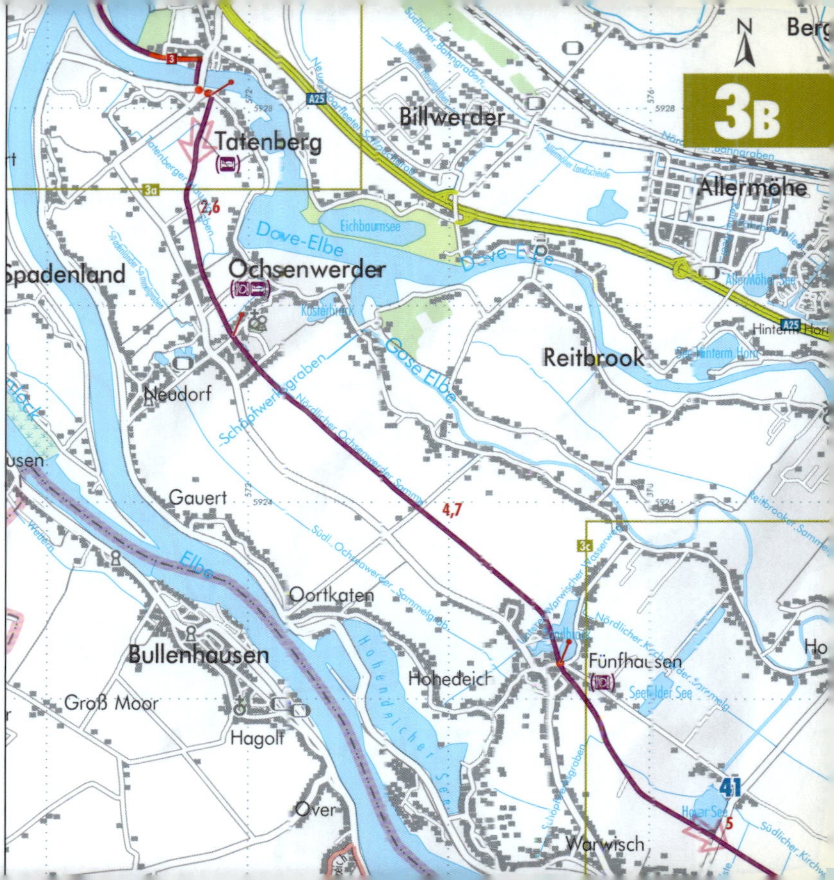

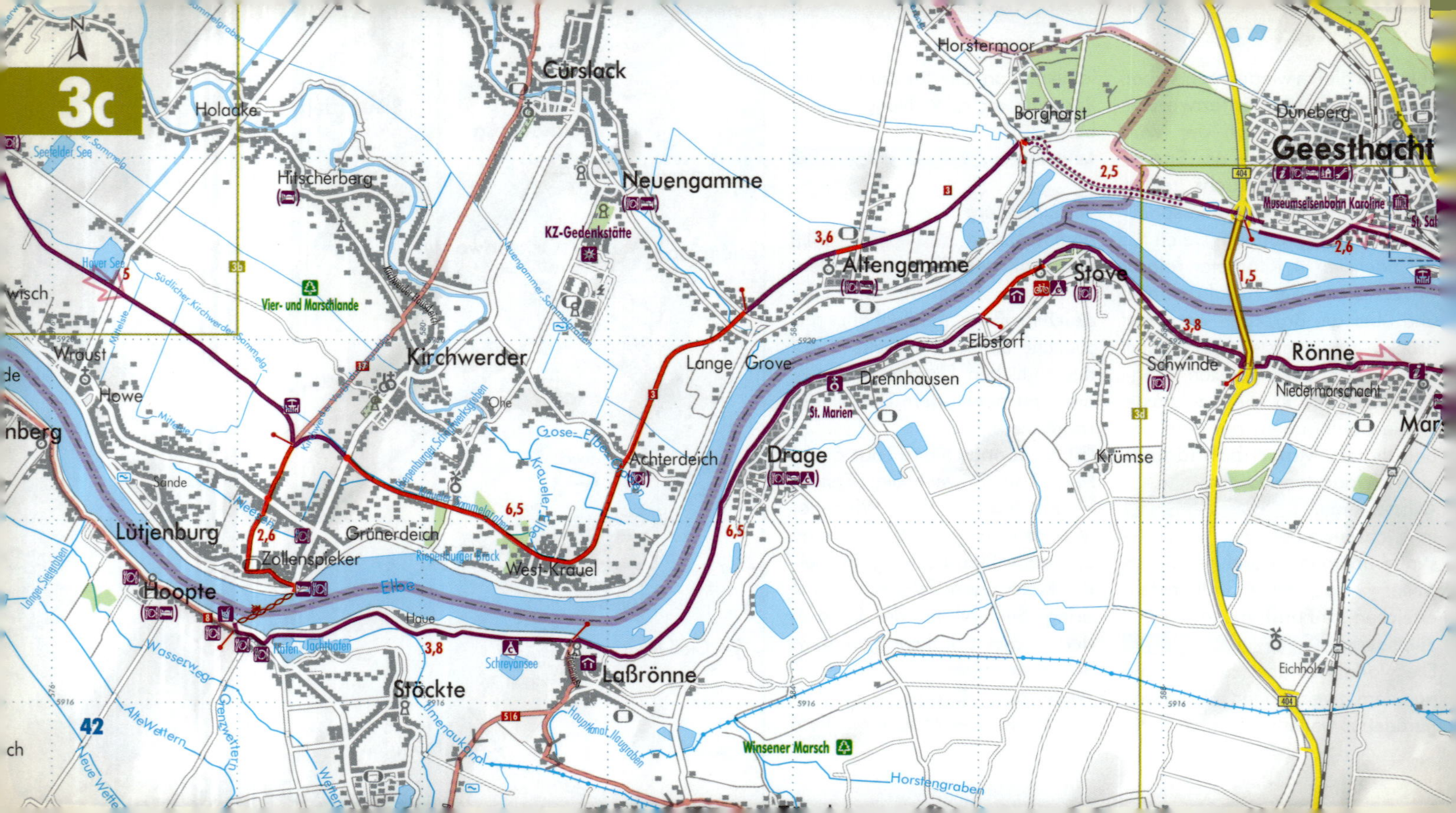
3c
Curslack
Holaake
Seefelder See
Hitscherberg
Neuengamme
KZ-Gedenkstätte
Horstermoor
Borghorst
Düneberg
Geesthacht
Museumseisenbahn Karoline
Altengamme
Stove
Hover See
Vier- und Marschlande
Kirchwerder
Wraust
Howe
Ohe
Lange
Grove
Elbstorf
Schwinde
Rönne
Drennhausen
Niedermarschacht
St. Marien
Achterdeich
Drage
Krümse
Sande
Lütjenburg
Grünerdeich
Zollenspieker
West-Krauel
Hoopte
Elbe
Haue
Hafen
Jachthafen
Schreyansee
Laßrönne
Stöckte
Winsener Marsch
Horstengraben
Eichholz
2,5
3,6
2,6
1,5
3,8
6,5
Wasserweg
Alte Wettern
Ilmenaukanal
404

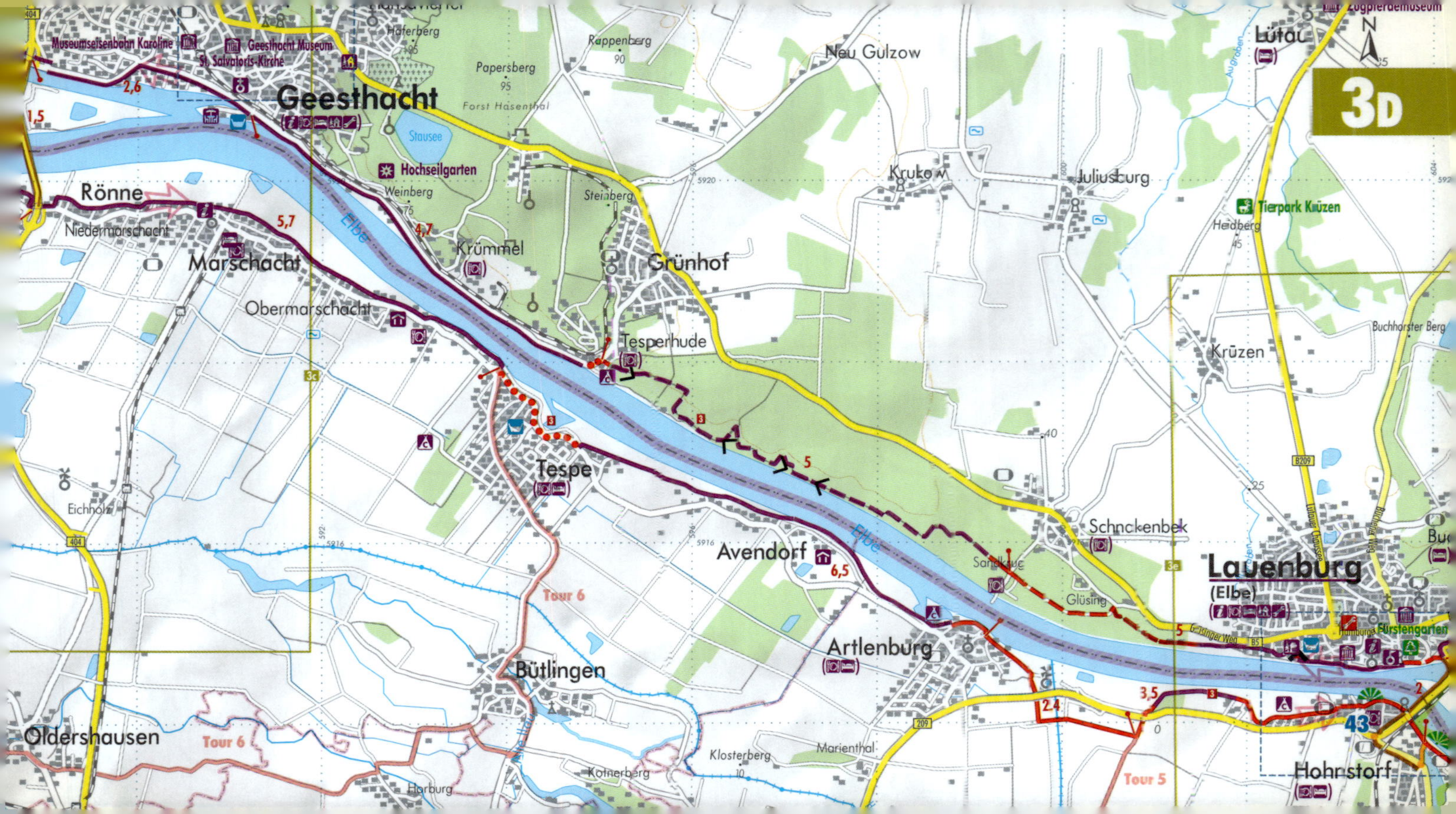

3D
Geesthacht
Museumseisenbahn Karoline
Geesthacht Museum
St. Salvatoris-Kirche
Haferberg
Papersberg
Rappenberg
Neu Gulzow
Lütau
Forst Hasenthal
Stausee
Hochseilgarten
Weinberg
Steinberg
Krukow
Juliusburg
Tierpark Krüzen
Heidberg
Rönne
Niedermarschacht
Marschacht
Elbe
Krümmel
Grünhof
Obermarschacht
Tesperhude
Krüzen
Buchhorster Berg
Tespe
Eichholz
Schnakenbek
Avendorf
Sandkrug
Glüsing
Lauenburg (Elbe)
Fürstengarten
Tour 6
Artlenburg
Bütlingen
Oldershausen
Klosterberg
Marienthal
Kolnerberg
Horburg
Tour 5
Hohnstorf

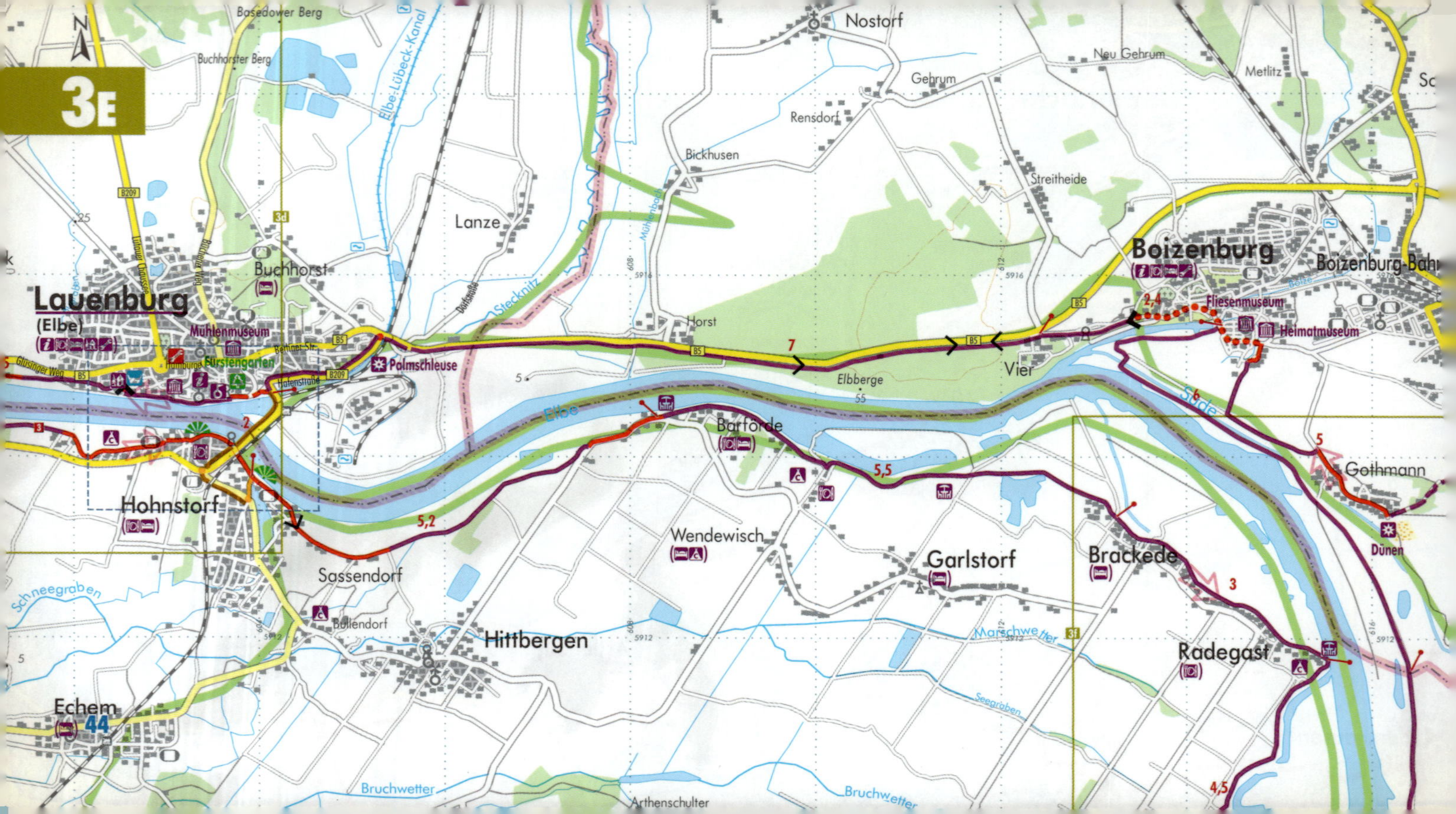
3E
Basedower Berg
Buchhorster Berg
Elbe-Lübeck-Kanal
Nostorf
Neu Gehrum
Metlitz
Gehrum
Rensdorf
Bickhusen
Streitheide
Lanze
Buchhorst
Boizenburg
Boizenburg-Bahn
Lauenburg
(Elbe)
Mühlenmuseum
Fürstengarten
Stecknitz
Horst
Fliesenmuseum
Heimatmuseum
Palmschleuse
Vier
Elbberge
Elbe
Sude
Barförde
Gothmann
Hohnstorf
Wendewisch
Garlstorf
Brackede
Dünen
Sassendorf
Schneegraben
Bullendorf
Hittbergen
Marschwetter
Radegast
Echem
44
Seegraben
Bruchwetter
Arthenschulter
Glüsinger Weg
Bettiner Str.
Hafenstraße
Lütauer Chaussee
Buchhorster Weg
Dorfstraße
Mühlenbach
B5
B209
3d
3f
7
2,4
2
3
5,2
5,5
6
5
4,5

unterqueren ⇝ immer geradeaus auf dem Deich entlang ⇝ in Tespe kurz auf die L 217.

Tespe

Links auf den Deich ⇝ weiter über **Avendorf** nach **Artlenburg** ⇝ hier links am Deich entlang halten ⇝ die B 209 zwei mal kreuzen ⇝ geradeaus auf den Deich ⇝ die nächsten 6 Kilometer auf oder neben dem Deich entlang nach Hohnstorf

ANSCHLUSS Nach dem Elbe-Seitenkanal können Sie zur Lüneburger Rundtour wechseln, s. Tour 5. Dafür biegen Sie an der nächsten Möglichkeit rechts ab.

Hohnstorf

Von Hohnstorf nach Bleckede *20,5 km*

Unter der Bahn hindurch ⇝ nach der Ortseingangstafel von **Hohnstorf** links in die **Dorfstraße** ⇝ an der folgenden Gabelung rechts halten und kurz bergauf ⇝ der Straße **Am Deich** folgen ⇝ für ca. 1 Kilometer auf der **K3** bleiben ⇝ durch **Barförde** und dann links auf den Radweg auf dem Deich ⇝ auf dem Radweg neben dem Deich **Brackede** durchqueren ⇝ bei **Radegast** dem Rechtsbogen des Radweges folgen ⇝ nach ca. 4 Kilometern kommen Sie zur **K27** ⇝ dem Radweg auf der linken Fahrbahnseite folgen ⇝ nach dem Ortseingang von **Bleckede** links in den **Marschweg** ⇝ an der nächsten Gabelung links halten und am Damm entlang ⇝ nach rechts zum Schloss.

Bleckede

PLZ: 21354; Vorwahl: 05852

Tourismusleitstelle Nord Elberadweg, Im Elbschloss Bleckede, Schlossstr. 10, ✆ 95140, www.bleckede.de

Fähre Bleckede, ✆ 2255, Fährzeiten: Mo-Sa 5.30-23 Uhr; So/Fei 9-20 Uhr

Elbschloss Bleckede, Schlossstr. 10, ✆ 95140, ÖZ: April-Okt., Do-So 10-18 Uhr, Nov.-März, Mi-So 10-17 Uhr, Führungen n. V. Zentrales Informations- und Besucher-

zentrum der Elbtalaue mit großer Ausstellungsfläche für die Präsentation der Flusslandschaft Elbe. Vom Schlossturm haben Sie eine wunderbare Aussicht über die Elbe, im Aquarium können Sie die Unterwasserwelt des Flusses erleben und die Storchen-Live-Kamera lässt Sie das Leben der Störche mitverfolgen. Zahlreiche kulturelle Veranstaltungen finden im Schlosshof statt. Die Umweltwerkstatt bietet Aktivitäten für die Kleinen zu verschiedenen Themen.

- **St. Jacobi-Kirche** (17. Jh.)
- **Waldlehrpfad**, Auskünfte: Hof Bleckeder Moor, Lüneburger Straße, ✆ 9770
- **Wochenmarkt**, Mi 14-18 Uhr, Sa 7-13 Uhr
- **Naturkundliche Führungen**, Elbschloss Bleckede, ✆ 95140
- **Freibad Bleckede**, Am Waldbad 5, Alt Garge, ✆ 05854/334
- **Soetbeer**, Lauenburger Str. 3, ✆ 9519080

Herzog Wilhelm von Lüneburg gründete im Jahr 1209 diese Stadt in Erinnerung an seinen Vater, Heinrich den Löwen. Deshalb hieß die Stadt vorerst Löwenstadt. Die Turmreste der ehemaligen Wasserburg beim heutigen Schloss stammen ebenfalls aus dieser Zeit. Bereits 100 Jahre später erhielt Bleckede das Stadtrecht; seit dem Dreißigjährigen Krieg entwickelte sich die Siedlung mit den vielen Fachwerkhäusern aufgrund seiner guten Infrastruktur mit Elbhafen, Kreisbahn und Kraftwerk immer mehr zu einem Zentrum in ländlichem Gebiet. Seit 1878 gibt es sogar eine eigene Zeitung, die noch heute dreimal die Woche erscheint.

Am Ende des Zweiten Weltkrieges war die Stadt hart umkämpft; schon etwas später stellte die Elbe die innerdeutsche Grenze dar und Bleckede wurde eine geteilte Stadt: Die Ortsteile Neu Bleckede und Neu Wendischthun lagen im Gebiet der DDR, der Großteil der Stadt in der BRD. Die Grenzwachtürme auf der rechtselbischen Seite erinnern noch heute an diese Zeit.

Seit der Wiedervereinigung Deutschlands ist auch Bleckede wieder eine vereinte Stadt; die Fährverbindung wurde kurz nach der Wende wieder aufgenommen. Heute lockt die ca. 10.000 Einwohner zählende Stadt vor allem mit ihrer landschaftlich reizvollen Umgebung Touristen an. Doch auch in der Stadt gibt es interessante Entdeckungen zu machen: Im Informationszentrum im Elbschloss können die Besucher auf verschiedenste Art und Weise mehr über die Elbtalauen erfahren, im Stadtkern die Fachwerkhäuser anschauen – Bleckede ist Teil der deutschen Fachwerkstraße – oder einen Spaziergang auf der Hafenpromenade unternehmen.

Auf der **Schloßstraße** durch den Ort.

TIPP: Hier in der Schloßstraße trifft der Elbe-Radweg mit den Radwegen Lüneburger Heide und Mecklenburgische Seen aufeinander.

Von Bleckede nach Neu Darchau 13,5 km

An der Vorfahrtsstraße links ~ an der nächsten Kreuzung geradeaus weiter auf den straßenbegleitenden Radweg der **Fritz-von-dem-Berge-Straße** ~ nach ca. einem Kilometer links in die **Wendischthuner Straße** ~ im Rechtsbogen der Straße geradeaus in den **Elbweg** ~ nach ungefähr 2 Kilometern beginnt ein unbefestigter Weg ~ am Ende des Weges an der T-Kreuzung rechts ~ links in die Straße **Am Horster Felde**.

Alt Garge

Nach den Bahngleisen links und dem Radweg auf der linken Straßenseite folgen ~ im Rechtsbogen der Vorfahrtsstraße geradeaus weiter ~ ein stillgelegtes Gleis überqueren

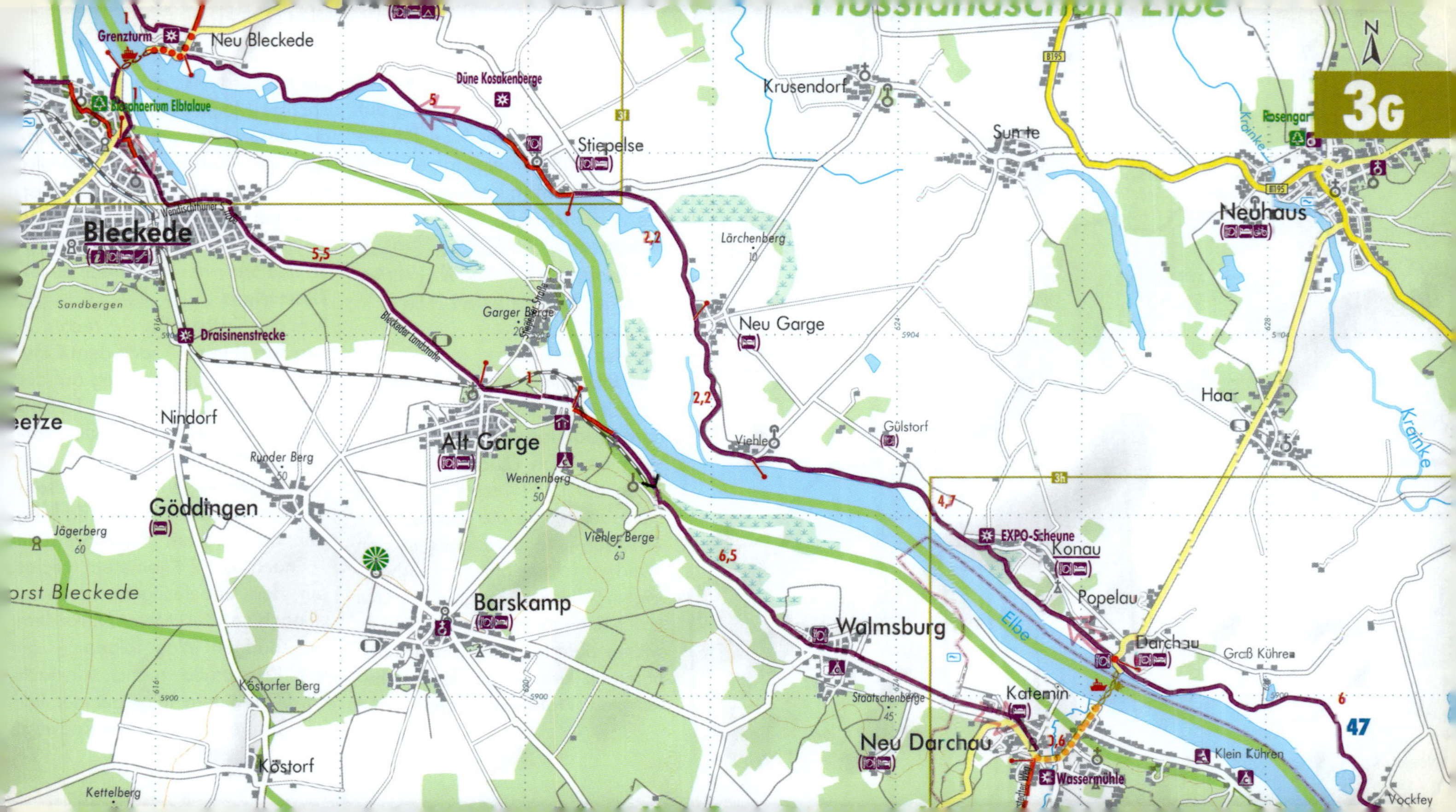

Flusslandschaft Elbe
3G
Grenzturm
Neu Bleckede
Düne Kosakenberge
Biosphaerium Elbtalaue
Krusendorf
Sumte
Stiepelse
Rosengarten
B195
Neuhaus
Bleckede
Wendischthuner Straße
Lärchenberg
Sandbergen
Garger Berge
Stiepelser Straße
Bleckeder Landstraße
Draisinenstrecke
Neu Garge
Haar
Nindorf
Alt Garge
Gülstorf
Viehle
Runder Berg
Wennenberg
Göddingen
Jägerberg
Viehler Berge
EXPO-Scheune
Konau
Forst Bleckede
Popelau
Barskamp
Walmsburg
Elbe
Darchau
Groß Kühren
Köstorfer Berg
Staatschenberge
Katemin
Neu Darchau
Klein Kühren
Wassermühle
Köstorf
Kettelberg
Vockfey
Krainke
47

3H

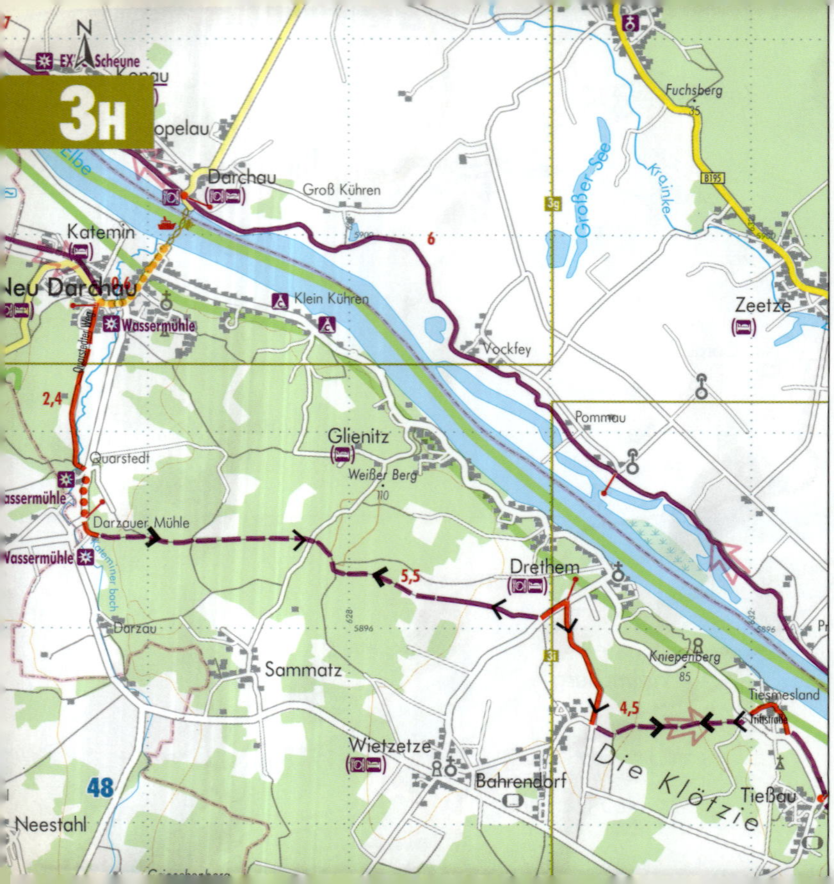

und an einer Schranke vorbei auf den Radweg ~ dem Radweg auf der linken Seite der **K24** für die nächsten 6 Kilometer folgen - im Ortsteil **Katemin** kommen Sie auf die Vorfahrtsstraße.

Neu Darchau

Fähre Darchau, ☎ 05853/1322, Fährzeiten: Mo-Sa 5.30-21 Uhr, So/Fei 9-21 Uhr

Von Neu Darchau nach Hitzacker *18,5 km*

Von der Vorfahrtsstraße rechts in den **Quarstedter Weg** ~ dem Weg bis nach **Quarstedt** folgen ~ an der **L231** rechts ~ bei der Darzauer Mühle die Landesstraße verlassen und geradeaus in den Wald ~ folgen Sie dem unbefestigten Waldweg bergauf ~ nach ca. 2 Kilometern Steigung geht es wieder bergab ~ die Straße nach Sammatz kreuzen und dem unbefestigten Waldweg folgen ~ an der **K19** erst links abzweigen ~ die nächste Möglichkeit rechts ~ an der ersten Kreuzung bei **Bahrendorf** links ~ nach etwa 150 Metern beginnt ein unbefestigter Waldweg ~ an der Gabelung links halten und für ca. 500 Meter bergauf ~ bergab und unter der Kreisstraße durch.

Tiesmesland

Auf die **Triftstraße** ~ rechts in den **Schulweg** ~ nach dem Ortsausgang auf den Radweg auf der linken Straßenseite ~ in **Tießau** endet der Radweg, auf der Vorfahrtsstraße bleiben und dem Linksbogen folgen ~ am Ortsende von Tießau auf den Radweg auf der rechten Fahrbahnseite ~ nach ca. 2 Kilometern rechts auf den unbefestigten Forstweg ~ nach ca. 800 Metern links dem zweispurigen Weg folgen ~ an der Kreisstraße rechts ~ nach ca. 500 Metern folgt auf der linken Straßenseite erst ein Radweg,

Hitzacker an der Elbe

dann eine Radspur an der nächsten Kreuzung links in Richtung Dannenberg an der folgenden Kreuzung links in die **Drawehnetorstraße**.

TIPP: Entlang des Elbe-Radweges können Sie bis nach Prag radeln.

Hitzacker

PLZ: 29456; Vorwahl: 05862

- **Tourist-Information**, Am Markt 7, ☎ 96970, www.elbtalaue.de
- **Fähre Hitzacker** für Personen und Fahrräder, Hr. Jahnke, ☎ 0160/5960668 od. 05852/97550, Fährzeiten: April-15. Okt., tägl. 9-18 Uhr u. n. V. Tipp: Bei morgendlichem Tourstart anfragen, denn Hitzacker ist empfindlich für Niedrigwasser!
- **Elbrundfahrten**, Frau Paulin, Bahnhofstr. 6, ☎ 0171/3626000 od. ☎ 7791
- **Rundfahrten** auf dem ehem. Zollboot Hitzacker, Info: Tourist-Information
- **Elbe-Schifffahrtsbüro** für Rundfahrten und Fahrbuchungen, ☎ 969717
- **Archäologisches Zentrum Hitzacker**, Am Hitzacker See, ☎ 6794, ÖZ: April, Okt., Di-Fr 10-16 Uhr, Sa, So/Fei 10-18 Uhr, Mai-Sept., Di-So 10-18 Uhr
- **Das Museum im Alten Zollhaus**, Zollstr. 2, ☎ 8838, ÖZ: Di-Fr 10-17 Uhr, Sa,So/Fei 10-17 Uhr und n. V.
- **St. Johannis** (13. Jh.), die bemalten Glasfenster wurden nach dem Ersten Weltkrieg von Hitzacker Bürgern in Auftrag gegeben.

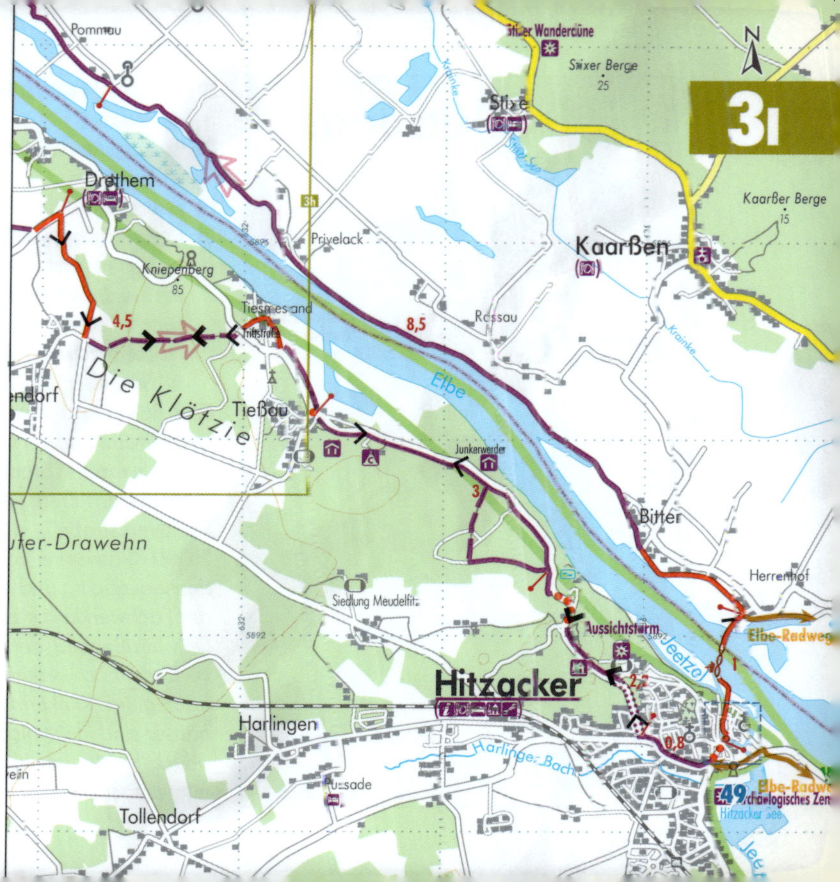

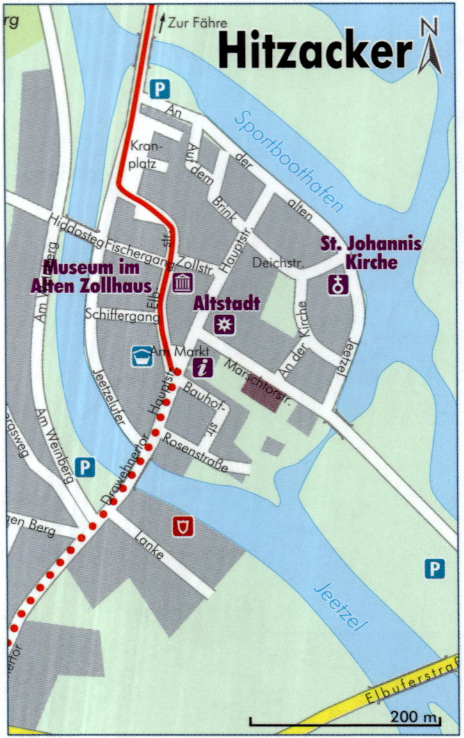

Die **Historische Altstadt** liegt auf der vom Fluss Jeetzel umflossenen Stadtinsel.

Hochseilgarten, Infos unter ✆ 9770 und ✆ 959100, Klettern in luftigen Höhen.

Aussichtsturm Klötzie

Auf dem **Weinberg** wurde seit 1528 Wein angebaut, bis im Jahr 1713 ein Hagelsturm alle Weinstöcke vernichtete. Seit 1983 wird diese alte Tradition am nördlichsten Weinberg Deutschlands wieder fortgeführt.

Freibad Hitzacker, Hiddo-Bad, Am Markt 7, ✆ 96043, ÖZ: Mai-Sept., Mo-Fr 10-20 Uhr, Sa, So 9.30-19 Uhr

R. Reibe, Lüneburger Str. 2, ✆ 1602

Die Altstadt von Hitzacker ist wegen ihres sehenswerten Stadtensembles eines der attraktivsten Ziele entlang der „Deutschen Fachwerkstraße", die mit einer Länge von 2.000 Kilometern von der Elbe bis zum Bodensee reicht, und die verschiedenen Arten der Fachwerkkultur zeigt.

Das Straßenbild der Altstadt prägen kunstvoll verzierte Fachwerkhäuser und einige Massivbauten im Klinkermauerwerk. Die Fachwerkhäuser sind meist giebelständig, teils mit Erkern oder Utluchten versehen, einige davon sind auch mit Ausfachungen verputzt. Zwei große Brände, 1548 und 1668, zerstörten Hitzacker fast völlig. Deshalb sind aus der Zeit vor dem ersten Brand keine und aus der Zeit zwischen diesem und dem zweiten Brand nur sehr wenige Häuser erhalten. Hierzu zählt das Alte Zollhaus mit Steilgiebel, das 1589 errichtet wurde. Vermutlich aus zwei Häusern entstanden, handelt es sich hier um ein zweigeschossiges Fachwerkhaus in Stockwerkskonstruktion, dessen starke Ständer mit kräftigen Fußbändern einzeln ausgesteift sind. Aus der Zeit zwischen den Bränden stammt auch die Drawehner Torschenke (1635), die erste Gastwirtschaft im Ort. Dieses malerische zweigeschossige Fachwerkhaus in Stockwerkskonstruktion wird von einem Krüppelwalmdach gekrönt.

Von Hitzacker nach Neu Bleckede 29,5 km

Mit der Fähre ans nördliche Elbe-Ufer wechseln ~ kurz bergauf und links halten ~ am Damm entlang über **Bitter** nach **Privelack**.

AUSFLUG
Bei Stixe befindet sich die Stixer Wanderdüne, die vor etwa 10.000 Jahren nach der Eiszeit entstand und heute ein beliebtes Ausflugsziel ist.

Nach Privelack die nächsten 7 Kilometer immer am Deich entlang weiter ⇝ nach **Groß Kühren** den Bögen des Deiches bis nach Darchau folgen.

Darchau

- Fähre Darchau, ✆ 05853/1322, Fährzeiten: Mo-Sa 5.30-21 Uhr, So/Fei 9-21 Uhr

Auf dem asphaltierten Dammradweg durch die Elbaue vorbei an Konau.

Konau

- **EXPO-Scheune**, ✆ 038841/20747. Ausstellung zur Deutsch-Deutschen Geschichte und grenzhistorischer Rundgang.
- ehemaliger **Grenzwachturm** der DDR

Konau ist eines der wenigen Elbedörfer, das die einst typische Siedlungsform an der Elbe als Marschhufendorf erhalten hat. Seit 1994 steht das Dorf unter Denkmalschutz, war Expo-Projekt 2000 und ist mit seinen wunderschön hergerichteten Fachwerkhäusern mit Reetdächern ein Kleinod in der Elbtallandschaft.

An den letzten Häusern von Konau links auf den asphaltierten Dammweg ⇝ nach 5 Kilometern kommen Sie nach **Neu Garge** ⇝ weiter auf dem Deich fahren ⇝ auf diesem nun an **Stiepelse** vorbei nach Neu-Bleckede radeln.

Neu Bleckede

- **Fähre Bleckede**, ✆ 05852/2255, Fährzeiten: Mo-Sa 5.30-23 Uhr, So/Fei 9-20 Uhr

Von Neu Bleckede nach Lauenburg — 30,5 km

TIPP Von Neu Bleckede bis zum Hafen Boizenburg können Sie auch auf einem neuen Weg näher an der Elbe radeln.

Nach 300 Metern im Rechtsknick der L 223 geradeaus in das Asphaltband ⇝ die nächsten 8,5 Kilometer geht es auf diesem Sträßchen durch die Elbtallandschaft ⇝ nach **Soltow** links auf den straßenbegleitenden Radweg an der **B 195** ⇝ die Sude überqueren und durch **Bandekow** fahren ⇝ weiter nach Gülze.

Gülze

In Gülze der Linkskurve der B 195 folgen ⇝ in **Bahlen** 100 Meter vor der Rechtskurve links abzweigen ⇝ nach dem kleinen Teich an der T-Kreuzung rechts ⇝ rechts in die Asphaltstraße nach **Gothmann** ⇝ vor dem Rechtsbogen der Straße links zum Damm, der an der Sude entlangführt ⇝ nach einem guten Kilometer rechts ⇝ am Ortseingang an der T-Kreuzung rechts ⇝ an der Vorfahrtstraße links auf die **B 5** und durch Boizenburg

Boizenburg

PLZ 19258; Vorwahl: 038847

- **Stadtinformation Boizenburg**, Markt 1, ✆ 55519, www.boizenburg.de
- **Fahrgastschifffahrt**, Reederei Helle, ✆ 04136/403; Reederei Wilcke, ✆ 04139/6285; Raddampfer Kaiser Wilhelm, Informationen bei der Tourist Info De-OpenDoor ✆ 520267
- **Heimatmuseum**, Markt 1, ✆ 52074
- **Fliesenmuseum**, Reichenstr. 4, ✆ 53881, ÖZ: Di-Fr 10-12 Uhr und 14-16 Uhr, Sa-So 14-16 Uhr. Im ersten deutschen Fliesenmuseum werden künstlerisch gestaltete Fliesen gesammelt und präsentiert.
- **Elbbergmuseum**, am westlichen Stadtrand über die B 5 erreichbar, ✆ 52074. ÖZ: Mai-Sept., Sa, So 14-17 Uhr. An diesem zweifach historischen Ort gab es zur Zeit des Nationalsozialismus ein Außenlager des ehemaligen KZ Neuengamme und später zu DDR Zeiten den Transitvorkontrollposten der ehemaligen innerdeutschen Grenze. Die Ausstellungen zu diesen Themen werden im ehemaligen Küchenkeller des KZ-Außenlagers gezeigt.
- **Naturerlebnisbad**, Boizestr. 5, ✆ 33245
- **M. Strauß**, Am Mühlenteich, ✆ 53016

Auf der B 5 entlang der Vorfahrtstraße durch Boizenburg ⇝ ab dem Ortsende gibt es einen straßenbegleitenden Radweg entlang der B 5 bis nach Lauenburg ⤳ links in die **Hafenstraße** ⤳ im Linksknick geradeaus auf Kopfsteinpflaster ins Zentrum von Lauenburg.

Lauenburg/Elbe

PLZ: 21481; Vorwahl: 04153

- **Touristinformation**, Amtspl. 4, ✆ 51251, www.lauenburg.de
- **Raddampfer „Kaiser Wilhelm"**, ✆ 51251, Fahrten: Mai-Sept., 14-tägig an den Wochenenden
- **Elbschifffahrtsmuseum**, Elbstr. 59, ✆ 59935, ÖZ: März-Okt., tägl. 10-17 Uhr, Nov.-Feb., Mi, Fr-So 10-13 Uhr und 14-16.30 Uhr
- **Mühlenmuseum**, Lauenburger Mühle, Bergstr. 17, ✆ 5890, ÖZ: tägl. 10-18 Uhr. Ein ehemaliger Müller führt sachkundig durch die Mühle und berichtet vom Leben und Arbeiten seines Standes.
- **Findorffmuseum**, Hohler Weg 3, ÖZ: Mo-Sa 10-18 Uhr, So 12-18 Uhr. Das im Jahr 1607 erbaute Haus zeigt Exponate über die Brüder Findorff. Der eine war Kunstmaler, der andere hat als Moorkommissar in 20 Jahren 90.000 ha Moorland erschlossen und erwarb sich so den Namen „Vater der Moorbauern".
- **Schlossturm**. Der Schlossturm ist das älteste Bauwerk der 1182 errichteten Askanierburg. Vom ehemals großzügigen Schloss, in dem einst so bekannte Persönlichkeiten wie Wallenstein oder König Wilhelm I. und Bismarck weilten, ist nur noch ein Seitenflügel erhalten geblieben.

Blick auf den Schleusenkanal in Geesthacht

- **Palmschleuse**, älteste erhaltene Kammerschleuse von Nordeuropa
- **Fürstengarten und Grotte**
- **Freibad**, Am Kuhgrund, ✆ 5950
- **Zweirad Sandmann**, Hamburger Str. 39, ✆ 582000

Die 12.000 Einwohner zählende Stadt an der Elbe liegt im Drei-Länder-Dreieck von Schleswig-Holstein, Niedersachsen und Mecklenburg-Vorpommern. Die historische Altstadt umfasst etwa 600 Fachwerkhäuser, die zum größten Teil aus dem 17. und 18. Jahrhundert stammen.

Lauenburg wurde 1182 als Feste durch Bernhard von Askanien erbaut, dem Nachfolger von Heinrich dem Löwen. 1417 erhielt die Stadt als einzige das Privileg durch Herzog Erich V., die aus Lübeck über den Kanal gebrachten Waren nach Hamburg über die Elbe weiter befördern zu dürfen.

Von Lauenburg nach Kirchwerder 32,5 km

Nach einem Kilometer auf der **Elbstraße** links auf den **Elbuferweg**, einem Rad- und Fußweg ⤳ nach einem Kilometer rechts steil hoch auf der Straße **Am Kuhgrund** ⤳ links in den Pfad zur Jugendherberge ⤳ links vorbei an den **Sportplätzen** in die Straße **Elbkamp** ⤳ durch den Wald zum Rastplatz **Glüsinger Grund** ⤳ nach links über den Weg in einen Waldweg hinein ⤳ nach 1,5 Kilometern die Straße queren ⤳ an der Wegegabelung am Waldanfang links in den gekiesten Forstweg ⤳ die nächsten 5 Kilometer geht es hügelig auf diesem Forstweg durch den Wald des Naturschutzgebietes ⤳ in **Tesperhude** nach links auf die Vorfahrtstraße ⤳ nach der Rechtskurve links auf den ufernahen Radweg an der Elbe ⤳ am **größten Pumpspeicherkraftwerk Norddeutschlands** vorbei geht es auf einem straßenbegleitenden Radweg nach Geesthacht.

Geesthacht

PLZ: 21502; Vorwahl: 04152

- **Tourist-Information Stadt Geesthacht**, Krügersches Haus, Bergedorfer Str. 28, ✆ 836258, www.geesthacht.de
- **GeesthachtMuseum! im Krügerschen Haus**, Bergedorfer Str. 40, im ältesten Gebäude der Stadt, ✆ 836258, ÖZ: Di-Fr 9-12 Uhr und 14-17 Uhr, Gruppen n. V. Ausstellung zur Technikgeschichte „Made in Geesthacht" und Energie-Zukunftswerkstatt.
- **Museumseisenbahn „Karoline"**, ✆ 836258 (Tourist-Information). Dampflok mit hist. Eisenbahnwagons auf der Strecke Krümmel, Geesthacht, Bergedorf (HH).
- **St. Salvatoris-Kirche** (1685), Kirchenstieg 1, ✆ 2208. Besichtigung: n. V. Die Fachwerkkirche wurde mit den 1684 vor den Elbfluten geretteten Steinen und dem Inventar der Vorgängerkirche erbaut.
- **Hochseilgarten**, Elbuferstraße, ✆ 80730
- **Elbbrücke** mit Staustufe, Information: ✆ 8469140
- **Krümmeler Wasserturm**, Geesthang, ✆ 836124
- **Freizeitbad Geesthacht**, direkt an der Elbe
- **Piet Pellerito**, Dünebergerstr. 85, ✆ 0151/52989413
- **Zweirad-Zentrum Baar**, Bergedorfer Str. 28, ✆ 3667

Einen Kontrast zur eher beschaulichen Landschaft längs der mittleren Elbe bietet mit ihrer

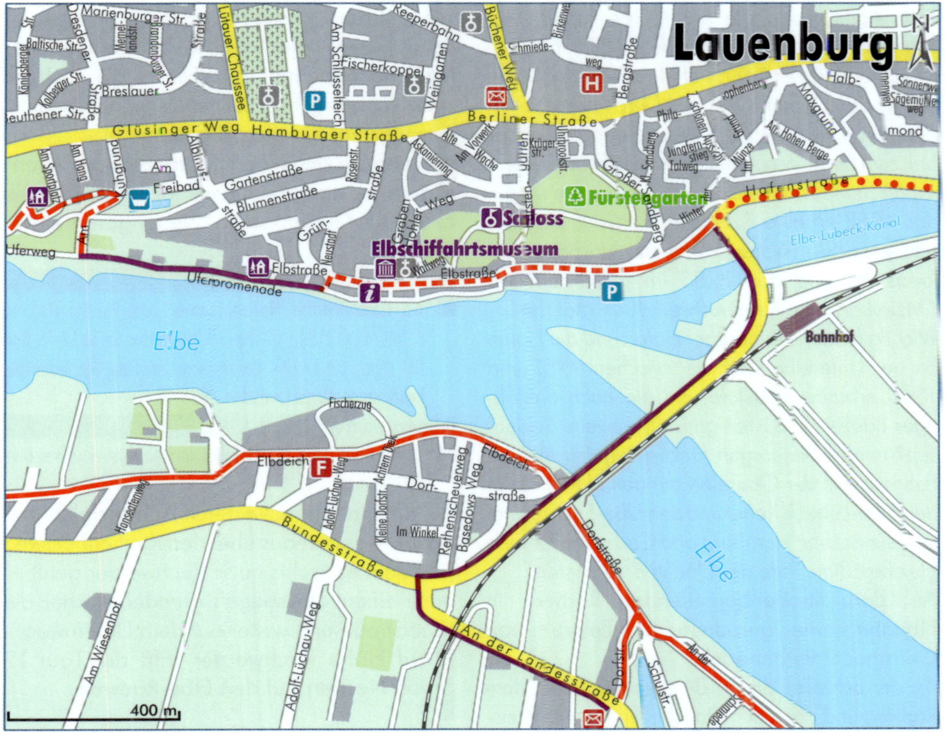

Technikgeschichte die Stadt Geesthacht. Der Schwede Alfred Nobel gründete 1866 im Geesthachter Ortsteil Krümmel eine Pulverfabrik, in der er das Dynamit erfand. Durch diese Erfindung wandelte sich die bescheidene Pulverfabrik zum bedeutendsten Sprengstoffwerk des europäischen Kontinents. Andere Energien setzen das 1958 erbaute Pumpspeicherwerk, das das bedeutendste Wasserkraftwerk Norddeutschlands ist, und das 1983 im gleichnamigen Ortsteil erbaute Kernkraftwerk Krümmel frei.

Wichtig für den Hamburger Hafen und die Häfen an der Unterelbe sind die zwischen 1957 und 1960 erbaute Staustufe und die nach dreijähriger Bauzeit 1981 fertiggestellte zweite Schleusenkammer. Sie sorgen für die Regulierung des Fahrwassers der Oberelbe mit den Einfahrten in den Elbe-Lübeck-Kanal und den Elbe-Seitenkanal sowie zwischen Hamburg und Cuxhaven für eine gleichmäßige Tiefe der Elbe von 12 Metern.

Auf dem straßenbegleitenden Radweg in Elbnähe immer geradeaus am Zentrum von Geesthacht vorbeiradeln.

An der Schleuse die B 404 unterqueren ⤳ dem Radweg und dann dem Radstreifen bis zum Kreisverkehr folgen ⤳ diesen an der 2. Möglichkeit wieder verlassen ⤳ gleich links in den **Altengammer Marschbahndamm** einbiegen ⤳ die nächsten zwei Kilometer geht es auf dem Marschbahndamm immer geradeaus nach **Altengamme**.

AUSFLUG Wenn Sie sich einen Kilometer nach Altengamme nach rechts wenden, können Sie die KZ-Gedenkstätte Neuengamme besuchen.

Neuengamme

KZ Gedenkstätte Neuengamme, Jean-Dolidier-Weg 75, ✆ 040/428131500; ÖZ: Mo-Fr 9.30-16 Uhr, Sa, So 12-19 Uhr, Okt.-März, bis 17 Uhr. Das Museum zeigt die Geschichte des Konzentrationslagers zwischen 1938-45.

Altengamme

St. Nicolai-Kirche. Die auf Feldsteinen errichtete Kirche ist über 750 Jahre alt.

Auf der Hauptstrecke durch **Achterdeich** und **Kraul** ⤳ geradeaus über den Kirchenheerweg (auf dem es rechts nach Kirchwerder geht) ⤳ nach einem Linksbogen geradeaus über die Querstraße und weiter auf dem Dammweg.

ANSCHLUSS Auf Höhe Kirchwerder trifft die Tour 17 von Norden auf den Elbe-Radweg.

Von Kirchwerder nach Hamburg 23,5 km

Nach 5,5 Kilometern auf dem asphaltierten Dammweg in **Fünfhausen** geradeaus über die Vorfahrtstraße in den **Lauweg** Richtung Moorfleet radeln ⤳ in **Ochsenwerder** wird der Radweg unbefestigt, führt aber weiterhin immer geradeaus ⤳ bei einem Elbarm an der T-Kreuzung links einbiegen ⤳ dem Straßenverlauf in einem Rechtsbogen über den Fluss hinüber folgen ⤳ gleich nach der Brücke links in die Straße **Kaltehofe Hauptdeich** und die nächsten 5 Kilometer auf dem Deich bis Rothenburgsort.

Rothenburgsort

Nach dem **Sperrwerk Billwerder Bucht** links in den **Ausschläger Elbdeich** ⤳ die nächste links in die **Entenwerder Straße** ⤳ dem Straßenverlauf nach rechts über das Haken-Hafenbecken folgen ⤳ links auf die Straße **Billwerder Neuer Deich** und gleich wieder rechts ab in den **Billhorner Mühlenweg** ⤳ an der Vorfahrtstraße links auf den straßenbegleitenden Radweg der Straße **Billhorner Röhrendamm** ⤳ unter der Billhorner Brückenstraße hindurch, hinauf zum linksseitigen Radweg an der **Billhorner Brückenstraße** (B 75) ~ links einbiegen ~ kurz darauf nach der Bahnunterführung auf den Radweg der **Amsinckstraße**.

Am Radweg weiter entlang der Straße **Högerdamm** ~ links und über die Gleise bis zum **Deichtorplatz** ~ den Platz queren und entlang der Straße **Klosterwall** bis zum Hauptbahnhof.

Hamburg

ANSCHLUSS In Hamburg können Sie zu den beiden Innenstadttouren entlang der Alster oder in den Hamburger Westen zum Altonaer Volkspark wechseln, s. Touren 1 und 2 oder aber Sie bleiben der Elbe treu und radeln bis Glückstadt, s. Tour 4.

Tour 4 Westliche Elbtour 168 km

Einmal Hamburg – Glückstadt und zurück, per Schiff, per Bahn oder natürlich mit dem Rad – Sie haben die Wahl! Der Elbe-Radweg bietet Ihnen sowohl am nördlichen als auch am südlichen Ufer vor allem eines: die herrliche Weite der Elbe und einen ersten Vorgeschmack auf die Nordsee. Genießen Sie den bestens ausgebauten Elbe-Radweg, das hübsche Hafenstädtchen Glückstadt und die berühmten Obstkulturen im „Alten Land“ – und lassen Sie sich dabei eine frische Brise Nordwind um die Nase wehen!

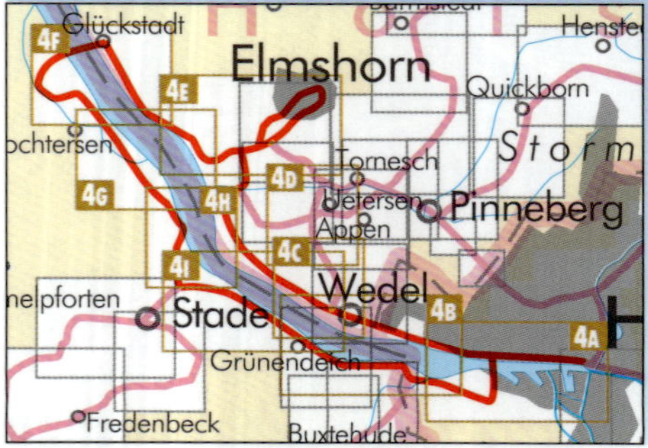

Charakteristik

Länge: 168 km

Start & Ziel: Hamburg, Hauptbahnhof oder S-Bahn-Station Landungsbrücke

Anreise: per U-Bahn, S-Bahn oder Bahn

Wegbeschaffenheit: Die Route verläuft auf befestigten bzw. asphaltierten Dammwegen, Radwegen und Nebenstraßen.

Verkehr: Radwege und verkehrsberuhigte Straßen sorgen für unbeschwertes Radeln. Auf den Verkehr müssen Sie – trotz Radwege – in Hamburg, Glückstadt und Stade achten.

Beschilderung: Wie bei Tour 3 folgen Sie auch hier der Beschilderung des Elbe-Radweges.

Steigungen: Die Strecke verläuft steigungsfrei.

Tipp: Ähnlich wie bei Tour 3 können Sie auch diese Tour abkürzen, indem Sie schon früher als in Glückstadt an das südliche Elbe-Ufer wechseln. Ebenfalls können Sie dieses westliche Stück der Elbe als Verbindungstour zu und zwischen mehreren Routen nutzen. Wo genau Sie zu anderen Touren umsteigen können, finden Sie jeweils in Text und Karte beschrieben bzw. eingezeichnet.

Tipp: Wer möchte, kann auch einen Teil der Strecke per Schiff genießen. So können Sie beispielsweise mit dem Rad von Hamburg nach Glückstadt radeln und von dort eine Schifffahrt zurück nach Hamburg machen.

Angebote für Elbschifffahrten finden Sie u. a. unter www.adler-schiffe.de

Anschlusstouren: 1, 2, 9, 10, 11, 12, 13

4A
HAMBURG
Hoheluft-West
Eimsbüttel
Harvestehude
Bahrenfeld
Iserbrook
Osdorf
Rotherbaum
Groß-Flottbek
Altona
Außenalster
Hirschpark
Niendstedten
Klein-Flottbek
Planten un Blomen
St. Georg
Kunsthalle
Laeiszhalle
Internat. Seegerichtshof
Jenisch-Haus
St. Pauli
Neustadt
Rathaus
Othmarschen
Panoptikum
Altstadt
St. Michaelis
Hammerbrook
Elbe
Teufelsbrück
Museumshafen
Museumsschiff
Speicherstadt
(teilw. Schiebestrecke!)
Klostertor
Airbus-Gelände
Waltershof
Steinwerder
Petroleumhafen
Köhlfleet
Waltershofer Hafen
Kleiner Grasbrook
Aussichtswall Neßtor
Finkenwerder
Rosengarten
Neuenfelde
Alte Süderelbe
Spreehafen
Wilhelmsburg
Altenwerder
Vierzigstücken
Francop
Georgswerder
57

Hamburg s. S. 15

ANSCHLUSS In Hamburg an der Binnenalster starten auch die beiden Innenstadttouren 1 und 2.

Von Hamburg nach Wedel 23 km

Sie starten am Hauptbahnhof von Hamburg, beim **Steindorwall** vor dem Bahnhofsgebäude ⇝ vor dem Hauptbahnhof links ⇝ bei der **U-Bahn-Station Steinstraße** rechts auf die **Ost-West-Straße** ⇝ schräg links in die Straße **Dovenfleet** ⇝ auf dem Radweg der Straße **Dovenfleet** am Zollkanal entlang ⇝ rechter Hand liegt die Altstadt von Hamburg ⇝ über die **Hohe Brücke** am Binnenhafen entlang ⇝ nach links auf dem straßenbegleitenden Radweg an der **O.-Sill-Brücke** über den Alsterfleet ⇝ immer geradeaus auf dem Radweg am **Baumwall** ⇝ immer auf dem Radweg entlang der elbnahen Straße nach St. Pauli.

TIPP Hier steigen Sie in die Tour ein, wenn Sie per S-Bahn zur Station Landungsbrücke angereist sind.

An den Landungsbrücken und dem alten St. Pauli-Elbtunnel vorbei ⇝ sobald die Straße **Fischmarkt** eine Rechtskurve macht, links in die **Große Elbstraße** abbiegen ⇝ an den **Fischauktionshallen** vorbei ⇝ beim Wendeplatz geradeaus auf den Fuß- und Radweg ⇝ vor dem Strand rechts in den **Övelgönner Mühlenweg** und bald darauf wieder links in den Fußweg ⇝ immer am Elbufer entlang auf dem Weg **Hans-Leip-Ufer.**

TIPP Bei Teufelsbrück haben Sie die Möglichkeit, zum linken Elbufer nach Finkenwerder zu wechseln. Von hier an gibt es bis Brunsbüttel bzw. Cuxhaven durchgehend auf beiden Uferseiten einen Elbe-Radweg. (Fähre Hamburg-Finkenwerder: HVV-Fähre 64: Fährzeiten: Zwischen 6 und 21 Uhr jede halbe Stunde.)

Auf dem **Elbuferweg** nach Blankenese.

Blankenese

Fähre Blankenese-Cranz, Fährzeiten: Mo-Sa 6.30-20 Uhr, So/Fei 7.30-20 Uhr

Ehemaliges Kapitäns-, Lotsen- und Fischerdorf mit dem einzigartigen verschachtelten Treppenviertel. Sehenswert ist auch der nahegelegene Hirschpark mit dem Godeffrroy-Haus aus dem Jahre 1792.

Von Blankenese aus immer so nah wie möglich am Elbeufer halten, anfangs auf dem **Strandweg** und dann auf dem **Falkensteiner Ufer** ⇝ es geht leicht bergauf ⇝ sobald wie möglich wieder links abbiegen, an Parkplätzen vorbei zurück zur Elbe ⇝ unbefestigt geht es nun bis zur Mineralöl-Raffinerie ⇝ beim Parkplatz rechts über ein Treppenstück mit Schiebeanlage.

Am **Tinsdaler Weg** auf den Radweg nach links ⇝ an der Vorfahrtsstraße nach links auf den Radweg an der Straße **Galgenberg** einbiegen ⇝ dem Verlauf der Vorfahrtstraße durch **Schulau**, einem Ortsteil von Wedel, folgen.

TIPP Sie radeln am Schulauer Hafen und der Anlegestelle der Fähre vorbei, mit der Sie zum linken Elbufer nach Grünendeich wechseln können. Dies ist die letzte Möglichkeit vor Glückstadt die Elbe zu queren.

ANSCHLUSS In Wedel trifft Tour 13, der Heer- und Ochsenweg, auf den Elbe-Radweg.

Wedel

PLZ: 22880; Vorwahl: 04103

4B
Idenburg
Wedeler Marsch
Wedel
Giesensand
Vogelstation
Hetlinger Binnenelbe
Heimatmuseum
Ernst-Barlach-Museum
Schulau
Rissen
Sülldorf
Iserbro
Blankenese
Mojenhörn
Huttfleth
Grünendeich
Planetenlehrpfad
Willkomm-Höft
Lühedeich
Lühe
Elbe
Wisch
Hohenfelde
Neuenschleuse
Hirschpark
Hohenfelder Schöpfwerkskanal
Guderhandviertel
Gehrden
Borsteler Binnenelbe
Hinterbrack
Borstel
Kohlenhusen
Wehrt'scher Hof
Mühle Aurora
Cranz
Gräfenhof
Hinterdeich
Leeswig
Museum Altes Land
Jork
Herzapfelhof
Groß Hove
Liedenkummer im Norden
Rosengarten
Neuenkirchen
Wester Ladekop
Neuenfelde
Airbus
B431

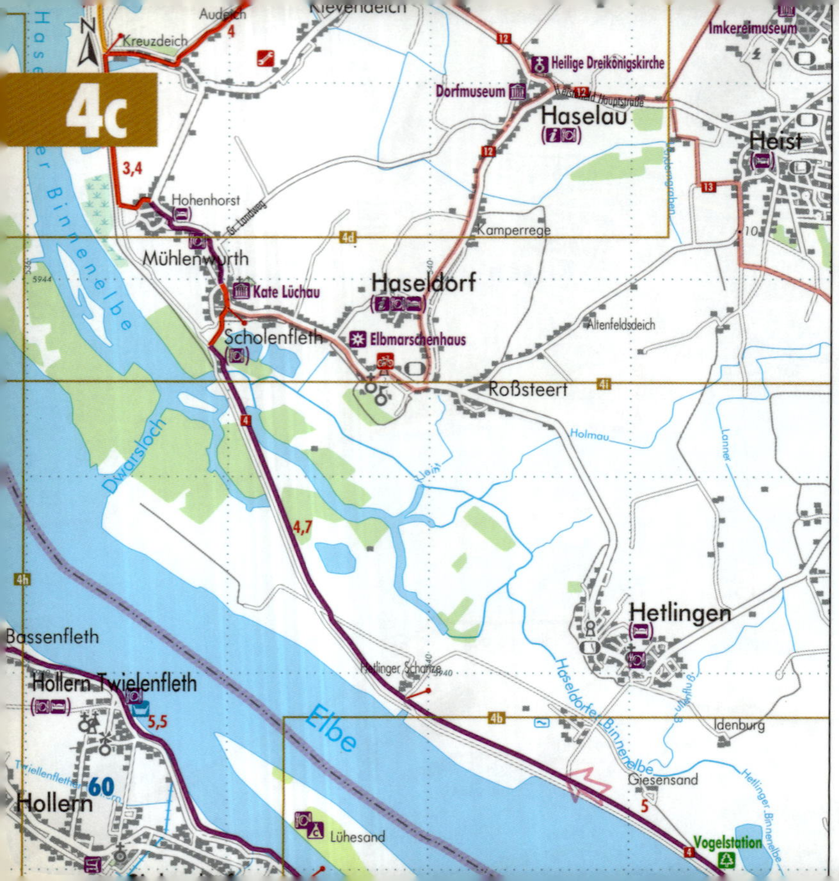

Wedel Marketing, Rathauspl. 3-5, ✆ 707707, www.wedel.de

Fähre Lühe-Schulau: Fährstr. 12, 21720 Grünendeich, ✆ 04141/788667, Fährzeiten: April-Mitte Okt., Mo-Fr 6.40-18.40 Uhr, Sa, So/Fei 9.30-18.40 Uhr, Mitte Okt.-März, Mo-Fr 6.40-18.40 Uhr

Elbe-City-Jet, ✆ 04148/610276, Stade-Lühe-Schulau-Blankenese-Hamburg.

Ernst Barlach Museum. Mühlenstr. 1, ✆ 918291, ÖZ: Di-So 11-18 Uhr. Die Ausstellung in seinem Geburtshaus erinnert an den „dramatisch dichtenden" Bildhauer Ernst Barlach.

Stadtmuseum, Küsterstr. 5, ✆ 13202, ÖZ: Do-Sa 14-17 Uhr, So 11-17 Uhr

Willkomm-Höft, Schulauer Fährhaus, ✆ 83094. Schiffsbegrüßung: Mo-So 8 Uhr-Sonnenuntergang (im Sommer 8-20 Uhr, Nov.-Feb., Mo Ruhetag). Die jeweilige Nationalflagge wird getippt und jedes ein- und auslaufende Schiff über 500 BRT wird mit der jeweiligen Nationalhymne und einem Grußwort in der jeweiligen Landessprache begrüßt oder verabschiedet. Im Keller der Schiffsbegrüßungsanlage befindet sich ein **Buddelschiff und Muschelmuseum**, ÖZ: im Sommer 10-18 Uhr, ansonsten Mi, Sa, So.

Planetenlehrpfad. Die unvorstellbaren Dimensionen unseres Sonnensystems in einem Maßstab 1: 1 Mill. werden hier veranschaulicht, so sind es nur knapp sechs Kilometer zum Planeten Pluto.

Kombibad Badebucht, Am Freibad 1, ✆ 91470

Fahrrad Köhler, Bahnhofstr. 69, ✆ 2495

Fahrradhaus Langbehn, Rolandstr. 1, ✆ 85334

Zweirad-Center Reuther, Kronskamp 56, ✆ 13174

Von Wedel nach Elmshorn *36,5 km*

Nach dem Deich und den Hochwassersperranlagen links Richtung Hamburger Yachthafen in die **Deichstraße** vor dem Hafen rechts in die Straße **Zum Lütsandsdamm** durch ein Gatter hindurch und von nun an die nächsten 11 Kilometer immer am Deich entlang.

Scholenfleth

In Scholenfleth nach rechts vom Deich hinein in den Ort abbiegen ⤳ an der Vorfahrtstraße links.

TIPP Wenn Sie sich an der Hauptstraße nach rechts wenden, kommen Sie nach 2 Kilometern zum Elbmarschenhaus. Hier können Sie sich in einer multimedialen Ausstellung und auf diversen Außenanlagen über den Natur- und Kulturraum Unterelbe informieren.

Elbmarschenhaus Haseldorf

i **Touristinformation** im Elbmarschenhaus s.u.

Elbmarschenhaus, Hauptstr. 26, ✆ 04129/955490, ÖZ: tägl. 10-16 Uhr, interessante Anlaufstelle für alle Infos rund um die Elbe, ihre Auen, ihre Vegetation und ihre Tiere.

Sie folgen dem Verlauf der Vorfahrtstraße ⤳ vor dem Ortsende von **Hohenhorst** nach links zum Elbdeich abzweigen.

TIPP Nach 1,5 Kilometern haben Sie zwei Möglichkeiten zur Weiterfahrt. Der beschilderte Elbe-Radweg führt über ruhige Landstraßen ca. 2 Kilometer entfernt von der Elbe über Klevendeich und Seestermühe entlang der Krückau nach Elmshorn und von dort wieder zurück zur Elbe nach Kollmar. Grund für dieses Abweichen von der Elbe sind die eingeschränkten Zeiten für eine Überquerung der Sperrwerke an Pinnau und Krückau. Die Strecke über die Sperrwerke ist jedoch als Alternativroute in der Karte eingezeichnet. Eine durchgängige Überquerung ist nur am Wochenende sowie an Feiertagen möglich. Unter der Woche sind die Brücken nur zu bestimmten Zeiten passierbar. Bitte bedenken Sie, dass die Wärter an den Sperrwerken der Schifffahrt Vorrang zu gewähren

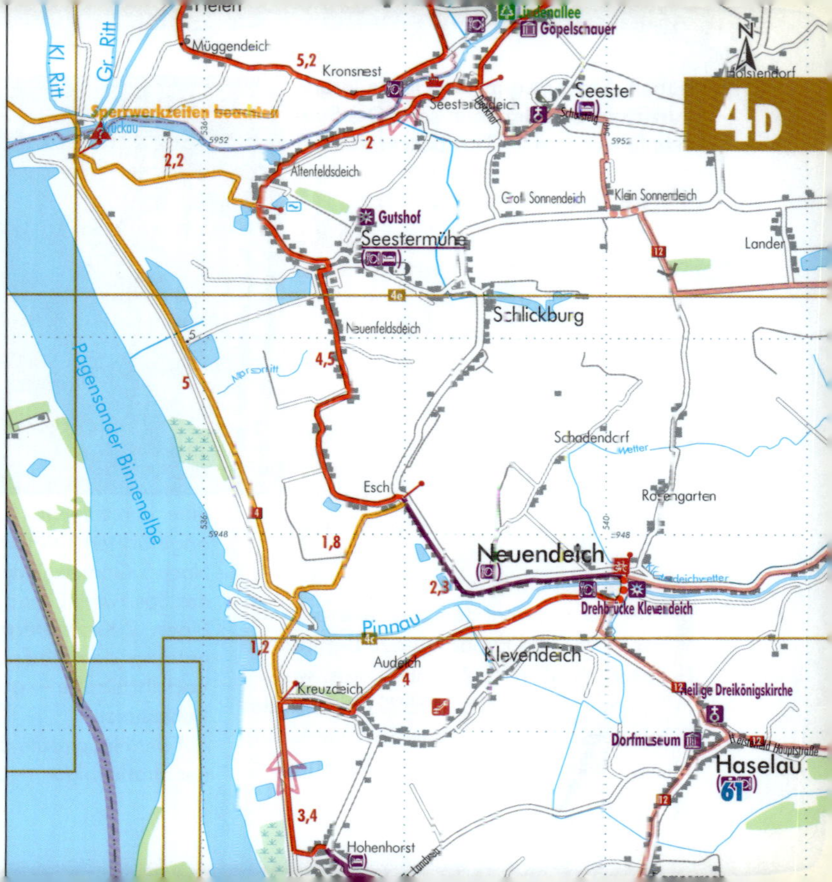

haben. Daher kann die Überquerung kurzfristig unterbrochen sein. Die Streckenführung ist im Text beschrieben.

Öffnungszeiten Pinnausperrwerk

Öffnungszeiten Krückausperrwerk

Variante über Pinnau- und Krückau-Sperrwerk 8,5 km

Kurz vor der scharfen Rechtskurve der Landstraße links auf den Damm hinauf ~ nach 900 Metern die Pinnau auf dem Sperrwerk queren.

Am Fluss Pinnau wurde 1969 zur Regulierung der Tide im Elbebereich unter anderem dieses 52 Meter breite Sperrwerk errichtet. Nach verheerenden Sturmfluten war dieser Schritt notwendig geworden und führte zu einer Verlegung der Flussmündungen und zum Verschließen des alten Mündungsarmes.

TIPP Das Überqueren der Sperrwerke ist für Radfahrer und Fußgänger zu bestimmten Zeiten möglich. (ÖZ: siehe Fotos, weitere Infos unter ✆ 04124/6049592) Sowohl das Pinnau- als auch Krückau-Sperrwerk sind oft kurzfristig befahrbar, deshalb lohnt sich eine kurze telefonische Anfrage unter den angeführten Telefonnummern.

Nach 5 Kilometer langer Fahrt am Deich entlang das Sperrwerk über die Krückau überqueren.

Nach 2 Kilometern mündet der Radweg entlang des Elbdeichs in Kollmar auf die Vorfahrtstraße ~ auf diese links einbiegen.

Hohenhorst

Auf der Hauptroute dem scharfen Rechtsknick der Straße folgen ~ es geht nach **Kreuzdeich** hinein ~ bei der Straßengabelung nach links auf einem Sträßchen weiter unterhalb des Pinnaudeiches ~ an der Vorfahrtsstraße in **Klevendeich** links über die Pinnau ~ gleich danach in **Neuendeich** wieder links auf den Radweg ~ nach gut 2,5 Kilometern links nach **Esch** abbiegen ~ dem Verlauf der Vorfahrtstraße nach Seestermühle folgen.

Seestermühe

An der T-Kreuzung rechts und die nächste Straße wieder links ~ vor dem **Gutshof** wieder links ~ geradeaus parallel zur Krückau wieder landeinwärts.

TIPP Nach 2 Kilometern geht es am Ortsende von Altenfeldsdeich links zur Krückaufähre. Sie können so die 17,5 Kilometer lange Wegstrecke über Elmshorn abkürzen. Am anderen Ufer der Krückau biegen Sie in Kronsnest zur Weiterfahrt nach Kollmar links auf die Vorfahrtstraße ein (Krückau-Fähre Kronsnest, Betriebszeiten: Mai-3. Okt., Sa, So/Fei 9-13 Uhr und 14-18 Uhr).

Nach Elmshorn geradeaus auf dem kleinen Sträßchen weiterfahren ~ immer am Deich

4E
Elmshorn
Industriemuseum
St. Nikolai
Klostersand
Klein Nordende
Groß Nordende
Bullendorf
Altenmoor
Besenbek
Raa-Besenbek
Wischreihe
Könirgsmoor
Baunsholt
Kamertandau
Gehlensiel
Moorhufen
Obendeich
Strohdeich
Moorhusen
Hausen
Langenhals
Silkendeich
Langenbrook
Bielenberg
Langenhalsener Wettern
Moorhusener Wettern
Groß Kollmar
Auf dem Ort
Dorfreihe
Neuendorf
Altendeich
Dünne Reihe
Kollmar
Kuhle
Büssendeich
Lühnhüserdeich
Hörn
Fleien
Müggendeich
Kronsnest
Spiekerhörn
Lindenallee
Göpelschauer
Seester
Seesterdeich
Holstendorf
Kurzenmoor
Altenfeldsdeich
Groß Sonnendeich
Klein Sonnendeich
Gutshof
Seestermühe
Lander
Kl. Ritt
Gr. Ritt
Sperrwerkzeiten beachten
Krückau
Elbe
B431
L288
K23
4f
4g
4d
5
4
2,2
4,2
5,2
2,5
2
6
12
63

entlang ⤳ an der T-Kreuzung links ⤳ die große Querstraße, die **Westerstraße**, überqueren ⤳ geradeaus in die **Blücherstraße** ⤳ gleich links in die Straße **Klostersande** ⤳ links in die **Hafenstraße** ⤳ über die **Reichenstraße** ⤳ am Südufer der Krückau bis zum **Wedekamp** ⤳ für die Weiterfahrt hier nach links wenden, das Zentrum liegt nun vor Ihnen.

ANSCHLUSS In Elmshorn können Sie zu Tour 12 wechseln, die durch die Seestermüher Marsch führt.

Elmshorn

Stadtplan s. S. 137

PLZ: 25335; Vorwahl: 04121

- **Stadtmarketing**, Königstr. 17, ✆ 266074, www.stadt-elmshorn.de
- **Industriemuseum**, Catharinenstr. 1, ✆ 268870, ÖZ: Di, Fr, Sa 14-17 Uhr, Mi, So 10-12 Uhr und 14-17 Uhr, Do 14-19 Uhr. In diesem aus dem Jahre 1895 stammenden Fabrikgebäude ist die Geschichte von Leben und Arbeit in der Industriezeit dokumentiert.
- **Nikolai-Kirche**, Alter Markt 16, mit Tonnengewölbe und Arp-Schnittger-Orgel
- **Skulpturengarten**, entlang der Krückau (Wedenkampbrücke bis zur Berliner Straße) sind 12 sehenswerte Kunstwerke ausgestellt
- **Wasserturm** (1902)
- **Jüdischer Friedhof**, Feldstr. 42
- **Badepark**, Zum Krückaupark, ✆ 645274
- **Fahrräder und Meer**, Mühlenstr. 39, ✆ 87427

Von Elmshorn nach Glückstadt 26 km

Elmshorn entlang der Krückau auf dem Nord-ufer verlassen ⤳ über einen Sandweg zur **B 431** ⤳ hier links auf den straßenbegleitenden Radweg einbiegen ⤳ nach 800 Metern nach rechts in die Straße nach Raa-Besenbek abzweigen ⤳ durch das Marschhufendorf **Raa-Besenbek** ⤳ wieder zurück zur B 431 und nach rechts auf den Radweg einbiegen ⤳ nach 300 Metern in **Neuendorf** links in Richtung Fähre Kronsnest und Spiekerhörn abzweigen ⤳ durch **Kronsnest** und **Spiekerhörn** ⤳ dem Verlauf der Vorfahrtstraße nach Fleien folgen ⤳ in **Fleien** links in die Straße **Kuhle** ⤳ an der T-Kreuzung links in die Straße **Lühnhüserdeich** ⤳ vor dem Elbdeich dem Rechtsknick der Straße folgen, Sie kommen nun nach Kollmar.

Kollmar

Beim Rechtsbogen der Straße fahren Sie links weiter auf der Straße **Am Deich** ⤳ nach ca. 300 Metern links zum Deich ⤳ über den Deich und dann nordwärts direkt an der Elbe entlang ⤳ am Hafen von **Bielenberg** vorbei ⤳ links unterhalb des Deiches halten ⤳ auf einem Radweg die vor dem Elbdeich liegenden Wiesen queren ⤳ nach 3,5 Kilometern links auf die Asphaltstraße ⤳ vor den Hafenanlagen rechts in die Straße **Am Reethövel**.

VARIANTE Sie können die 1,5 Kilometer lange Schleife der Hauptroute durch Glückstadt abkürzen, in dem Sie nach dem Rechtsbogen der Straße **Am Reethövel** links auf der Brücke das Hafenbecken überqueren.

Am Ende des Hafenbeckens nach links in die **Stadtstraße** ⤳ nach 150 Metern links in die Straße **Am Hafen**.

INS ZENTRUM Geradeaus geht es hier ins Zentrum von Glückstadt.

ANSCHLUSS Auf dem Elbe-Radweg können Sie bis Cuxhaven weiterradeln.

Hafenansicht von Glückstadt

Glückstadt

PLZ: 25348; Vorwahl: 04124

- **Tourist-Information Glückstadt**, Große Nübelstr. 31, ✆ 937585, www.glueckstadt.de
- **Fähre Glückstadt-Wischhafen**, ✆ 04124/2430
- **Detlefsen-Museum** im Brockdorff-Palais, Am Fleth 43, ✆ 937630, ÖZ: Mi 14-17 Uhr, Do-Sa 14-18 Uhr, So 14-17 Uhr. Stadt- und Regionalgeschichte Glückstadts und der Elbmarschen. Ausstellungen zu Themen wie Brandschutz, Eisenbahn, Festungsmodell, Heringsfischerei, Landschaftsentstehung, Robbenschlag, Volkskunde, Walfang u. v. a. m.
- **Stadtkirche** (1618-1621). An der Ostseite des Marktes gelegen beeindruckt die Stadtkirche durch ihren schönen Barockturm, der bemerkenswerten Innenausstattung und durch die Glücksgöttin Fortuna mit der Königskrone als Wetterfahne.

Rechts vom Eingang befindet sich die Sturmflutmarke von 1756. Die linke Turmseite ziert der Admiralsanker, den der Dänenkönig Christian IV. 1630 nach seinem siegreichen Gefecht auf der Elbe vom Hamburger Admiralsschiff erbeutet hatte.

- **Altes Brückenhaus**, Am Hafen 61/62
- **Historischer Marktplatz**, 7 Radialstraßen, 3 Pseudoradialstraßen und 2 den Markt tangential berührende Straßen führen von hier zu den früheren Stadttoren und Bastionen der einstigen Festung. Verbunden werden die Radialstraßen durch eine Ringstraße und einen Rundweg.
- **Kandelaber**. Als Stiftung eines Glückstädter Bürgers wurde dieser Kandelaber 1869 an der Stelle des ehemaligen Marktbrunnens und Brunnenhauses errichtet.
- **Rathaus**. An der Westseite des Marktplatzes gegenüber der Kirche gelegen. Das in niederländischer Renaissance 1642 erbaute Gebäude weist große Ähnlichkeiten mit der Börse in Kopenhagen auf. Erbaut im Baustil Christian IV., der sich durch roten Backstein, Sandsteineinfassungen der Fenster und Ziergiebel auszeichnet.

Rathaus von Glückstadt

- **Brockdorff-Palais** mit Ostdeutscher und Stolpermünder Heimatstube im Kavaliersflügel. Erbaut 1631/32 vom Reichsgrafen Christian von Pentz, benannt nach der letzten adeligen Besitzerfamilie im 19. Jh., zweigeschossiger Barockbau von 13 Fensterachsen, reich bemalte Balkendecken, barockes Treppenhaus mit Vestibül.
- **Wasmer-Palais** (17. Jh.), der barocke Kaminsaal wurde 1729 von dem italienischen Stukkateur Andrea Maini gestaltet. Drei reich stuckierte Decken befinden sich in den unteren Räumen. Ein Deckengemälde stellt beispielsweise eine Szene aus der griechischen Mythologie mit Zeus und Semele dar. Ehemals Sitz des Obergerichts und der Regierungskanzlei. Hier erklärte 1807 Dänemark England den Krieg, nachdem Kopenhagen durch die Engländer beschossen worden war und nur noch die Glückstädter Kanzlei funktionsfähig war. Hier finden nun Kammerkonzerte statt.
- **Provianthaus**, es ist das letzte Gebäude aus der Anlage des alten Königsschlosses am Hafen.
- **Am Hafen**. Die gesamte Hafenstraße steht wegen des einmaligen Zusammenspiels der historischen Fassaden und dem grünen Deich unter Denkmal- bzw. Ensembleschutz. Sie gilt als die bedeutendste Uferstraße Norddeutschlands. Besonders hervorzuh ebende Häuser sind das Haus Am Hafen 46 mit seinem prächtige Sandsteinportal mit akanthus- und blütenverziertem Aufsatz heute Kunsthaus und Galerie. Und das Haus Am Hafen 40, de sog. Königshof mit dem achteckigen Wiebeke-Kruse-Turm, de eine doppelt geschweifte Haube besitzt und den eine Wetterfahne mit Krone und Reichsapfel und einem Reiter schmückt. Der Turm ist der einzig erhaltene Teil des ersten Wohnhauses Christian IV., das er 1638 Wiebeke Kruse schenkte.
- **Fleth**, das Fleth mit den beiden parallel laufenden Straßen wa und ist die Hauptverkehrsachse der Stadt. Im Rahmen der Stadtsanierung ist der offene Wasserlauf wieder hergestellt worden.
- **Radhus Horn**, Gr. Deichstr. 15, ✆ 5735
- **Touristen-Information**, Große Nübelstr. 31, ✆ 937585

Christian IV., König von Dänemark und Herzog von Schleswig und Holstein, ließ 1616 den Bau einer neuen Stadt an der Elbe beginnen. Strategische Gründe bewogen ihn zu diesem Unternehmen, denn die Stadt sollte als Ausgangspunkt seiner machtpolitischen Interessen in Norddeutschland dienen. Gleichzeitig versuchte der König den florierenden Handel der nahegelegenen Hansestadt Hamburg in seine neue Stadt zu ziehen.

Wegen des großen Wagnisses, in dem unwirtlichen Gelände an der Rhinmündung eine Stadt zu gründen, nannte er die Stadt Glückstadt. Hierbei soll Christian IV. folgende Worte gesprochen haben: „Dat schall glücken und dat mut glücken und denn schall dat ok Glückstadt heten" und verordnete seiner Stadt die Glücksgöttin Fortuna als Wappen.

Angezogen von Steuerprivilegien und gewährter Religionsfreiheit kamen vor allem holländische Remonstranten und Mennoniten sowie portugiesische Juden nach Glückstadt, die über ausgedehnte Handelsbeziehungen und eine starke Wirtschaftskraft verfügten. Die Stadt entwickelte sich unter diesen guten Voraussetzungen in kürzester Zeit zu einem florierenden Standort. Dennoch blieb die wirtschaftliche Entwicklung Glückstadts weit hinter den Erwartungen und Wünschen des Dänenkönigs zurück.

Das Stadtbild ist geprägt von dem Grundriss der dem Ideal der italienischen Renaissance nachempfundenen polygonalen Radialstadt und ist einmalig in Norddeutschland. Nach der umfassenden Stadtsanierung in den 70er und 80er Jahren des vorigen Jahrhunderts gilt Glückstadt als Stadtdenkmal.

ANSCHLUSS Durch Glückstadt verlaufen auch der Nordsee-Radweg und der Radpilgerweg „Mönchsweg".

Von Glückstadt nach Stade 37,5 km

Bis ans Ende der Straße **Am Hafen** radeln und dann nach rechts hoch auf den Radweg auf dem Elbdeich fahren ~ die B 495 ist nach 1,5 Kilometern erreicht.

TIPP Hier nehmen Sie die Fähre zum anderen Elbufer, die mehrmals täglich verkehrt, siehe Datenblock von Wischhafen.

Von der Fähranlegestelle ins Zentrum von Wischhafen.

Wischhafen

PLZ: 21737; Vorwahl: 04770

- **Tourist-Info Kehdingen**, Stader Str. 139, ✆ 831129
- **Fähre Glückstadt-Wischhafen.** ✆ 04124/2430, Fährzeiten: halbstündiger Pendelverkehr; Mai-Sept., Mo-Sa 4.30-22.30 Uhr, So/Fei 6.00-22.30 Uhr; März-April u. Okt.-Dez., Mo-Fr 4.30-22.30 Uhr, Sa, So/Fei 6.00-22.30 Uhr, Jan.-Feb., Mo-Fr 4.30-22.30 Uhr, Sa 6-22.30 Uhr, So/Fei 7.30-22.30 Uhr
- **Tidenkieker Elbefahrten**, ✆ 04770/831129, Thema: Waterkant – Robben, Watt und Küstenschiffe, Dauer 2-3 Std.

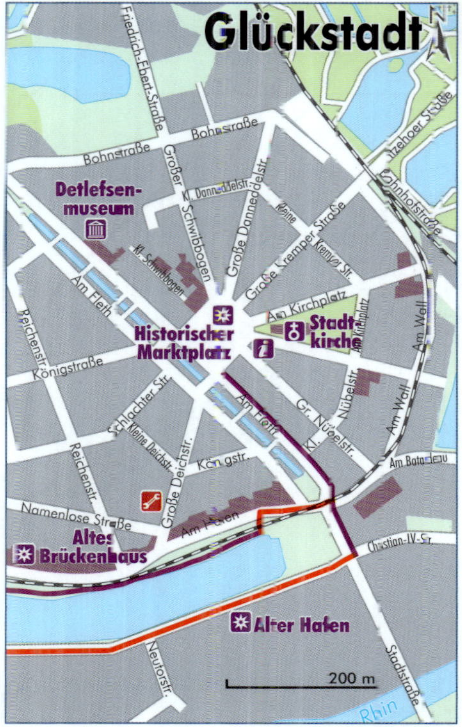

Kehdinger Küstenschifffahrts-Museum, Unterm Deich 7 Wischhafen, ✆ 04770/7179, ÖZ: Ostern-Mitte Nov., Sa, So, Fei 10-12 Uhr und 13-18 Uhr, Juli-Sept., Di-So

St. Dionysius, Hammelwörden. Romanische Kirche mit gotischer Elementen, sehenswerte Kanzel

H. Pohle, Stader Str. 318, OT Hamelwörden, ✆ 7166

In Wischhafen rechts auf die **Moorchaussee** links Richtung Wolfsbruchermoor links in Richtung Dornbusch in Krautsand rechts.

Krautsand

PLZ: 21706; Vorwahl: 04143

Tourist-Info Kehdingen, Stader Str. 139, 21737 Wischhafen, ✆ 04770/831129

Tidenkieker Elbefahrten, ✆ 04770/831129, Thema: Inselwelten – stille Buchten und historische Häfen, Dauer: 2-3 Stunden.

Notkirche, Backsteinbau im spätklassizistischen Stil

Windbaum, Freiplastik am Krautsander Deich zur Erinnerung an die Sturmfluten

Deichgraf, Bronzefigur auf dem Krautsander Deich

9 Kilometer am Deich entlang durch den Asseler Sand.

Assel

PLZ: 21706; Vorwahl: 04148

Tourist-Info Kehdingen, Stader Str. 139, 21737 Wischhafen, ✆ 04770/831129

Heimatstube Assel, Asseler Str. 42a, Drochtersen-Assel, ✆ 5088 od. ✆ 1635. Historische Gegenstände vom Land Kehdingen, aus den Bereichen Handwerk, Handel, Landwirtschaft und Schifffahrt.

St. Martin (14. Jh.), reichverzierter Holzaltar und Taufbecken

Auf dem Radweg weiter durch den Asseler Sand ~ links über Barnkrug immer am Deich entlang nach Bützfleth ~ links auf die **Alte Chaussee** zur L 111.

Bützfleth

An der L 111 entlang ~ rechts dem Radwegeverlauf nach Stade folgen ~ rechts auf die **Glückstädter Straße** ~ links in den **H.-E.-Miericke Weg** ~ durch den Park in Richtung Bahnhof.

Stade s. S. 129

ANSCHLUSS Für all jene, die noch eine Runde in dieser Region radeln möchten, bietet sich hier die 40 Kilometer lange Stade-Rundfahrt an, s. Tour 11.

Von Stade nach Hamburg 45 km

Geradeaus auf die **Salztorcontrescarpe** ~ geradeaus über Am Schwingedeich nach Melau ~ am Deich entlang in 7 Kilometern nach Grünendeich.

Grünendeich

PLZ: 21720; Vorwahl: 04142

Tourismusverband Landkreis Stade/Elbe e. V., Kirchenstieg 30, ✆ 813838

Fähre Lühe-Schulau: ✆ 04141/788667, Fährzeiten: April-Mitte Okt., Mo-Fr 6.10-18.10 Uhr, Sa, So/Fei 9-18 Uhr, im Winter nur Mo-Fr

Elbe-City-Jet, Stade-Lühe-Schulau-Blankenese-Hamburg, Infos und Buchungen bei STADE Tourismus-GmbH, Tourist-Information am Hafen, Hansestr. 16, ✆ 04141/409170, Fährzeiten: April-Okt., Mo-So 9-18.00 Uhr.

Stussnat-Drögemöller, Fährstr. 1, ✆ 1425

In Grünendeich rechts.

TIPP Den weiteren Routenverlauf finden Sie auf den Karten 4B und 4A.

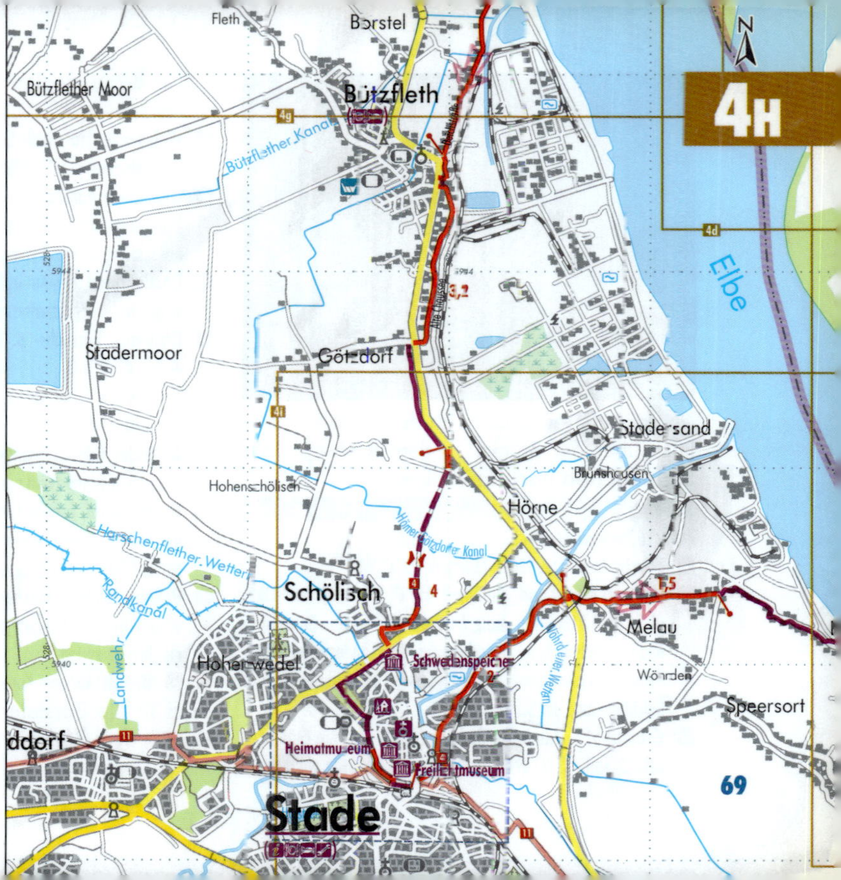

Gräfenhof in Jork

An der Luhe entlang ↝ an der Vorfahrtstraße links über die Brücke ↝ dem Radweg über **Steinkirchen** nach Jork folgen.

Jork

PLZ: 21635; Vorwahl: 04162

- **Tourist-Info Altes Land**, Osterjork 10, ✆ 914755
- **Museum Altes Land**, Westerjork 49, ✆ 5715, ÖZ: April-Okt., Di-So 11-17 Uhr; Nov.-März, Mi, Sa, So 13-16 Uhr. Dokumentation zur technischen Entwicklung des Alten Landes unter besonderer Berücksichtigung des Obstanbaus, des Handwerks, des Deichbaus und der Schifffahrt.
- **Gräfenhof** – Das Jorker Rathaus (1649-51), Am Gräfengericht 2, Jork, ✆ 91470. Der ehemalige Adelssitz wurde vom Graf Mattäus von Haren erbaut. Es folgten mehrere Umbauten.
- **Wehrt'scher Hof**, Große Seite 8, Jork-Borstel. Besichtigung nur in Verbindung mit der Altländer Gästeführung möglich.
- **Windmühle Aurora**, Am Elbdeich 1, Jork-Borstel, ✆ 6395, Besichtigungen der Mühle, die derzeit ein Restaurant beherbergt, sind nur sehr begrenzt im Rahmen der Altländer Gästeführung möglich.
- **Obstlehrpfad**, beginnt in Borstel und führt entlang des Struckweges bis zur Yachthafenstraße (Länge: ca. 1,4 Kilometer).
- **Obstbau-, Versuchs- u. Beratungszentrum Jork**, Moorende 53, ✆ 60160
- **Torfstechen**, Gerd Lefers, Obstanbau im Alten Land, Osterjork 140, ✆ 375
- **Altländer Gästeführungen**, Westerjork 49, ✆ 1333, April-Okt., interessante Führungen zu festen Terminen und n. V.
- **Herzapfelhof**, Familie Lühs, Osterjork 102, ✆ 8954. Apfelhof mit vielen Highlights wie Hofführungen, Hofladen, Äpfel mit persönlichen Motiven, neueste Technik.
- **Boßeln**, Fährhaus Kirschenland, Wisch 9, ✆ 7487. Bei dieser urtümlichen Sportart geht es darum, eine Holzkugel so weit wie möglich zu werfen.
- **Brosch**, Auf dem Kamp 7, ✆ 6645

Links in die Borsteler Reihe ↝ rechts auf die K 39 ↝ dem Radweg der K 39 folgen.

ANSCHLUSS: In Cranz haben Sie die Option, entlang des Este-Radweges nach Handeloh (s. Tour 9), einige Kilometer durch das „Alte Land" (s. Tour 10) oder einfach entlang des Elbe-Radweges zu radeln.

Nach rund 12,5 Kilometern im Linksbogen rechts in den gekiesten Radweg ↝ rechts dem Finkenwerder Süderdeich folgen ↝ rechts auf den Osterfelddeich ↝ an der Kreuzung links auf den Radweg ↝ rechts über Aue Deich und Aue Insel im Bogen wieder zur Hauptstraße ↝ scharf rechts in die Benittstraße zur Fähre.

Finkenwerder

TIPP: Ab Finkenwerder verläuft der Elbe-Radweg ausschließlich am nördlichen Ufer. Deshalb radeln Sie am besten das letzte Stück auf dem gleichen Weg wie bei der Hinfahrt zurück ins Stadtzentrum.

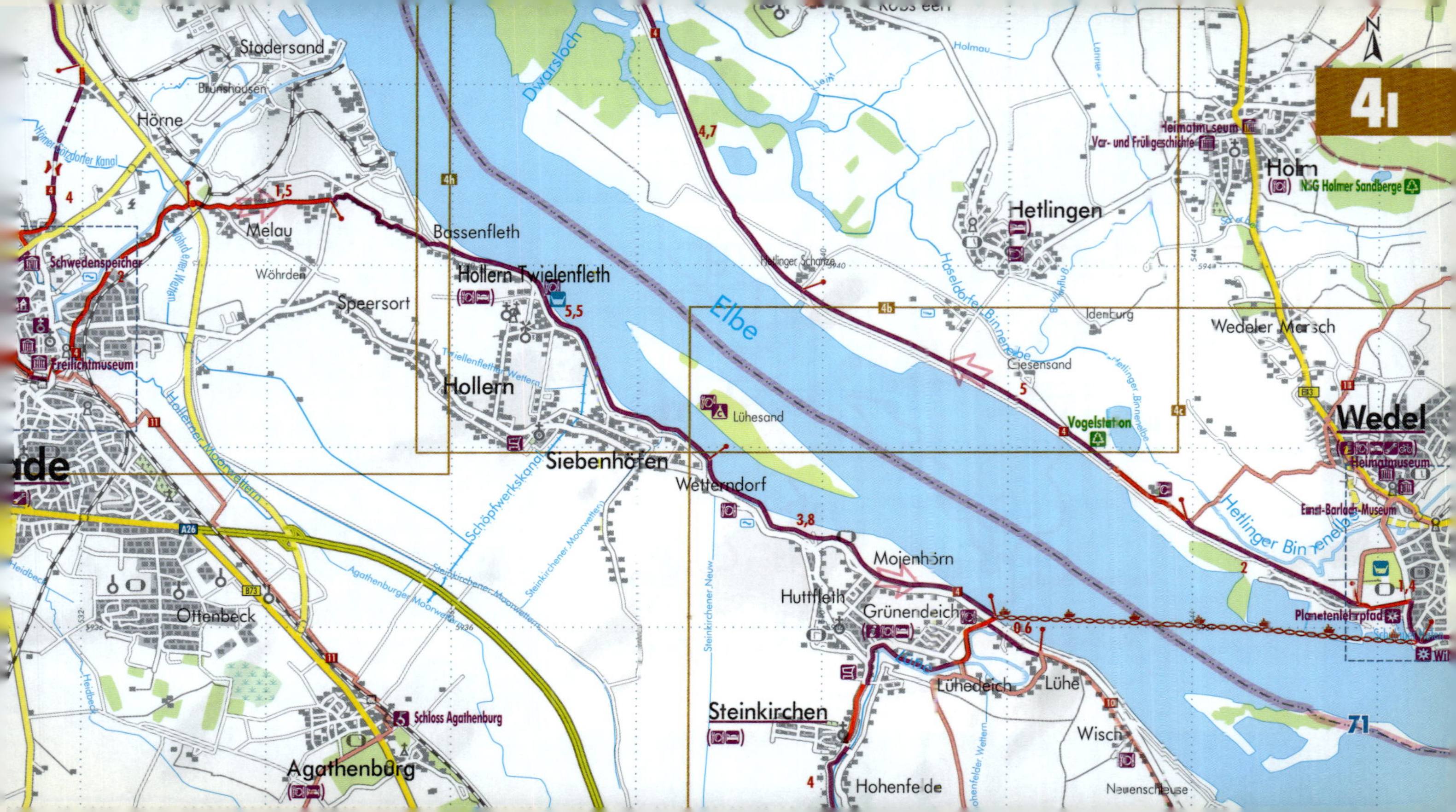
4l
Stadersand
Brunshausen
Hörne
Hörner Götzdorfer Kanal
Melau
Bassenfleth
Schwedenspeicher
Wöhrden
Wöhrdener Wettern
Speersort
Hollern Twielenfleth
Twielenflether Wettern
Hollern
Freilichtmuseum
Hollerner Moorwettern
Siebenhöfen
Wetterndorf
Schöpfwerkskanal
Steinkirchener Moorwettern
Agathenburger Moorwettern
Ottenbeck
Heidbeck
Schloss Agathenburg
Agathenburg
Dwarsloch
Holmau
Elbe
Lühesand
Hetlinger Schanze
Hetlingen
Haseldorfer Binnenelbe
Heimatmuseum
Vor- und Frühgeschichte
Holm
NSG Holmer Sandberge
Idenburg
Wedeler Marsch
Giesensand
Hetlinger Binnenelbe
Vogelstation
Wedel
Heimatmuseum
Ernst-Barlach-Museum
Hetlinger Binnenelbe
Planetenlehrpfad
Mojenhörn
Huttfleth
Grünendeich
Steinkirchener Neuw.
Lühe
Lühedeich
Steinkirchen
Wisch
Hohenfelde
Neuenschleuse
A26
B73
71

Stadtumlandtouren südlich der Elbe

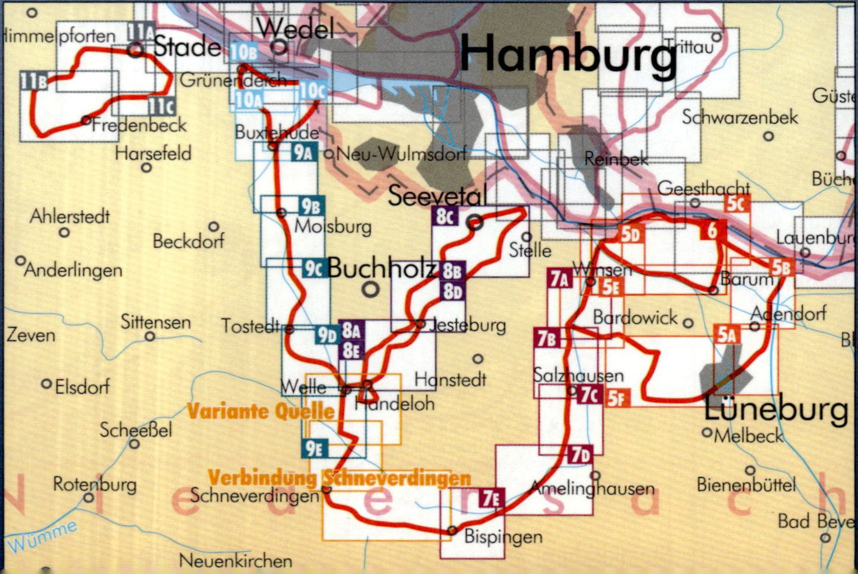

Tour 5	Lüneburg-Rundfahrt	86 km
Tour 6	Durch die Winsener Marsch	46 km
Tour 7	Luhe-Radweg	60 km
Tour 8	Seeve-Radweg	78 km
Tour 9	Este-Radweg	46 km
Tour 10	Im Alten Land	44 km
Tour 11	Stade-Rundfahrt	40 km

Tour 5 Lüneburg-Rundfahrt 86 km

Von der alten Salzstadt Lüneburg ausgehend bringt Sie diese Rundtour zunächst entlang der „Salzstraße“ bis an die Elbe, nahe Lauenburg. Die Winsener Marsch begleitet Sie danach entlang des Elbe-Radweges bis Winsen, wo Sie am hübschen Schlosspark eine kleine Rast einlegen sollten. Entlang der Luhe geht es nun Richtung Süden und durch den Radbrucher Forst wieder Richtung Lüneburg. Eine angenehme, beschauliche Tour, die zu einem gemütlichen und kulturell spannenden Wochenendausflug einlädt.

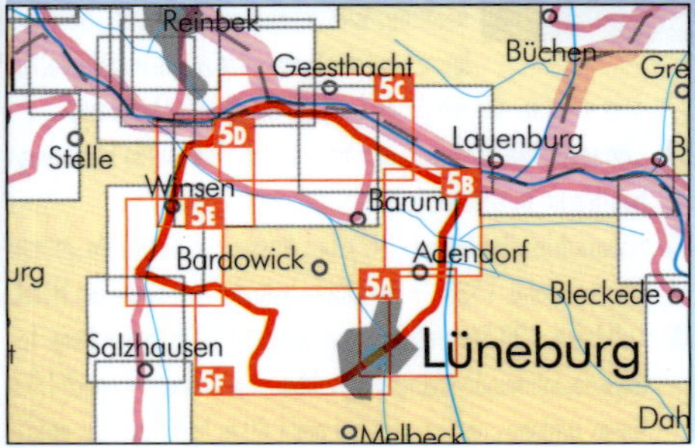

Charakteristik

Länge: 86 km

Start & Ziel: Lüneburg, Bahnhof

Anreise: am besten per Bahn, von Hamburg aus in 30 Minuten erreichbar

Wegbeschaffenheit: Die Route verläuft fast ausschließlich auf befestigten, gut ausgebauten Radwegen und verkehrsarmen Straßen.

Verkehr: Mit Ausnahme von Lüneburg und Winsen radeln Sie immer auf ruhigen bzw. autofreien Wegen.

Beschilderung: Zunächst folgen Sie den Schildern der „Alten Salzstraße“, danach jenen des Elbe-Radweges, ab Winsen können Sie sich an den Luhe-Radweg-Schildern orientieren und zwischendurch gibt es auch allgemeine Radweg-Schilder.

Entlang der „Alten Salzstraße“

Steigungen: Die Strecke verläuft steigungsfrei.

Tipp: Sie können die Tour auch in Hamburg, entlang des Elbe-Radweges (Tour 3), starten und die Runde über Winsen und Lüneburg radeln.

Anschlusstouren: 3, 6, 7

Lüneburg

PLZ: 21335; Vorwahl: 04131

- **Tourist-Information**, Rathaus/Am Markt, ✆ 2076620, www.lueneburg.de
- **Schiffsfahrten**, Ausflugsfahrten auf der Ilmenau, ✆ 243621, Ausflugsfahrten Elbe-Seitenkanal und Elbe, Adolf Haak ✆ 05852/2110, „Uhu" ✆ 04136/403, „Kaiser Wilhelm" historischer Raddampfer ✆ 04153/590981
- **Deutsches Salzmuseum**, Sülfmeisterstr. 1, ✆ 45065, ÖZ: Mai-Sept., Mo-Fr 9-17 Uhr, Sa, So 10-17 Uhr, Okt.-April, Mo-Fr 9-17 Uhr, Sa, So 10-17 Uhr. Das Museum zeigt die Lüneburger „Salzgeschichte". Besucher können beim historischen Salzsieden dabei sein.
- **Brauereimuseum**, Heiligengeiststr. 39-41, ✆ 44804, ÖZ: Di-So 13-16.30 Uhr. Hier nahm das traditionsreiche Kronen-Brauhaus seinen Anfang. Im 16. Jh. gab es in Lüneburg rund 80 Brauereien. Die einzelnen Produktionsschritte beim Bierbrauen werden hier anschaulich dargestellt.
- **Ostpreußisches Landesmuseum**, Ritterstr. 10, ✆ 759950, ÖZ: Di-So 10-17 Uhr.
- **Rathaus**, ✆ 309230, ÖZ: tägl. 10-17 Uhr. Kernbau aus 1230. Das größte erhaltene Rathaus Deutschlands aus dem Mittelalter. Aus dem Glockenturm mit 41 Glocken aus Meißner Porzellan kann man Melodien des Lüneburger Tondichters J. A. P. Schulz (1747) vernehmen. Komponist von „Der Mond ist aufgegangen" oder „Ihr Kinderlein kommet".
- **Museum für das Fürstentum Lüneburg**, 21335, Wandrahmstr. 10, ✆ 43891, ÖZ: Di-Fr 10-16 Uhr, Sa, So 11-17 Uhr. Hier befindet sich u. a. die Nachbildung der berühmten Ebstorfer Weltkarte aus dem 16. Jh. Schwerpunkte bilden die Bereiche der Ur- und Frühgeschichte, weltliche und kirchliche Kunst sowie die Lüneburger Stadtgeschichte.
- **Lüneburger Wasserturm** (1530), Haagestr. 1, ✆ 7895919. Mit einem Lift kommen Sie auf das Dach des Turms, von wo aus man einen unvergleichlichen Ausblick auf Lüneburg und seine Umgebung hat. Weiters beherbergt er ein Zentrum für Umweltbildung zum Thema „Wasser".

Lüneburg – Altstadt

- **Kloster Lüne** (um 1400), Am Domänenhof, ✆ 52318, ÖZ: April-Okt., Mo-Sa 10-12.30 Uhr und 14.30-17 Uhr, So 11.30-17 Uhr. Nach zwei Bränden in den ursprünglich hölzernen Gebäuden in Backsteinbauweise neu errichtet. Sehenswerte Brunnenhalle mit Handsteinbrunnen, Refektorium mit Wandmalereien. Weiters ist hier ein Teppichmuseum mit textilen Kostbarkeiten, wie Altar-und Fastentücher aus dem 13. und 14. Jh., Teppiche, Banklaken, Weißstickereien, etc. untergebracht.
- **St. Johannis-Kirche** (13. Jh.), Am Sande, ✆ 43594, ÖZ: Ostern-Okt., Di-So 10-17 Uhr, Nov.-Palmsonntag, Di-So 11-16 Uhr. Imposante gotische Hallenkirche mit fünf Schiffen. Turmbesteigung: April-Okt. auf Anfrage.
- **St. Michaelis-Kirche** (1376-1434), Johann-Sebastian-Bach-Platz, ✆ 31400, ÖZ: Mai-Sept., Mo-Sa 10-12 Uhr und 14-17 Uhr, Okt.-April, Mo-Sa 10-12 Uhr und 14-16 Uhr. Das Gotteshaus wurde als neue Klosterkirche der Benediktiner erbaut.
- **St. Nicolai-Kirche** (15. Jh.), Lüner Straße, ✆ 32290, ÖZ: Mo-So 10-17 Uhr. Turmbesteigung: auf Anfrage. Gebaut in Anlehnung an die nordfranzösichen Kathedralen. Der „Schifferkranz" auf der Turmspitze zeigte im Mittelalter, dass sich hier ein religiöses Zentrum der Schiffer befindet.
- **Lüner Mühle** (14. Jh.), Am Alten Hafen. Die Mühle beherbergt heute eine Gaststätte.
- **Abtsmühle Lüneburg** (1147). Der Wasserturm der Mühle stammt aus dem Jahre 1530. In der Mühle befindet sich heute ein Hotel.
- **Kalkberg.** 133 Stufen führen auf den einst 70 m hohen Berg. Infolge des jahrhundertelangen Gipsabbaus hat er heute nur noch 1/16 seines Umfangs und ist auch nur mehr 60 m hoch. Der hier errich-

tete Obelisk erinnert an die Kalkbergkommandanten, die hier in der bis 1783 bestehenden Garnisonskirche begraben wurden. Vom Kalkberg aus haben Sie einen herrlichen Rundblick über Lüneburg.

„Der Alte Kran", Am Fischmarkt, Lüneburgs Wahrzeichen

„Heide-Express", Oldtimerzug, ✆ 04132/920919

Salztherme Lüneburg, Uelzener Str. 1-5, ✆ 723110, ÖZ: Mo-Sa 10-23 Uhr, So/Fei 8-21 Uhr. Freizeitbad mit Sole-Wellenbad, und -Außenbecken, Riesenrutsche, Solarien und Saunalandschaft.

Fahrradstation „RadSpeicher", Am Bahnhof, ✆ 55777

CityCycles, Rote Str. 4, ✆ 45334, auch mobiler Fahrraddienst

bike-park Lüneburg, Käthe-Krüger-Str. 8, ✆ 853030

Radfon, Wagnerring 5, ✆ 699193, mobiler Fahrradservice

Im Jahre 956, als „Luniburc" erstmals urkundlich erwähnt wird, gab es bereits die Burg, das Kloster St. Michaelis auf dem Kalkberg und die Saline. Um diese drei Kerne herum entwickelte sich im 13. Jahrhundert unter Einbeziehung der alten dörflichen Siedlung „Modestorpe" die Stadt Lüneburg. Als Produktionsstätte von Salz, dem bis dahin einzigen natürlichen Konservierungsmittel, erhielt Lüneburg besondere Bedeutung und besonderes Gewicht in der Hanse, vor allem in Beziehung zum Hafen des „Hauptes der Hanse" Lübeck. Um 1600 zählte Lüneburg mit ca. 14.000 Einwohnern zu den Großstädten Deutschlands, danach fand die wirtschaftliche und kulturelle Blüte im Rahmen der Hanse allerdings ein Ende.

Im 19. Jahrhundert entwickelte sich aus dem alten Salzwerk ein Betrieb der chemischen Industrie und erhielt zusätzlich mit dem Solebad

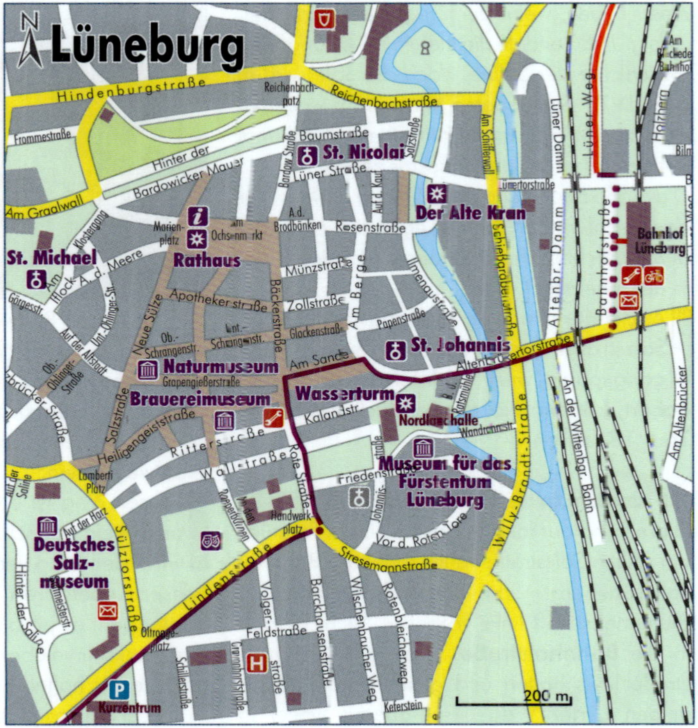

einen neuen, wenn auch regional begrenzten Zweig. 1980 endete die mehr als 1.000-jährige Geschichte der Saline, doch die Sole wird in dem 1973 gegründeten Kurzentrum weiterhin genutzt. 1976 entstand am Elbe-Seiten-Kanal ein neuer Hafen samt Industriegebiet.

Die große Bedeutung des „Weißen Goldes" für den Reichtum der Stadt spiegelt sich bis heute durch prächtige Patrizierhäuser aus dieser Zeit in der Innenstadt wider.

ANSCHLUSS **Auch der Radweg entlang der „Alten Salzstraße" hat in Lüneburg seinen Ausgangspunkt, wenn Sie Interesse an diesem haben, können Sie ein Teilstück davon bei Tour 18 fahren.**

Von Lüneburg an die Elbe — 18 km

Diese Rundtour folgt zu Beginn einem Teilstück der „Alten Salzstraße" und startet am Bahnhof von Lüneburg ⟿ am Bahnhofsgebäude und Blumengeschäft links vorbei ⟿ leicht bergab in die **Bahnhofstraße** ⟿ an der Vorfahrtsstraße links halten und gleich darauf rechts in den **Lüner Weg** ⟿ geradeaus weiter in

Lüneburg – Altstadt

den Fuß- und Radweg ⟿ unter den Gleisen hindurch ⟿ weiter am rechtsseitigen Radweg des **Lüner Weges** ⟿ an der T-Kreuzung der **Erbstorfer Landstraße** rechts ⟿ ⚠ direkt vor den Schienen links in den unbefestigten Waldweg hinein.

TIPP **Dieser Weg ist etwas versteckt und es ist auch kein Radschild vorhanden, im Wald wird der Weg jedoch etwas breiter und besser zu befahren.**

Weiter geht es parallel zu den Schienen ⟿ in einer Linkskurve über eine kleine Brücke ⟿ danach rechts halten und der Linkskurve folgen ⟿ vorbei am Rastplatz ⟿ nach der Rechtskurve über die Fahrradbrücke, die über die Autobahn führt ⟿ kurz geradeaus weiter und der Rechtskurve folgen ⟿ an der Gabelung laut Radschild rechts ⟿ es geht aus dem Wald hinaus ⟿ kurz gerade aus ⟿ an der T-Kreuzung des **Schwarzen Weges** rechts weg ⟿ kurz danach rechts in den **Grüner-Jäger-Weg** ⟿ nach den Gleisen der Linkskurve und anschließend der Rechtskurve des Asphaltbandes folgen ⟿ an der T-Kreuzung rechts und auf den rechtsseitigen Radweg ⟿ an der Vorfahrtsstraße links Richtung Scharnebeck ⟿ nach dem Weg **Am Distelkamp** links ⟿ weiter parallel zur Straße ⟿ vor dem Kanal der Linkskurve in den unbefestigten Forstweg folgen ⟿ es geht links des Kanals ⟿ der Weg wird befestigt ⟿ die Vorfahrtsstraße beim Schiffshebewerk geradeaus überqueren.

Schiffshebewerk Scharnebeck

Schiffshebewerk Scharnebeck, ÖZ Ausstellungshalle: ✆ 04136/91262931, ÖZ: 15. März-Okt., Mo-Fr 10-12 Uhr und 14-17.30 Uhr, Sa, So/Fei 10-17.30 Uhr. Größtes Doppel-Senkrecht-Schiffshebewerk in Europa. Um den Höhenunterschied zwischen Elbmarsch und Geest zu überwinden, können hier

Frachtschiffe 38 m gehoben werden. Dadurch ist eine Verbindung zwischen Elbe und Mittelkanal möglich.

TIPP Ab dieser Kreuzung ist die Radroute sehr gut mit den Schildern der „Alten Salzstraße" gekennzeichnet.

Dem Asphaltband folgen ↝ in der Linkskurve rechts halten und der schmalen asphaltierten Straße entlang ↝ nach der Linkskurve unter den Gleisen hindurch ↝ gleich danach rechts und zurück zum Kanal ↝ nach der Linkskurve weiter entlang des Kanals ↝ dem Linksschlenker des Asphaltbandes folgen ↝ gleich darauf in einer starken Rechtskurve wieder zurück zum Kanal.

VARIANTE Es verläuft auch immer wieder oben am Damm direkt neben dem Kanal ein Weg, auf den man auffahren kann.

Salztransport zu Lande und zu Wasser

Zwischen dem 12. und 16. Jahrhundert war die sogenannte „Alte Salzstraße" einer der wichtigsten deutschen Handelswege für das wertvolle Gewürz und Konservierungsmittel Salz.

In Lüneburg wurden zunächst große Mengen Salz aus dem reichhaltigen Salzstock unterhalb des Stadtgebietes gewonnen. Dafür wurde die Salzsole in großen Salzpfannen erhitzt, sodass sich nach der Verdunstung des Wassers das reine Salz herauskristallisierte. Nach der Zwischenlagerung in riesigen Magazinen am Hafen konnte der Transport an die Ostsee beginnen: Pferdefuhrwerke brachten das wertvolle Gut auf sandigen Wegen bis an die Ostsee – für die rund 100 Kilometer von Lüneburg zum

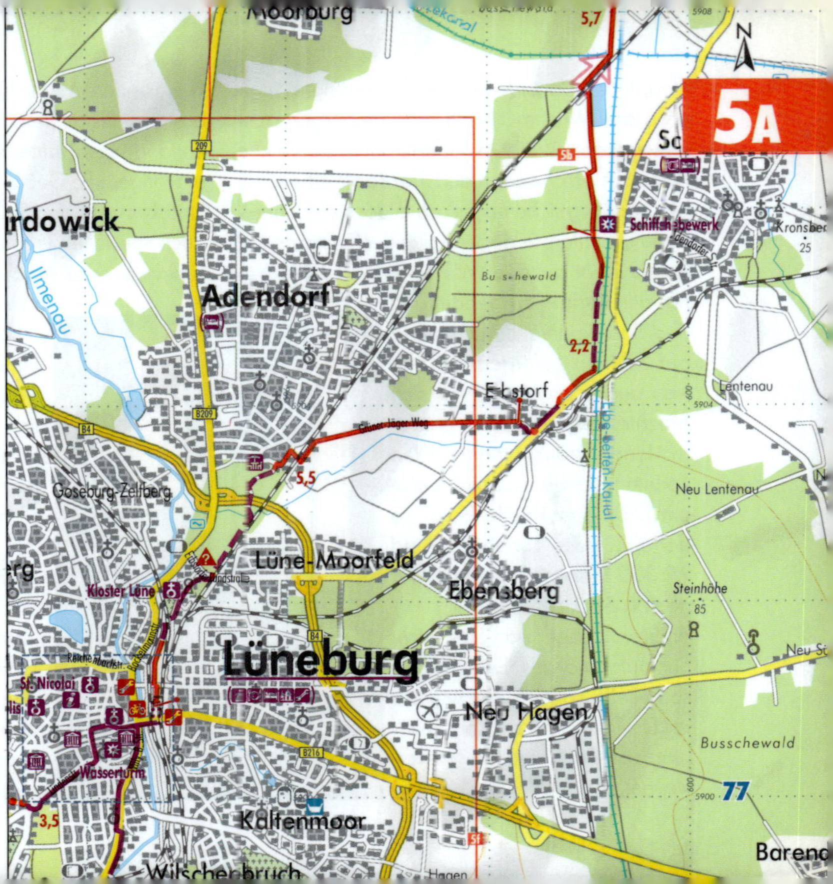

Hauptumschlagsplatz Lübeck benötigte man etwa drei Wochen. Nicht nur vom Regen ausgewaschene Wege, sondern auch zahlreiche Überfälle erschwerten den Transport erheblich. Um den Weg sicherer, jedoch leider nicht schneller zu gestalten, verlagerte sich der Salztransport immer mehr auf den Wasserweg. Ab 1395 waren alle Kanäle ausgebaut und das Salz konnte durchgehend auf Schiffen befördert werden, was auch den Vorteil mit sich brachte, dass wesentlich größere Mengen transportiert werden konnten. So war beispielsweise um 1500 das „Weiße Gold" so gefragt, dass Lüneburg rund 19.000 Tonnen Salz pro Jahr nach Lübeck lieferte.

An der Ostsee war Salz nicht nur aufgrund des Geschmacks so beliebt, sondern der weitaus größte Teil wurde zur Konservierung von Fisch und Fleisch verwendet, da vor allem im Sommer keine andere Möglichkeit der längeren Lagerung bestand. Bis heute erinnern in fast allen Städten entlang des mittelalterlichen Handelsweges prächtige, alte Gebäude und historisch wertvolle Stadtkerne an den Reichtum der damaligen Zeit. Auch spezielle Gebäude wie die Salzspeicher in Lübeck oder zahlreiche Museen zum Thema Salz lassen die Spurensuche auf der „Alten Salzstraße" sehr lebendig werden.

Schiffshebewerk Scharnebeck

Geradeaus entlang des Kanals ⇝ laut Radschild rechts halten ⇝ der Linkskurve folgen und über eine Brücke ⇝ nach der Brücke rechts und weiter auf dem Weg mit Grünstreifen in der Mitte ⇝ an der T-Kreuzung rechts ⇝ geradeaus über den Kanal ⇝ kurz geradeaus und an der ersten Möglichkeit links ⇝ der asphaltierte Weg wird schmäler und schließlich unbefestigt ⇝ kurz auf einem schlecht zu befahrenden Weg ⇝ ab dem Schranken geht es weiter auf Asphalt ⇝ kurz parallel zum Kanal ⇝ danach rechts dem Radschild folgen ⇝ an der ersten Möglichkeit links in den unbefestigten Weg ⇝ geradeaus weiter ⇝ der Weg wird asphaltiert ⇝ geradeaus bis kurz vor der Vorfahrtsstraße ⇝ hier links.

Elbe-Lübeck-Kanal

VARIANTE Wenn Sie einen Abstecher nach Lauenburg machen möchten, fahren Sie hier noch kurz geradeaus und danach rund 4 Kilometer an der Elbe entlang. Infos zu Lauenburg finden Sie bei Tour 3, die entlang der Elbe weiter Richtung Osten verläuft.

An der Elbe bis Laßrönne *25 km*

Den Elbe-Seiten-Kanal überqueren ~ in die erste Straße wieder rechts ~ nun immer geradeaus nach Artlenburg hinein.

Artlenburg

Im Ort eher rechts so nahe wie möglich an der Elbe halten ~ erst wenn es rechts zum Campingplatz abgeht, geradeaus auf den unbefestigten Weg ~ vor der L 217 rechts in den asphaltierten Anliegerweg ~ parallel zum Damm und ab **Avendorf** auf dem Damm nach Tespe.

Tespe

Im Ort links hinunter vom Damm und rechts auf die **Elbuferstraße** ~ an der Kreuzung, an der es links nach Lüneburg geht, rechts an der Schranke vorbei ~ auf den Radweg zum Damm hoch ~ die Brücke unterqueren.

TIPP Kurz davor zweigt nach rechts ein gepflasterter Pfad ab, der Sie zur Brücke über die Elbe hinaufträgt. Dort gelangen Sie auf dem straßenbegleitenden Radweg zum anderen Ufer nach Geesthacht.

Auf dem Damm weiter nach **Stove** ~ an der T-Kreuzung links und gleich wieder rechts auf den Weg, der unterhalb des Dammes verläuft.

Drage

Am Ende des Ortes rechts auf den Damm hochfahren ~ auf dem asphaltierten Dammradweg weiter.

Laßrönne

Von Laßrönne nach Bahlburg *12,5 km*

In Laßrönne links in den **Sirenenweg** auf den rechtsseitigen Radweg ~ rechts in den **Seebrückenweg** ~ an der Gabelung rechts ~ nach dem Ort rechts Richtung Winsen ~

5c
Geesthacht
Museumseisenbahn Karoline
Geesthacht Museum
St. Salvatoris-Kirche
Hansaviertel
Schäferberg
Haferberg
Rappenberg
Papersberg
Forst Hasenthal
Neu Gulzow
Stausee
Hochseilgarten
Weinberg
Steinberg
Krukow
Krümmel
Grünhof
Tesperhude
Stove
Elbstorf
Drennhausen
St. Marien
Drage
Rönne
Schwinde
Niedermarschacht
Marschacht
Obermarschacht
Krümse
Eichholz
Tespe
Avendorf
Artlenburg
Bütlingen
Elbe
Horstengraben
Tönnhausen
Hunden
Oldershausen
Fahrenholz
Klosterberg
Marienthal
Kolnerberg
3,8
5,7
6,5
80
404
209
5d
5b

mittels einer Brücke über den Kanal ~ geradeaus nach Winsen hinein ~ am **Tönnhäuser Weg** rechts ~ geradeaus in die **Nordertorstraße** ~ links in die Fußgängerzone ~ am Platz von der Infostelle rechts halten Richtung Schlosspark.

„Marstall" von Winsen

Winsen s. S. 86

TIPP **Ab Winsen können Sie sich an der Beschilderung des Luhe-Radweges orientieren.**

Links am Schloss vorbei durch den **Schlosspark** ~ vor dem Fluss links ~ gleich danach rechts über die Fuß- und Radbrücke ~ nach der zweiten Brücke links auf den unbefestigten Radweg, laut Luhe-Radweg Schild ~ unter der Hansestraße hindurch ~ unter der Bahn hindurch ~ längere Zeit diesem schönen Radweg folgen ~ er geht über in einen Spurplattenweg ~ an der Gabelung links ~ an der T-Kreuzung links auf den rechtsseitigen Radweg ~ über eine Brücke ~ an der 4er-Kreuzung rechts in die Straße **In´n Lütten Busch** ~ beim kleinen runden Platz rechts in den Fuß- und Radweg.

In einer Linkskurve unter der Autobahn hindurch ~ nach der Unterführung der Linkskurve folgen ~ nach der Rechtskurve wird der Weg kurz befestigt ~ an der T-Kreuzung rechts auf die **Winsener Land-**

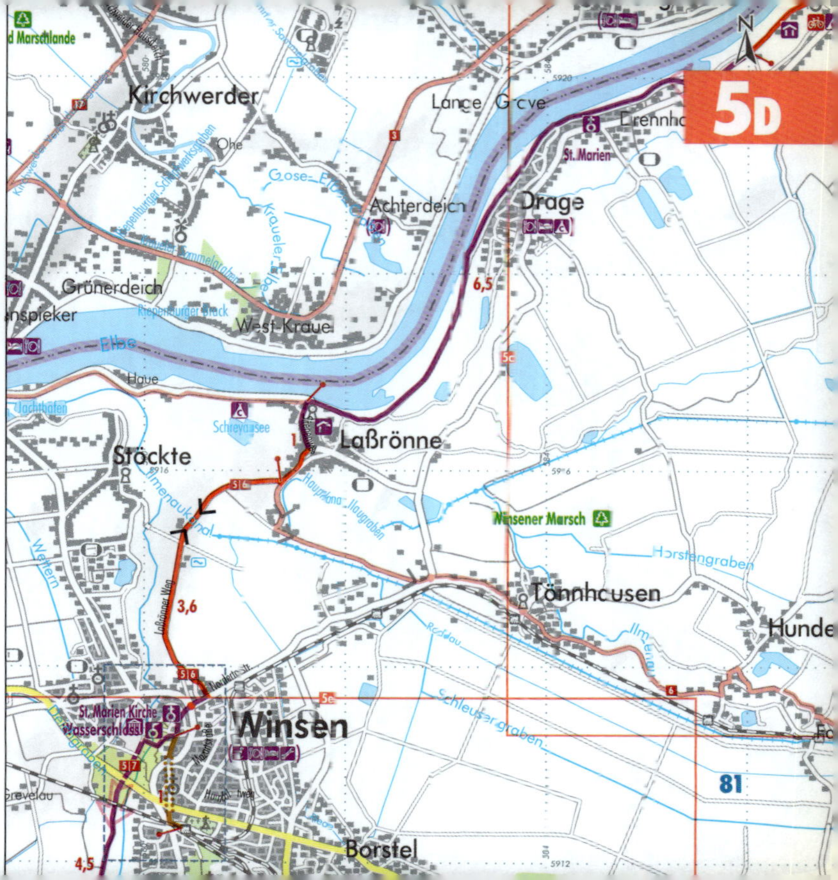

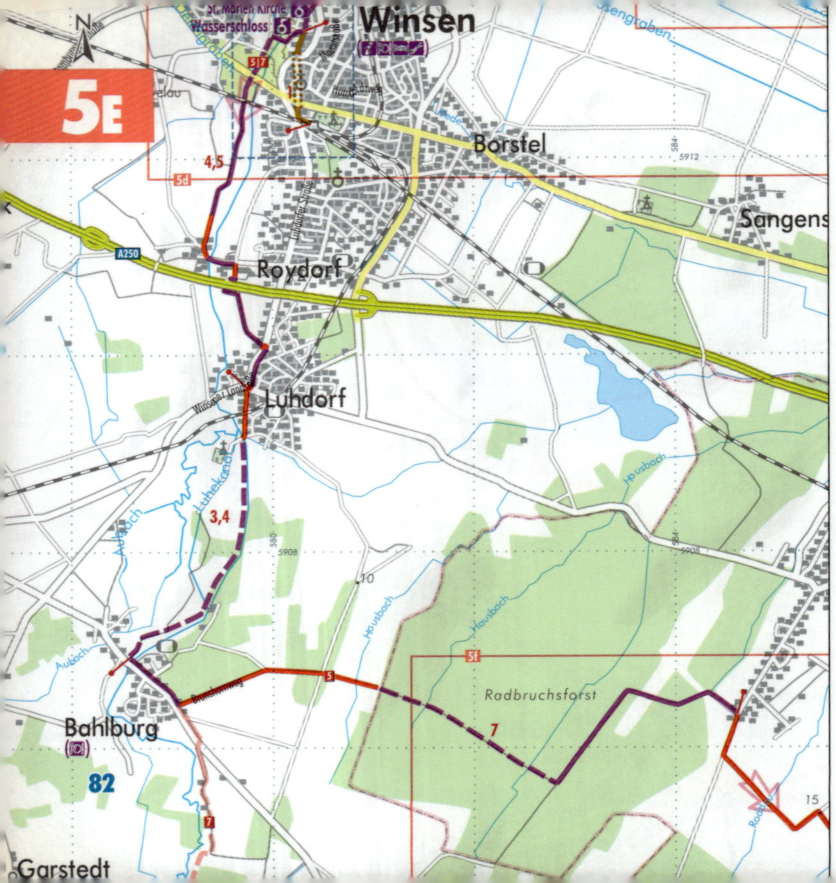

straße ⤳ in der großen Rechtskurve links in die **Radbrucher Straße** ⤳ gleich danach rechts in die 30er Zone **An der Luhe** ⤳ geradeaus über die Schienen ⤳ geradeaus über die 4er-Kreuzung ⤳ weiter auf dem unbefestigten Radweg links des Kanals ⤳ durch eine Allee ⤳ der Weg entfernt sich etwas vom Luhekanal ⤳ der Rechtskurve folgen, laut Radschild ⤳ nach der Linkskurve wird der Weg breiter und schließlich befestigt ⤳ an der Vorfahrtsstraße links.

Bahlburg

ANSCHLUSS Der Luhe-Radweg verläuft nun weiter Richtung Süden, s. Tour 7.

Von Bahlburg nach Lüneburg — *30,9 km*

Am Ortsende links in den **Brunshornweg** ⤳ durch eine Allee ⤳ der Rechtskurve folgen ⤳ weiter durch ein Waldstück ⤳ die 4er-Kreuzung geradeaus queren ⤳ an der folgenden Kreuzung geradeaus in den unbefestigten Weg ⤳ an der zweiten 4er-Kreuzung links in den größeren befestigten Weg ⤳ weiter im Radbruchsforst.

Radbruchsforst

Der Weg wird befestigt ⤳ an der 4er-Kreuzung rechts, laut Radschild ⤳ über eine kleine Brücke ⤳ der befestigten Linkskurve folgen ⤳ nach den Hochspannungsleitungen entlang der Rechtskurve ⤳ über eine Brücke und durch eine Allee ⤳ an der T-Kreuzung rechts Richtung Lüneburg ⤳ an der nächsten Möglichkeit links in das Asphaltband ⤳ der Linkskurve folgen und durch eine Allee ⤳ nach den Hochspannungsleitungen rechts ⤳ weiter zwischen Feldern und Wiesen ⤳ der Links-

5F
Bardowick
Adendorf
Mechtersen
Vögelsen
Ochtmissen
Kreideberg
Lüne-Moorfeld
Lüneburg
Weststadt
Reppenstedt
Dachtmissen
Forst Lüneburg
Dönnsenberg
Tappenshöhe
Westergellersen
Kirchgellersen
Wappenhorn
Oheberg
Osterberg
Tutenberg
Auf dem Berge
Weiber Berg
Goseburg-Zeltberg
Kloster Lüne
St. Nicolai
St. Michaelis
Brauereimuseum
Deutsches Salzmuseum
Kaltenmoor
Wilschenbruch
Oedeme
Bockelsberg
Hasenburger Mühlenbach
Gut Schnellenberg
Heiligenthal
Ilmenau
Im Kirchfelde
Dachtmisser Weg
Grüner-Jäger-Weg
Heiligenthaler Straße
bruchsforst
Hagen
83

kurve folgen ⇝ in Mechtersen der Rechtskurve folgen.

Mechtersen

An der T-Kreuzung links ⇝ an der Gabelung rechts Richtung Lüneburg in die Straße **Im Kirchfelde** ⇝ links beginnt ein Radweg ⇝ aus dem Ort hinaus ⇝ auf dem linksseitigen Radweg bis zum nächsten Ort.

Vögelsen

Im Ort rechts in den **Dachtmisser Weg** Richtung Kirchgellersen ⇝ auf dem linksseitigen Radweg aus Vögelsen hinaus ⇝ der langgezogenen Rechtskurve folgen ⇝ geradeaus durch den Ort **Dachtmissen** ⇝ auf dem linksseitigen Radweg bis Kirchgellersen.

Kirchgellersen

An der Ampelkreuzung bei der Kirche links ⇝ in der Linkskurve rechts in die **Heiligenthaler Straße** ⇝ gleich danach links in den **Böhmsholzer Weg** ⇝ vorbei am Seniorenheim ⇝ geradeaus durch eine Wohnsiedlung ⇝ weiter durch eine Allee ⇝ die 4er-Kreuzung geradeaus queren ⇝ der Linkskurve folgen ⇝ über eine kleine Brücke ⇝ kurz bergauf ⇝ im Wald der Rechtskurve folgen ⇝ am Spielplatz vorbe ⇝ auf dem Asphaltband durch den Wald ⇝ kurz bergab und der Rechtskurve folgen ⇝ an der Gabelung links ⇝ an der Vorfahrtsstraße rechts auf den rechtsseitigen Radweg ⇝ kurz bergauf ⇝ der Radweg endet hier.

In Lüneburg geradeaus über den ersten Kreisverkehr ⇝ weiter auf der Straße **Auf der Höhe** ⇝ der Rechtskurve folgen in die **Bögelstraße** ⇝ leicht bergab ⇝ beim Kreisverkehr links in die **Soltauer Straße** ⇝ rechts beginnt ein Radweg ⇝ an der großen Ampelkreuzung links in die **Rote Straße** ⇝ geradeaus in die Fußgängerzone ⇝ rechts in die Straße **Am Sande** ⇝ rechts halten in die **Altenbrücker Straße** ⇝ geradeaus über die große Ampelkreuzung ⇝ unter der Unterführung hindurch ⇝ an der ersten Möglichkeit links ⇝ kurz bergauf zum **Bahnhof Lüneburg**.

Lüneburg s. S. 74

Tour 6 Durch die Winsener Marsch 46 km

Ausgehend vom hübschen Städtchen Winsen radeln Sie bei dieser Tour durch eines der bekannten Marschgebiete rund um Hamburg. Ruhige Wirtschafts- und Dammradwege führen Sie durch die Winsener Marsch und entlang der Elbe, vorbei an kleinen Orten und wunderschöner, stiller Landschaft. Freuen Sie sich auf eine gemütliche, kurze Tagestour vor den Toren Hamburgs!

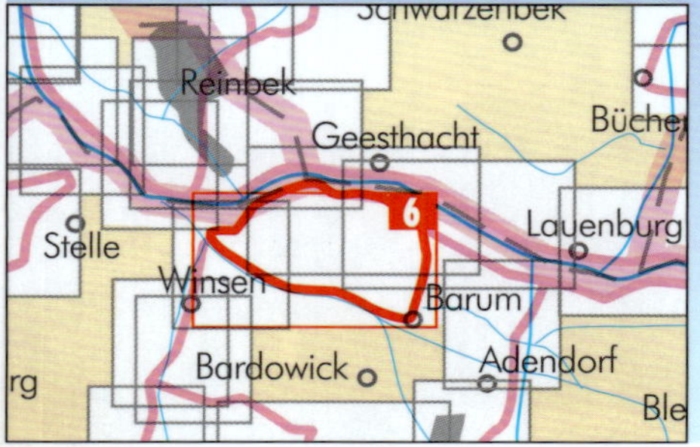

Charakteristik

Länge: 46 km

Start & Ziel: Winsen

Anreise: Mit der Bahn erreichen Sie Winsen in ca. 20 Minuten (von Hamburg aus), Sie können aber auch vom Elbe-Radweg ausgehend in diese Tour einsteigen.

Wegbeschaffenheit: Die Rundtour führt ausschließlich auf asphaltierten Wirtschaftswegen und (Damm-) Radwegen.

Verkehr: Mit Ausnahme der ersten Kilometer in Winsen werden Sie kaum auf motorisierten Verkehr treffen.

Beschilderung: Es gibt keine durchgängige Beschilderung für die gesamte Runde, allerdings folgen Sie in der ersten Hälfte immer wieder den Schildern des Radfernweges 12 und entlang der Elbe können Sie sich an den Schildern des gleichnamigen Radweges orientieren.

Winsener Wasserschloss

Steigungen: Die Strecke verläuft steigungsfrei.

Anschlusstouren: 3, 5, 7

„Marstall" von Winsen

Winsen (Luhe)

PLZ: 21423; Vorwahl: 04171

- **Bürgerinformation Stadt Winsen (Luhe),** Rathausstr. 11, ✆ 657121, www.winsen.de
- **Tourismusinformation**, Schlosspl. 11, ✆ 668075
- **Museum** im Marstall, ✆ 3419. Die Stadtgeschichte und Volkskunde zur Elbmarschkultur werden hier auf drei Etagen präsentiert. Hier können auch Stadt- und Schlossführungen gebucht werden.
- **St. Marien-Kirche** (1430), spätgotischer Bau mit neugotischem Turm, in dem zahlreiche Konzerte stattfinden
- **Wasserschloss**, direkt an der Luhe gelegen. Eine Wasserburg samt Zugbrücke wurde vermutlich schon im 13. Jh. errichtet, sein heutiges Aussehen erhielt das Wasserschloss jedoch unter Herzogin Dorothea um 1600. Heute beherbergt das schöne Backsteinschloss samt dazugehörigem Marstall Veranstaltungsräume, eine Bücherei und ein Museum.
- **Historisches Rathaus**
- **Heide-Express,** Nostalgiefahrten in rund 50 Jahre alten Eisenbahnwaggons zu verschiedensten Zielen in der Umgebung, www.heide-express.de
- **Radsport + Touristik GmbH**, Bahnhofstr. 51, ✆ 781667
- **Timm-Fahrräder**, Luhdorfer Str. 21-23, ✆ 705123

Die Entwicklung der rund 900 Jahre alten Stadt Winsen wurde schon früh durch die Aufschüttungen an der Luhe begünstigt, als Pass der Heerstraße wurde Winsen bereits im 12. Jahrhundert erwähnt. Rund 100 Jahre später entstand die bis heute bestens erhaltene Wasserburg, wo bereits damals ein wichtiger Verwaltungsmittelpunkt für die umliegenden Regionen entstehen konnte. Bis heute ist Schloss Winsen Sitz von Behörden und öffentlichen Institutionen. Als Mittelzentrum nahe Lüneburg und Hamburg konnte sich Winsen auch als Wirtschaftsstandort gut behaupten, rund 33.000 Menschen wohnen heute in der Geburtsstadt von Johann Peter Eckermann. Allen Goethe-Fans ist dieser Name ein Begriff, denn der berühmteste Sohn Winsens war in den letzten 10 Jahren der Gefährte Goethes. Nicht als Sekretär, sondern vielmehr als Freund und Gesprächspartner verhalf Eckermann dem Dichterfürsten zu manch wichtigen Notizen. Berühmt gemacht haben ihn erst sehr spät seine Aufzeichnungen „Gespräche mit Goethe in den letzten Jahren seines Lebens", die mittlerweile in mehrere Sprachen übersetzt wurden und in Deutschland zur – wenn auch umstrittenen – Literaturgeschichte zählen.

Radbrücke in Winsen

Von Winsen nach Tespe **24,7 km**

Die Tour startet am **Bahnhofsplatz** von Winsen ⤳ links in die **Bahnhofstraße** ⤳ der Rechtskurve folgen ⤳ geradeaus über die Ampelkreuzung ⤳ weiter auf dem Radstreifen ⤳ geradeaus in die Fußgängerzone ⤳ nach der Kirche rechts in die **Nordertorstraße** ⤳ geradeaus in den **Tönnhäuser Weg** ⤳ links in den **Sielhöfer Weg** ⤳ dieser geht über in den **Laßrönner Weg** ⤳ auf diesem hinaus aus Winsen ⤳ kurz bergauf und mittels einer Brücke über den Kanal ⤳ kurz bergab ⤳ an der T-Kreuzung rechts ⤳ an der Gabelung links halten ⤳ kurz bergauf ⤳ links Richtung Tönnhausen ⤳ weiter auf dem Dammradweg ⤳ an der Vorfahrtsstraße links Richtung Tönnhausen ⤳ gleich danach rechts Richtung Oldershausen ⤳ auf dem linksseitigen Radweg nach Tönnhausen.

Marschgebiete

Entlang der nordwestdeutschen Küsten und Flüsse haben sich bis heute nacheiszeitliche Schwemmlandgebiete entwickelt, flache Landstriche an der Nordseeküste, aber auch entlang der Flüsse Elbe, Weser, Eider und Oste bieten ideale Bedingungen für fruchtbare Böden. Durch Entwässerugssysteme aus Gräben und Pumpstationen werden die Marschlande trocken gehalten, ansonsten würden sich diese in unbewohnbare Moorgebiete verwandeln. Die Marschlande rund um Hamburg werden hauptsächlich für Obst-, Gemüse- und Blumenanbau genutzt, das bekannteste davon ist sicherlich das sogenannte „Alte Land", wo sich eines der größten Obstbaugebiete Europas befindet. Auch das ausgeglichene Klima durch die küstennahe Lage verhindert meist Fröste und fördert das Gedeihen sämtlicher Gemüse- und Blumensorten.

Tönnhausen

Leicht kurvig durch den Ort ⤳ in der starken Linkskurve rechts in die Straße **Ilmenaudeich** ⤳ an der Gabelung links ⤳ auf dieser Straße aus dem Ort hinaus ⤳ in der starken Linkskurve geradeaus auf den Spurplattenweg mit Grasnarbe ⤳ an der T-Kreuzung links Richtung

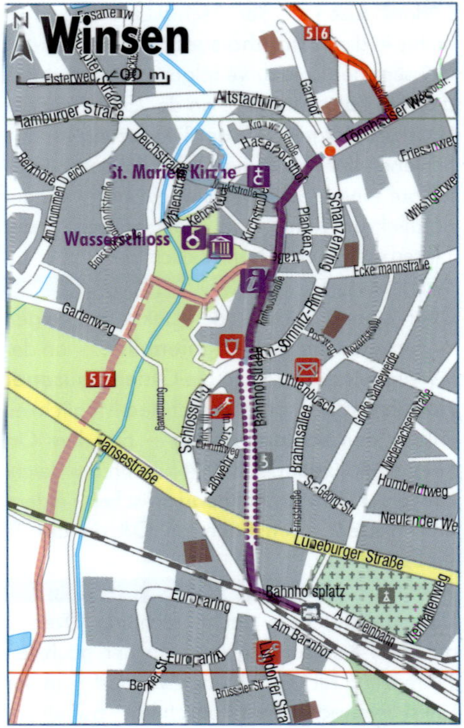

Oldershausen ⤳ der Rechtskurve folgen ⤳ rechts in die **Fahrenholzer Straße** ⤳ vor den Häusern der Linkskurve folgen ⤳ kurvig durch den Ort **Fahrenholz** ⤳ an der Gabelung der Linkskurve folgen ⤳ an der T-Kreuzung vor den Schienen links Richtung Oldershausen ⤳ weiter auf einem Spurplattenweg, immer wieder parallel zum Kanal ⤳ in Oldershausen an der T-Kreuzung rechts, laut Radschild.

Oldershausen

Über eine Brücke ⤳ der Linkskurve folgen ⤳ durch die Straße **Kastanienallee** ⤳ an der Vorfahrtsstraße rechts in die **Oldershausener Hauptstraße** ⤳ an der nächsten Möglichkeit links in den **Schlaugenweg** ⤳ aus dem Ort hinaus und unter der B 404 hindurch ⤳ leicht kurvig auf dem Asphaltband zwischen Feldern und Wiesen ⤳ im nächsten Ort an der T-Kreuzung links.

Horburg

Über die Brücke ⤳ rechts Richtung Over ⤳ an der T-Kreuzung links ⤳ an der nächsten T-Kreuzung rechts Richtung Avendorf ⤳ in der Linkskurve rechts, laut Radschild ⤳ auf einem Spurplattenweg bis zur Vorfahrtsstraße ⤳ hier links auf den rechtsseitigen Radweg ⤳ auf der **Bütlinger Straße** durch den Ort.

Bütlingen

Am Ende des Ortes der starken Rechtskurve folgen ⤳ auf dem rechtsseitigen Radweg aus Bütlingen hinaus ⤳ weiter bis zum nächsten Ort.

Tespe

Auf dem rechtsseitigen Radweg geradeaus durch den Ort ⤳ an der Vorfahrtsstraße geradeaus zum Elbe-Radweg.

ANSCHLUSS In Tespe können Sie auch in Tour 3 einsteigen, die entlang des Elbe-Radweges bis Hitzacker bzw. am Nordufer wieder zurück bis Hamburg führt.

Tespe

Von Tespe nach Winsen *21,3 km*

Die Vorfahrtsstraße queren und links auf den Damm ⤳ auf der **Elbuferstraße** Richtung Hamburg ⤳ an der Kreuzung, an der es links nach Lüneburg geht, rechts an der Schranke vorbeifahren ⤳ auf den Radweg zum Damm hoch ⤳ die Brücke unterqueren.

TIPP Kurz davor zweigt nach rechts ein gepflasterter Pfad ab, der Sie zur Brücke über die Elbe hinaufträgt. Dort gelangen Sie auf dem straßenbegleitenden Radweg zum anderen Ufer nach Geesthacht.

Auf dem Damm weiter nach **Stove** ⤳ an der T-Kreuzung links und gleich wieder rechts auf den Weg, der unterhalb des Dammes verläuft.

Drage

Am Ende des Ortes rechts auf den Damm hochfahren ⤳ auf dem asphaltierten Dammradweg weiter bis Laßrönne.

Laßrönne

Links in den **Sirenenweg** auf den rechtsseitigen Radweg ⤳ rechts in den **Seebrückenweg** ⤳ an der Gabelung rechts ⤳ nach dem Ort rechts Richtung Winsen.

6
Geesthacht
Altengamme
Stove
Elbstorf
Kirchwerder
Lange Grove
Schwinde
Fönne
Niedermarschacht
Drennhausen
St. Marien
Ohe
Gose-Elbe
Achterdeich
Drage
Krümse
Marschacht
Obermarschacht
Krümmel
Hochseilgarten
Weinberg
Stausee
Elbe
West-Krauel
Haue
Schreyersee
Laßrönne
Stöckte
Tespe
Eichholz
Winsener Marsch
Horstengraben
Tönnhausen
Hunden
Bütlingen
Oldershausen
Fahrenholz
Winsen
Schleusengraben
Roddau
Ilmenau
Neetze
Laßrönner Weg
Marien-Kirche
Schloss
Horburg
6,5
3,8
5,7
1
2,2
3,6
4,2
3,5
5,2
5
404

Tour 7 Luhe-Radweg 60 km

Von der Elbe bis in die Lüneburger Heide führt Sie der Luhe-Radweg durch angenehm ruhige Landschaft und einige hübsche Städtchen. Besonders Winsen, dem Startpunkt der Tour, sollten Sie Ihre Aufmerksamkeit schenken – einen Spaziergang durch die nette Altstadt und vorbei am alten Wasserschloss sollten Sie auf jeden Fall einplanen. Einige Kilometer weiter südlich haben Sie dann die Wahl zwischen erfrischendem Waldbad, mystischen Großsteingräbern und der Oldendorfer Mühle, wo Sie nach einer gesunden Stärkung weiter Richtung Heidelandschaft radeln. In Bispingen, nahe der Luhequelle, erwarten Sie noch die Erlebniswelt Iserhatsche und „tropisches Badevergnügen" mitten in der Lüneburger Heide.

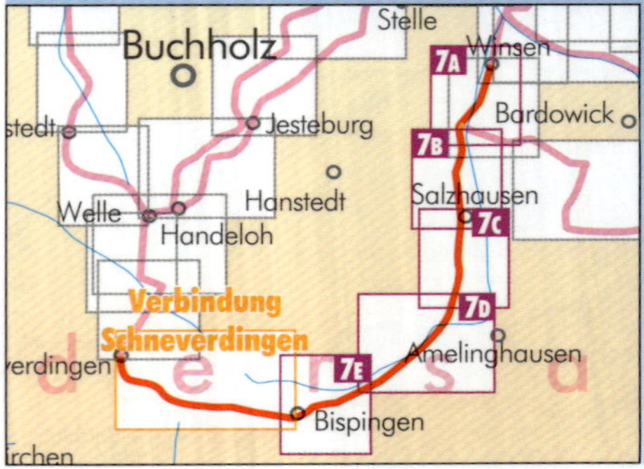

Charakteristik

Länge: 60 km

Start: Winsen

Ziel: Luhe-Quelle bzw. Bispingen

Anreise: Mit der Bahn erreichen Sie Winsen von Hamburg aus in ca. 20 Minuten, Sie können aber auch vom Elbe-Radweg ausgehend in diese Tour einsteigen.

Rückreise: Entweder Sie fahren mit dem Bus von Bispingen zurück nach Hamburg – diese Verbindung ist allerdings unregelmäßig und kann von einer bis zu drei Stunden dauern – oder mit dem gratis Heide-Shuttle (s. S. 9) bis Schneverdingen und von dort aus per Bahn nach Hamburg. Oder Sie radeln von Bispingen noch 16 km weiter nach Schneverdingen, hier haben Sie eine gute Zugverbindung nach Hamburg.

Wegbeschaffenheit: Die Wegequalität ist grundsätzlich gut, allerdings müssen Sie immer wieder, vor allem gegen Ende der Tour, mit unbefestigten Abschnitten rechnen.

Verkehr: Sobald Sie Winsen verlassen haben, radeln Sie nur mehr auf Wegen und Straßen mit wenig bis gar keinem motorisierten Verkehr.

Beschilderung: Der Luhe-Radweg ist in beide Richtungen durchgehend gut ausgeschildert.

Steigungen: Im letzten Drittel der Tour werden Sie auf einige, wenn auch nicht allzu schwierige, Steigungen treffen.

Tipp: www.luhe-radweg.de

Anschlusstouren: 3, 5, 6, 8, 9

Luhe-Radweg-Beschilderung

Winsen s. S. 86

ANSCHLUSS Per Elbe-Radweg (Tour 3) und einem kurzen Stück der Tour 6 können Sie auch direkt von Hamburg aus starten und bis zum Startpunkt in Winsen radeln.

Von Winsen nach Salzhausen *17,8 km*

Die Tour startet am **Bahnhofsplatz** von Winsen → links in die **Bahnhofstraße** → der Rechtskurve folgen → geradeaus über die Ampelkreuzung → weiter auf dem Radstreifen → geradeaus in die Fußgängerzone → links in die **Plankenstraße** → links halten und vorbei an der Touristifo → über den Platz → links am Schloss vorbei durch den Schlosspark → vor dem Fluss links → gleich danach rechts über die Fuß- und Radbrücke → nach der zweiten Brücke links auf den kurz unbefestigten Radweg, laut Luhe-Radweg Schild → unter der Hansestraße hindurch → unter der Bahn hindurch → längere Zeit diesem schönen Radweg folgen → er geht über in einen Spurplattenweg → an der Gabelung links → an der T-Kreuzung links auf den rechtsseitigen Radweg → über eine Brücke → an der 4er-Kreuzung rechts in die Straße **In´n Lütten Busch** → beim kleinen runden Platz rechts in den Fuß- und Radweg → in einer Linkskurve unter der Autobahn hindurch → nach der Unterführung der Linkskurve folgen → nach der Rechtskurve wird der Weg kurz be-

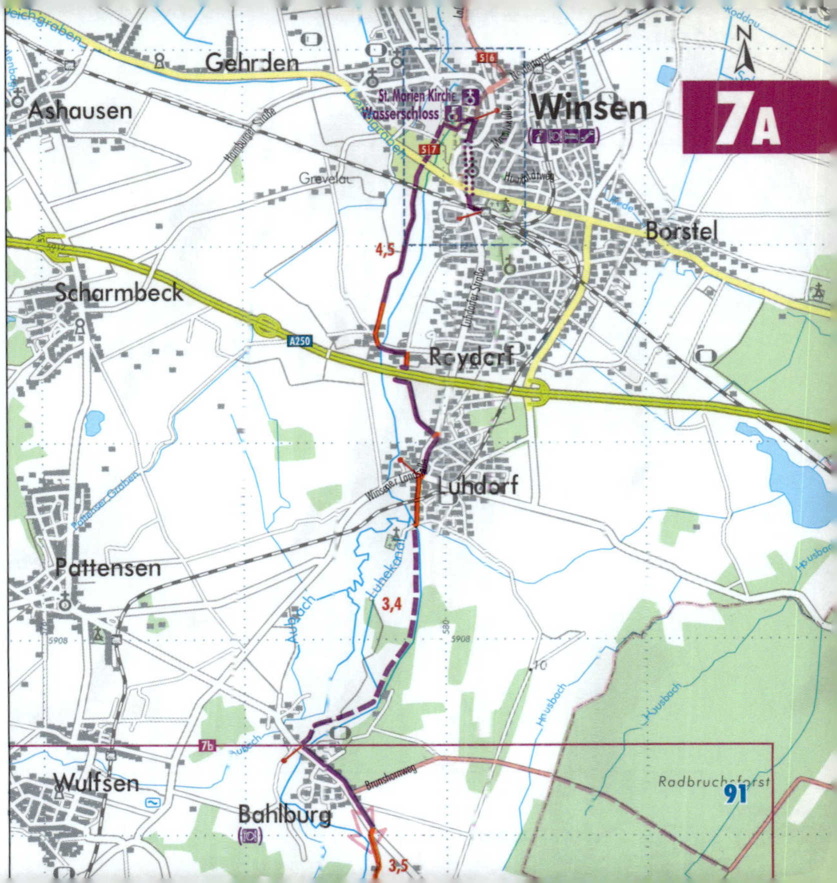

festigt ⇝ an der T-Kreuzung rechts auf die **Winsener Landstraße** ⇝ in der großen Rechtskurve links in die **Radbrucher Straße.**

Luhdorf

Gleich danach rechts in die 30er Zone **An der Luhe** ⇝ geradeaus über die Schienen ⇝ geradeaus über die 4er-Kreuzung ⇝ weiter auf dem unbefestigten Radweg links des Kanals ⇝ durch eine Allee ⇝ der Weg entfernt sich etwas vom Luhekanal ⇝ der Rechtskurve folgen, laut Radschild ⇝ nach der Linkskurve wird der Weg breiter und schließlich befestigt ⇝ an der Vorfahrtsstraße links.

Bahlburg

ANSCHLUSS In Bahlburg können Sie zu Tour 5 wechseln und nach Lüneburg radeln, s. S. 82.

Auf dem linksseitigen Radweg durch den Ort ⇝ kurz nach dem Ort an der Gabelung rechts in die schmale Straße ⇝ über alte, verwachsene Gleise ⇝ nach den letzten Häusern wird der Weg unbefestigt ⇝ an der Kreuzung rechts, laut Radwegschild ⇝ leicht bergauf ⇝ an der asphaltierten T-Kreuzung rechts ⇝ über eine Brücke ⇝ in der Rechtskurve nach dem Rastplatz links Richtung Salzhausen.

TIPP Der Weg führt direkt an einer Grillhütte vorbei, Infos über die Nutzung der Hütte gibt es bei der Tourist Information in Salzhausen.

Es geht entlang des **Luhe-Kanals** ⇝ nach der Rechtskurve wird der Weg unbefestigt ⇝ nach dem Haus **Schnede** an der T-Kreuzung links ⇝ der Rechtskurve folgen ⇝ schnurgerade Richtung Salzhausen.

INS ZENTRUM Wer ins Zentrum von Salzhausen möchte, fährt hier geradeaus weiter.

Salzhausen

PLZ: 21376; Vorwahl: 04172

- **Haus des Gastes**, Rathauspl. 1, ✆ 909915, www.salzhausen.de
- **Feuerwehrmuseum**, im Schlauchturm von 1902, ÖZ: Mai-Sept. 9-17 Uhr
- **St.-Johannis Kirche**, mit Bronzetaufbecken
- **Kanufahrten** auf der Luhe
- **Waldbad**, beheizt

Von Salzhausen nach Bispingen — *37,4 km*

Bei den ersten Häusern von Salzhausen links im spitzen Winkel Richtung Luhmühlen ⇝ an der Kläranlage vorbei ⇝ an der T-Kreuzung links ⇝ eine starke Rechtskurve führt in den Ort Luhmühlen.

Luhmühlen

In Luhmühlen befindet sich ein Ausbildungszentrum für Vielseitigkeitsreiterei, nationale und internationale Reitmeisterschaften werden auf dem Gelände in Luhmühlen ausgetragen.

Geradeaus durch den Ort ⇝ geradeaus über die Alte Dorfstraße ⇝ auf einem Spurplattenweg durch die Wohnsiedlung ⇝ an der Gabelung links ⇝ geradeaus über die kleine 4er-Kreuzung ⇝ an der Vorfahrtsstraße links Richtung Wetzen ⇝ an der nächsten Möglichkeit links, laut Radschildern ⇝ auf diesem Landwirtschaftsweg der asphaltierten Rechtskurve folgen ⇝ auf dieser Straße bis nach Putensen ⇝ im Ort der Rechtskurve folgen ⇝ an der Vorfahrtsstraße links.

Putensen

Über eine Brücke ⇝ an der Gabelung links ⇝ es geht hinaus aus Putensen ⇝ an der 4er-Kreuzung rechts Richtung Wetzen ⇝ der Rechtskurve folgen ⇝ an der Vorfahrtsstraße in Wetzen geradeaus.

Wetzen

Es geht leicht bergab ⇝ geradeaus aus dem Ort hinaus ⇝ an der

T-Kreuzung rechts Richtung Soderstorf ~ in Oldendorf an der Vorfahrtsstraße rechts ~ gleich nach der Brücke links ~ an der nächsten Möglichkeit rechts.

Oldendorf (Luhe)

PLZ: 21385; Vorwahl:

- **Archäologisches Museum**, Amelinghausener Str. 16a. In einer denkmalgeschützten niedersächsischen Rauchkate wurden „Wohnungen für die Ewigkeit" geschaffen, als Ergänzung zur 5.700 Jahre alten Oldendorfer Totenstatt.
- **Oldendorfer Totenstatt**, Großsteingräber im Luhetal – 3700 v. Chr.
- **Mühle Oldendorf** (1886), Mühlenweg 1. Südlich von Oldendorf, nördlich der Einmündung der Lopau in die Luhe, finden Sie eine der größten Mühlen im Landkreis Lüneburg. Seit 1994 wird hier wieder Getreide gemahlen, mit modernster Umwelttechnik. Hochwertige Spezial- und Vollkornprodukte werden hier hergestellt und verkauft.

An der Vorfahrtsstraße links ~ auf dem rechtsseitigen Radweg hinaus aus dem Ort ~ in einer langgezogenen Linkskurve rechts weg, laut Radschild ~ in den Wald Richtung Soderstorf ~ Richtung Hof Eichenstein ~ kurz bergab ~ an der Gabelung links halten ~ direkt vor dem Haus rechts in den schmalen unbefestigten Weg **Alter Postweg** ~ der Rechtskurve folgen ~ an der 4er-Kreuzung links ~ an der T-Kreuzung rechts ~ über eine kleine Brücke ~ kurz bergauf ~ an der 4er-Kreuzung links Richtung Soderstorf ~ dem hügeligen Straßenverlauf folgen ~ dem Radschild nach links Richtung Soderstorf folgen ~ leicht bergab ~ auf der **Wohlenbütteler Straße** in den Ort hinein.

Skulptur bei Bispingen

Soderstorf

- **Wassermühle** aus dem 15. Jh., schönes Fachwerkgebäude im Wald an der Luhe mit traditionellem Backhaus und einem 6 m hohen Wasserrad

Der Linkskurve folgen ~ an der Vorfahrtsstraße links auf den linksseitigen Radweg ~ an der nächsten Möglichkeit links Richtung Gut Thansen ~ nach der Brücke rechts in die **Bahnhofstraße** ~ über die Gleise ~ auf dem gepflasterten Weg geht es in ein Landschaftsschutzgebiet ~ vorbei am **Gut Thansen** ~ an der Gabelung rechts halten ~ weiter auf dem unbefestigten Weg ~ im Wald an der 4er-Kreuzung rechts ~ ab hier geht es auf befestigtem und leicht hügeligem Weg weiter ~ an der folgenden 4er-Kreuzung geradeaus in den unbefestigten Weg hinein ~ zwischen Wiesen und Wald längere Zeit auf einem unbefestigten Weg ~ an der T-Kreuzung im Wald rechts halten ~ an der Vorfahrtsstraße links ~ an der nächsten Möglichkeit rechts Richtung Steinbeck ⁓ unbefestigt in den Wald hinein ⁓ kurz bergab ⁓ der Weg wird befestigt.

Steinbeck

An der T-Kreuzung rechts ⁓ gleich danach links in die Straße **Hinter der Luhe** ⁓ direkt nach der Ortstafel rechts in die Straße **Spöktal** ⁓ der Weg wird unbefestigt ⁓ am Hotel vorbei ⁓ an der T-Kreuzung rechts ⁓ an der Vorfahrtsstraße links Richtung Soltau ⁓ gleich danach rechts in den **Hützeler Damm** Richtung Borstel ⁓ kurz vor der Bahn links in die Straße **Zum Wintersberg** ⁓ vor dem Tor mit reetgedecktem Dach links ⁓ vorbei an einem Reitstall ⁓ an den Pollern vorbei ⁓ links halten ⁓ der Rechtskurve folgen und vorbei am Freibad ⁓ auf der Straße **Trift** vor bis zur Vorfahrtsstraße ⁓ hier links auf die **Borsteler Straße** ⁓ am rechtsseitigen Radweg in den Ort hinein.

Bispingen

PLZ: 29646; Vorwahl: 05194

- **Bispingen-Touristik**, Borsteler Str. 6, ✆ 39850
- **Ole Ker**, alte Feldsteinkirche (1353)
- **Landschaftspark Iserhatsche**, Nöllestr. 40, ✆ 1206, ÖZ: April-Okt. 10-18 Uhr, Nov.-März 11-16 Uhr. Erlebniswelt mit Jagdschloss (1914), dem Burgberg Montagnetto, der in ein terras-

senartiges Seensystem eigebunden ist, einer Brotbackofengrotte und einem philosophischen Barockgarten.

- ✲ **Snow Dome**, Horstfeldweg 9, ✆ 43110. An 365 Tagen im Jahr können Sie hier mitten in der Lüneburger Heide Neuschnee genießen. Für Anfänger wie für Fortgeschrittene gibt es eigene Bereiche und Animationsprogramme – samt Hüttenzauber und Après-Ski-Parties.
- ✲ **Center Parcs Bispinger Heide**, Töpinger Str. 69, ✆ 01805/727524, Tropen-Badespaß und Wellnessanlage
- ✲ **Erlebnis-Waldspielplatz Luhegrund**, mit Grillplatz, 1,5 km außerhalb von Bispingen, Anmeldung für Grillplatz: ✆ 7650
- **Luhetalbad**, Trift 19, ✆ 974239

ANSCHLUSS Wer nach Schneverdingen radeln möchte, biegt hier rechts in die Bahnhofstraße. Von Schneverdingen aus haben Sie einerseits eine gute Bahnverbindung nach Hamburg, andererseits können Sie über eine kurze Verbindungstour an den Seeve- und Este-Radweg anschließen s. Tour 8 und 9.

TIPP Wer für die Verbindungstour nach Schneverdingen, Bahnhof Wintermoor oder Handeloh das Rad lieber gegen eine Busfahrt tauschen möchte, kann hier auf den kostenlosen Heide-Shuttle umsteigen, s. S. 9.

TIPP Apropos Bus: Es gibt auch eine Busverbindung zwischen Bispingen und Hamburg, die Fahrzeiten reichen allerdings von einer bis zu drei Stunden, bitte unbedingt vorher genau erkundigen.

TIPP Um zur Luhequelle zu gelangen, folgen Sie der weiteren Wegbeschreibung.

Von Bispingen zur Luhequelle — *4,4 km*

Nach der Kirche in der Kurve links in die **Töpinger Straße** in der Linkskurve rechts, laut Schild

Luhe-Quelle

zur Luhequelle ~ vorbei am Sportplatz ~ der Weg wird unbefestigt und geht in den Wald hinein ~ leicht hügelig ~ unter einer Straße hindurch ~ vorbei am Spiel- und Rastplatz ~ in der folgenden Linkskurve rechts in den kleinen unbefestigen Weg ~ der Weg ist schlecht zu befahren ~ kurz bergauf und bei der asphaltierten Straße rechts ~ vor den Schienen links in den Waldweg ~ links dem Radschild zur Luhequelle folgen.

TIPP Ab hier müssen Sie das Rad schieben. Die Quelle befindet sich rechts bei den zwei kleinen Teichen.

Variante nach Schneverdingen 20 km

In Bispingen in die **Bahnhofstraße** ~ nach den Schienen links in den **Steinkenhöfener Weg** ~ nach dem letzten Hof der Rechtskurve folgen ~ unter der A 7 hindurch ~ an der ersten Möglichkeit rechts schnurgerade nach **Steinkenhöfen** ~ an der T-Kreuzung rechts ~ gleich wieder links ab ~ an der T-Kreuzung links in die **Seestraße** ~ bei den ersten Häusern links in den Weg **Rosenhoftrift** ~ dem kurvigen Weg bis Rosenhof folgen ~ nach der Siedelung rechts ~ geradeaus führt der Weg nach Behringen ~ vor dem Ort an der Gabelung links halten ~ an der Hauptstraße links.

Behringen

Nach ca. 300 m rechts halten ~ die folgende Straße geradeaus queren ~ an der kommenden T-Kreuzung rechts ~ in **Tütsberg** im spitzen Winkel links ab ~ für rund 5 km dem Weg folgen ~ an der Vorfahrtsstraße links ~ kurz danach rechts ~ an der folgenden Straße rechts ~ auf dem Radweg geht es nach Schneverdingen hinein ~ nach

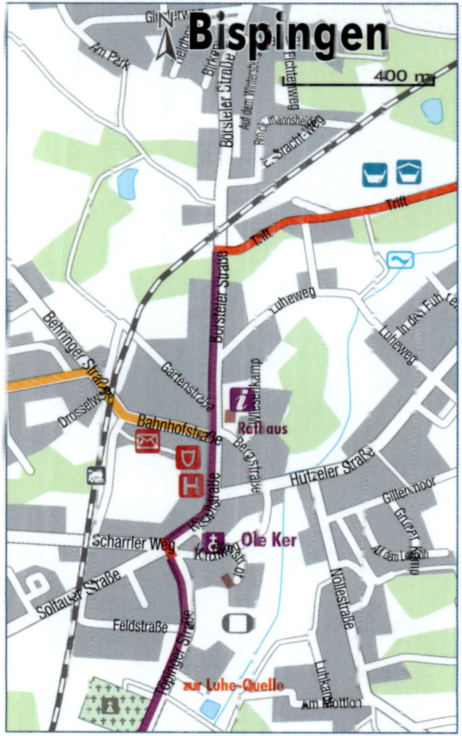

Verbindung
Schneverdingen
Heidegarten
Heimatmuseum
Lönsstein
B3
Am Markt
Osterwaldweg
Schafstall
Peter und Paul-Kirche
Eine-Welt-Kirche
0,8
1,8
7
9
3
4,7
3,2
2,6
1,8
2,4
2
2,2
Tütsberg
175
Hengstberg
105
Behringen
Brunausee
Snow Dome
A7
7e
Siedlung Neu Borstel
Steinkenhöfen
Hasselhof
Pietzmoor
Pietz
K28
K33
Scharrl
Lüneburger Heide
Wieckhorst
Heber
Haesbeck
Hemsen
Langeloh
Surbostel
Gröps
Hillern
Timmerloh
Soltauer Straße
Borsteler Straße
Bispinger Straße
Ole Kerk
Landschaftspark Iserhatsche
Center Parcs Bispinger Heide
Luhequelle
Mützenberg
Volk
Wümme
Brunau

den Gleisen links in die Straße **Am Bahnhof** ⁓ dem Schild nach links zum Bahnhof folgen.

TIPP Durch Schneverdingen verläuft auch der Wümme-Radweg. Als Rundweg angelegt, führt er von Rothenburg (Wümme) in die Lüneburger Heide und in den Osten bis nach Bremen.

Schneverdingen

PLZ: 29640; Vorwahl: 05193

- **Schneverdingen Touristik**, Rathauspassage 18, ✆ 93800, www.schneverdingen-touristik.de
- **Heimatmuseum „De Theeshof"**, Langelohsberg/Hansahlener Dorfstraße, ✆ 2199. Die bäuerliche Wohn- und Arbeitswelt zwischen 1850 und 1950 wird hier ausgestellt. Zusätzlich finden hier Theateraufführungen, Lesungen und Filmabende statt.
- **Peter- und Paul-Kirche** (18. Jh.)
- **Eine-Welt-Kirche**, Heberer Straße. Im Rahmen der Expo 2000 wurde diese besondere Kirche aus Holz erbaut. Einzigartig dabei ist der sogenannte „Eine-Erde-Altar", der aus rund 7.000 Erdproben aus den verschiedensten Ländern der Welt in Plexiglasbüchern errichtet wurde.
- **Schnuckenherde** im Schafstall in Höpen, ÖZ: April-Okt.
- **Heideblütenfest**. Jedes Jahr findet Ende August das bekannte Heideblütenfest statt. Mit Konzerten, einem Festumzug durch die Stadt und dem Höhepunkt des Festes, der Krönung der Heidekönigin, werden jährlich rund 40.000 Besucher zu dem mehrtägigen Spektakel angelockt.
- **Sonnenuhr**, Schulstraße. Mit 16 m Höhe und einem Durchmesser von 30 m steht Deutschlands größte Sonnenuhr hier in Schneverdingen. Findlinge bilden das Zifferblatt und ein schräger Metallstab dient als Uhrzeiger.
- **Schäferabende**, Juli-Sept., jeden zweiten Fr, genaue Infos dazu bei Schneverdingen Touristik
- **Musikabende und Lesungen**, in den Sommermonaten, genaue Infos dazu bei Schneverdingen Touristik
- **Heidegarten**, Höpen. Mehr als 130 Heidesorten und ca. 120.000 Pflanzen können bei einem Spaziergang durch den weitläufigen Garten erkundet werden. Informationstafeln

auf dem eigens angelegten Naturlehrpfad informieren über Fauna, Flora und Bewirtschaftung der Heidelandschaft.

- **Heidjers Wohl**, Osterwaldweg 8, ✆ 988828, Erlebnisbad und Sauna
- **Quellenbad**, Inseler Straße, ✆ 3533, Natur-Freibad
- **Fintel**, Harburger Str. 9a, ✆ 6226
- **Scheer**, Heinrich-Loose-Str. 5, ✆ 4194
- **Wanitzek**, Fritz-Reuter-Str. 5, ✆ 1214
- **Pedalo**, Schulstr. 10, ✆ 800120
- **Schlußnus**, Freudenthalstr. 3, ✆ 2605

Heute zählt die Kleinstadt am Rande der Lüneburger Heide rund 20.000 Einwohner. Dass dem nicht immer so war, liegt vor allem an den kargen Heideflächen und der mühevollen Viehhaltung in den Zeiten vor der Erfindung des Kunstdüngers und den Handwerksbetrieben. Ab dem 19. Jahrhundert konnten sich verschiedenste Berufe entwickeln, vor allem jener der Lederverarbeitung: in den besten Jahren waren rund 300 Schuhmacher in Schneverdingen tätig.

Der wirklich große wirtschaftliche Aufschwung, verbunden mit guter Infrastruktur und hohem Bevölkerungswachstum kam jedoch erst nach dem Zweiten Weltkrieg. Bahnverbindungen nach Hamburg und Hannover, mehr als 1.000 Betriebe aus den Bereichen Handwerk, Handel und vor allem Dienstleistung ließen Schneverdingen zu einem wichtigen touristischen Zentrum in der Lüneburger Heide aufsteigen.

Lüneburger Heide

Heidelandschaft

Mitten im Städtedreieck Hamburg – Bremen – Hannover liegt die größte zusammenhängende Heidelandschaft Europas. Seit 1921 ist das rund 23.000 Hektar große Gebiet rund um den Wilseder Berg auch unter Naturschutz gestellt.

Entstehen konnte diese ganz besondere Art der Landschaft durch das frühe Abholzen der ursprünglichen Vegetation, sprich Eichen- und Hainbuchenwälder. Da die freigelegten Böden mehr sandig und nährstoffarm denn fruchtbare Ackerböden waren, konnte sich im Laufe der Zeit die Heide entwickeln. Um die Aufforstungsversuche im 19. Jahrhundert zu stoppen, wurde das Gebiet schließlich auch unter Naturschutz gestellt. Heute sind die violettblühenden Heideflächen mit ihren Fachwerkstädten und romantischen Flusslandschaften weit über die Grenzen Deutschlands für Ruhe und Erholung bekannt. Man könnte fast meinen, die Zeit sei hier stehengeblieben. Schäfer durchstreifen wie anno dazumal mit ihrer Heidschnuckenherde und dem dazugehörigen Hirtenhund die weiten Heideflächen. Spaziergänger, Radfahrer und Reitpferde kreuzen den Weg. Alles hier ist etwas ruhiger, beschaulicher und echter als in so manch anderer Gegend.

Kraftfahrzeuge sind hier absolut tabu, die Ruhe wird lediglich vom Lärm der Kutschenräder und leisem Gemurmel oder Geschirrgeklapper unterbrochen. Denn in den gemütlichen Heideorten wird kulinarische Tradition groß geschrieben.

Tour 8 Seeve-Radweg 78 km

Von der Lüneburger Heide an die Elbe und zurück – so oder so ähnlich verläuft der Seeve-Radweg, ganz wie Sie es möchten. Denn wer nicht die gesamten rund 100 Kilometer auf einmal radeln will, kann die Tour auch in drei Runden unterteilen. Im südlichen Abschnitt geht es, zum Teil auf unbefestigten Wegen, entlang von hübschen Wassermühlen und kleinen Heide-Dörfern. Die mittlere Tour führt dann vorbei an der Kunststätte Bossard über Jesteburg bis zur nördlichen Runde. Im Gebiet zwischen Maschen und Elbe radeln Sie einerseits über den größten Rangierbahnhof Europas, andererseits liegt auch das interessante Naturschutzgebiet „Seevengeti" auf Ihrer Route.

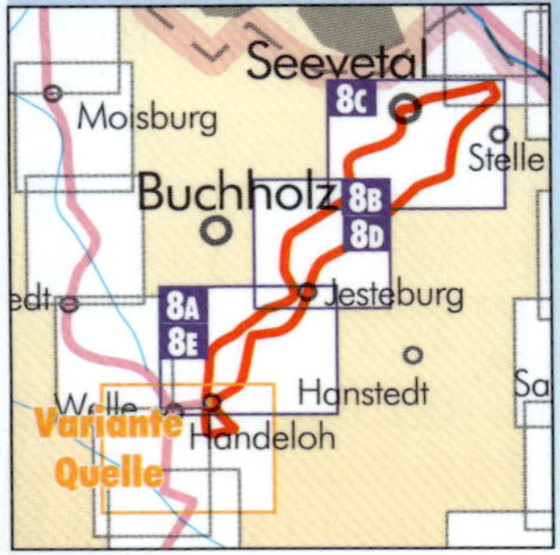

Charakteristik

Länge: 78 km

Start & Ziel: Handeloh, Bahnhof

Sie können aber auch vom Elbe-Radweg aus im Norden in die Rundtour einsteigen.

Anreise: Am besten mit der Bahn, Sie brauchen ca. 1 Stunde von Hamburg nach Handeloh.

Falls Sie bereits in der Lüneburger Heide sind, ist auch der kostenlose Heide-Shuttle eine angenehme Möglichkeit zur Anreise, s. S. 9.

Wegbeschaffenheit: Der Großteil des Seeve-Radweges führt auf befestigten Wegen, im südlichen Abschnitt und auf kurzen Strecken zwischendurch werden Sie aber auch auf gesandete oder geschotterte Teile treffen.

Verkehr: Die Rundtour verläuft auf verkehrsberuhigten Wegen – nicht immer ganz autofrei, jedoch auch nie im stärkeren Verkehr.

Beschilderung: Sie können sich durchgehend an den Seeve-Radwegschildern orientieren: blaues „S" auf weißem Hintergrund.

Infotafel von Naturschutzprojekt

Steigungen: Auf einige wenige Steigungen treffen Sie bei der kurzen Variante zum Quellgrund der Seeve, ansonsten verläuft die Tour eben.

Anschlusstouren: 3, 9

Radweg bei Inzmühlen

Handeloh

PLZ: 21256; Vorwahl: 04188

- **Bürger- und Verkehrsverein Handeloh**, Am Markt 1, ☎ 891011, www.handeloh.de
- **Naturkundliches Museum** „Alte Schmiede", Hauptstr. 42, ☎ 7413, ÖZ: April-Okt., Mi 10-12 Uhr und 14-17 Uhr, Sa 14-17 Uhr. Hier können Sie alles Wissenswerte und Interessante über die Tier- und Pflanzenwelt Norddeutschlands erfahren.
- **Planeten- und Naturlehrpfad**, Timmerloher Weg, ☎ 0172/4176923. Der rund 1,2 km lange Lehrpfad stellt das Sonnensystem im Maßstab 1:5 Mrd. dar. Bei jedem Planeten finden Sie zusätzlich eine Infotafel mit spannenden Details zum jeweiligen Himmelskörper.
- **Dorffest**, jedes Jahr im August

ANSCHLUSS Über eine drei Kilometer lange Verbindungstour können Sie von Handeloh aus zum Este-Radweg, zu Tour 9, anschließen (s. K. Variante zur Seeve-Quelle).

Von Handeloh nach Lüllau 8,5 km

Vom Bahnhof Handeloh rechts bis zur Vorfahrtsstraße ⇝ auf diese rechts einbiegen ⇝ auf dem straßenbegleitenden Radweg aus Handeloh hinaus ⇝ weiter bis nach Inzmühlen ⇝ dem kurvigen Straßenverlauf folgen.

Inzmühlen

VARIANTE Hier können Sie einen Abstecher nach Wehlen machen und durch die Heidelandschaft zum Quellgrund der Seeve radeln.

Kurze Rundtour zur Seeve-Quelle 10,5 km

Inzmühlen

Nach dem Ort rechts Richtung Jugendherberge in den **Wehlender Weg** ⇝ leicht bergauf ⇝ der Weg ist unbefestigt.

TIPP Nach längerem Regen ist dieser Weg nur sehr schwierig zu befahren.

Auf diesem Weg bis Wehlen.

Wehlen

- **Klosterhof mit Fachwerkhäusern**
- **Quellgrund der Seeve**

Vor dem Ort an der 4er-Kreuzung links ⇝ der Weg wird befestigt ⇝ durch die typische Heidelandschaft ⇝ leicht hügelig in den Ort Wesel.

Bei Handeloh

Wesel

An der Vorfahrtsstraße links ⁓ am Ortsende beginnt linksseitig ein schöner Radweg ⁓ auf diesem Radweg weiter bis Inzmühlen.

Inzmühlen

Links in die K 28 Richtung Norden auf den linksseitigen Radweg ⁓ kurz bergauf ⁓ dem Straßenverlauf folgen bis Holm.

Holm

Holmer Mühle (18. Jh.), Schierhorner Str. 1. Seit 1981 ist die Wassermühle direkt an der Seeve neu renoviert; Veranstaltungen und ein monatliches Schaumahlen halten die Mühle lebendig.

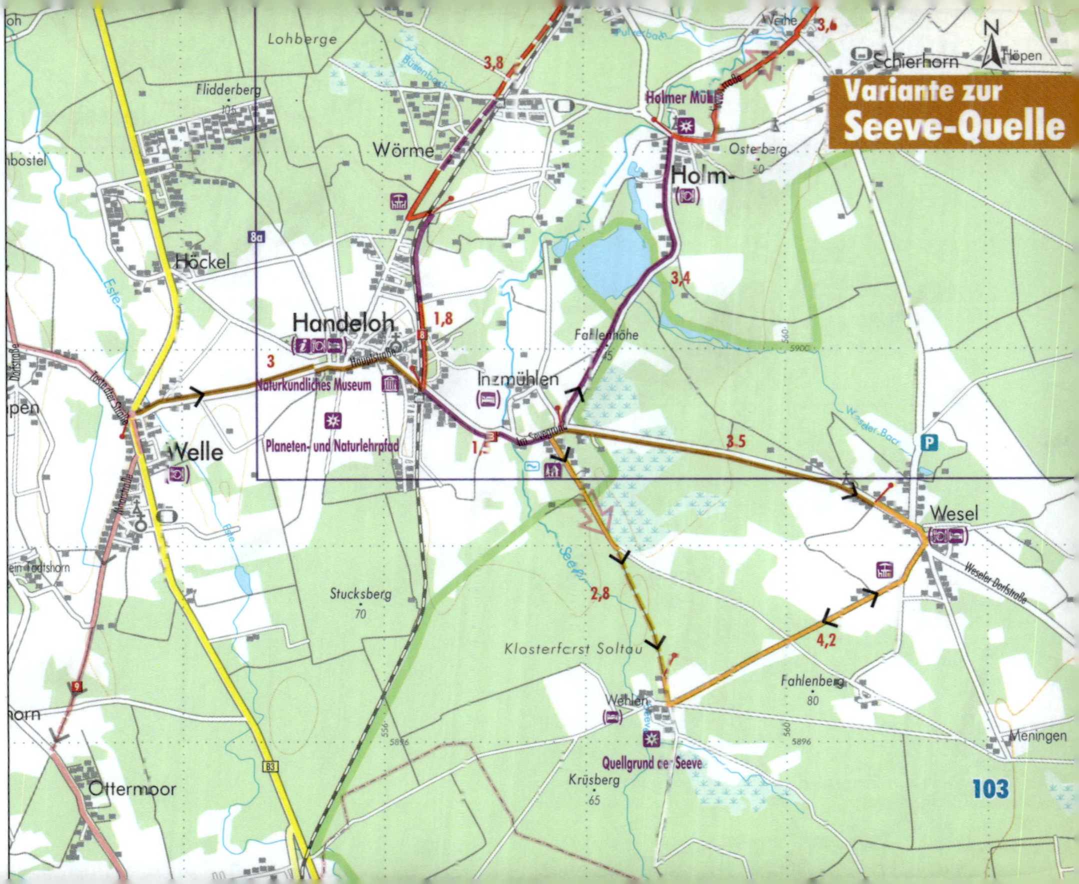

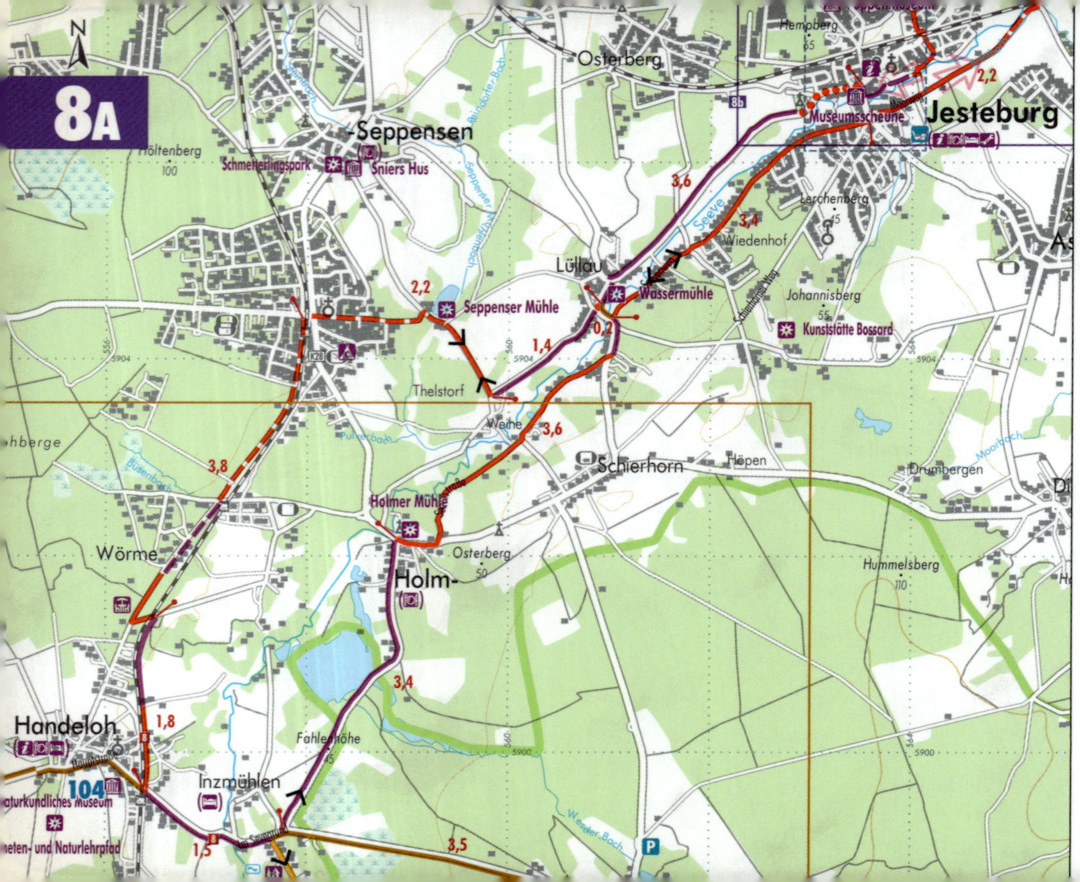

An der Vorfahrtsstraße rechts Richtung **Schierhorn** ~ am Ortsende nach der Linkskurve links in die **Seevestraße** ~ es geht in den Wald hinein ~ vorbei an einigen Häusern ~ an der Vorfahrtsstraße links in die Straße **Hainbuschenberg.**

TIPP Für all jene, die den Seeve-Radweg in drei kürzere Rundtouren unterteilen möchten, geht es bei der folgenden Brücke über die Seeve. Die weitere Beschreibung dazu finden Sie ab S. 111.

Von Lüllau nach Seevetal 13,3 km

Vor der Brücke rechts in den **Seevenweg** ~ durch ein Wohngebiet ~ geradeaus über den Hasseler Weg ~ immer wieder leicht bergauf ~ längere Zeit durch die schöne Wohnsiedlung ~ an der Vorfahrtsstraße links ~ gleich danach links in die **Brückenstraße** auf den rechtsseitigen Radweg.

Jesteburg

PLZ: 21266; Vorwahl: 04183

- **Tourist-Information**, Hauptstr. 24, ✆ 5363, www.vv-jesteburg.de
- **St. Martins-Kirche** (1842), Glocke aus dem 12. Jh.

Typisches, reetgedecktes Haus

- 🏛 **Museumsscheune**, Brückenstraße. Alte landwirtschaftliche Geräte aus früheren Zeiten sind hier ausgestellt.
- 🏛 **Puppenmuseum & Café**, Erikaweg 1-3, ✆ 2210. 180 Jahre Puppengeschichte werden in gemütlichem Rahmen dokumentiert.
- **Gruppe von Reetdachhäusern** im typisch niedersächsischen Stil
- **Freibad**, Am Alten Moor 15, ✆ 4230
- **Menk**, Lüllauer Str. 23, ✆ 3353
- **Brookhoff & Peters**, Lüllauer Dorfstr. 25, ✆ 2241

Rechts weg in den **Moorweg** ⇝ auf dieser Straße aus dem Ort hinaus ⇝ der Weg wird unbefestigt ⇝ im Wald an der T-Kreuzung links ⇝ unter den Schienen hindurch und entlang der Rechtskurve ⇝ es geht parallel entlang der Gleise ⇝ in einer Links-rechts-Kurve entfernt sich der Weg von den Schienen ⇝ der Weg wird unbefestigt ⇝ der starken Linkskurve folgen ⇝ an der Gabelung rechts, laut Radschild ⇝ am großen Gutshof vorbei ⇝ geradeaus über die 4er-Kreuzung ⇝ schnurgerade dem Asphaltband folgen ⇝ die Ramelsloher Allee geradeaus überqueren ⇝ die schmale Straße verläuft längere Zeit zwischen Wiesen und Feldern ⇝ nach der Rechtskurve an der Vorfahrtsstraße links ⇝ auf dem linksseitigen Radweg in den Ort Horst hinein.

VARIANTE Wenn Sie die Runde abkürzen möchten, können Sie an der nächsten 4er-Kreuzung links fahren. Die weitere Routenbeschreibung finden Sie ab S. 110.

Seevetal/Horst

Die Seeve – ein Fluss zwischen Natur und Technik

Auf rund 40 Kilometern bahnt sich die Seeve ihren Verlauf von der Lüneburger Heide durch Wälder und Wiesen bis an die Elbe, mit einem Höhenunterschied von 63 Metern gilt sie

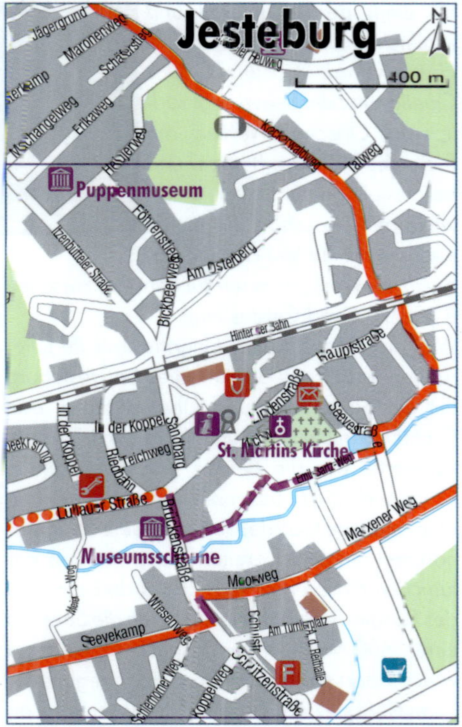

als einer der schnellsten und zugleich auch als der kälteste Fluss Norddeutschlands. Das Quellgebiet der Seeve liegt südlich der Ortschaft Wehlen, am Fuße des Wilseder Berges, und bereits einige Kilometer weiter versorgen sie schon die ersten Zuflüsse mit kühlem Wasser, wodurch die Wassertemperatur konstant zwischen 8 und 10 Grad Celsius liegt.

Seeve-Radweg-Beschilderung

Was die menschlichen Eingriffe und Regulierungen betrifft, so beginnt dies bei Jesteburg mit der Stauanlage und führt weiter zu den Fischteichen bei Holm und Wörme. Historische Bauwerke wie die beiden Wassermühlen in Holm und Horst nutzen seit Jahrhunderten die ursprüngliche Kraft der Seeve, neuere Baumaßnahmen hingegen greifen massiv in den natürlichen Flussverlauf ein. So wurde beim Bau des Rangierbahnhofes in Maschen die Seeve in einem 600 Meter langen Tunnel kanalisiert und verläuft dort seither unterirdisch. In regulierter Form fließt sie dann bis zum Seevesperrwerk an der Mündung östlich von Over. Letzteres ist Teil des Hochwasserschutzkonzeptes an der von den Gezeiten beeinflussten Unterelbe und schützt seit den 1960er Jahren die Seeveniederung vor Überflutungen. Das Gebiet der „Unteren Seeveniederung", östlich von Maschen, ist seit 1993 als Naturschutzgebiet ausgewiesen, wodurch hier wieder große Feuchtwiesenareale mit artenreicher Tier- und Pflanzenwelt entstehen konnten.

Von Seevetal/Horst an die Elbe — 11,2 km

An der ersten 4er-Kreuzung rechts in den **Ohlendorfer Weg** ~ kurz bergauf ~ in einer Linkskurve über die Autobahn ~ geradeaus über die Kreuzung in den **Fachenfelder Weg** ~ die nächsten beiden Kreuzungen ebenfalls geradeaus passieren ~ auf dieser Straße aus Seevetal hinaus ~ der Weg führt in den Wald ~ es wird leicht hügelig ~ der asphaltierten Linkskurve im Wald folgen ~ unter der Autobahn hindurch ~ geradeaus über die **B 4** ~ es wird unbefestigt ~ nach der Linkskurve rechts in das Naturschutzgebiet ~ links weg, laut Radschild ~ vorbei am **Baggersee** ~ nach der Schranke links halten ~ an der asphaltierten Straße rechts auf den Radweg ~ kurz bergauf ~ mittels einer großen Brücke über die den größten Rangierbahnhof Europas.

Naturschutzprojekt Seevengeti

Maschen

PLZ: 21220; Vorwahl: 04105

Rangierbahnhof Maschen, größter Rangierbahnhof Europas

Horster Mühle (16. Jh.), direkt an der Seeve gelegen, Veranstaltungsraum

Aussichtspunkt, vom Jugendheim Richtung Waldfriedhof, schöner Weitblick über das Elbtal bis nach Hamburg

Rad & Sport, Horster Landstr. 117, ✆ 84005

Zweirad-Dambeck, Schulstr. 8, ✆ 83776

Lohhaus, Fachenfelder Weg 109, ✆ 83230

Der Rangierbahnhof Maschen liegt an der Eisenbahnstrecke Hamburg – Hannover und wird weltweit in seiner Größe nur von jenem im US-Bundesstaat Nebraska übertroffen. Mit rund 280 Hektar verbauter Fläche – bei ca. sieben Kilometer Länge – ersetzte er im Jahre 1977 sieben ältere Rangieranlagen im Großraum Hamburg. Seither gilt Maschen als die Drehscheibe für den Hinterlandverkehr der Seehäfen Hamburg und Bremerhaven, sowie dem Verkehr von und nach Skandinavien. Mit mehr als 100 Richtungsgleisen, vier Fahrdienstleiterstellwerken und einer Vielzahl von Güterzuglokomotiven schafft der Rangierbahnhof rund 3.700 ausgehende Wagen pro Tag.

In einer Linkskurve bergab an der ersten Möglichkeit rechts in die Straße **Hinter der Bahn** kurz parallel zu den Schienen beim kleinen asphaltierten Platz links.

TIPP Im Wald rechts sollten Sie das Projekt Seevengeti am Steller See nicht verpassen.

Steller See

Seevengeti. Dieser eigentümliche Naturraum entstand anfangs als Nebenprodukt des Marscher Rangierbahnhofes, bei dessen Bau in den 1970er Jahren Tonnen an Sand- und Torfböden sowie viel Gestein hier aufgeschüttet wurden. Da die Natur in den folgenden Jahren sich selbst überlassen war, entstanden aufgrund der Trockenheit und Nährstoffarmut Biotope, die man eher in der Serengeti denn in Marschgebieten vermuten würde. Magerrasen, Dornengebüsche und offene Sandflächen sind bis heute ideale Lebensräume für licht- und wärmeliebende Insekten und Vögel. Lassen Sie Ihr Rad kurz stehen und genießen

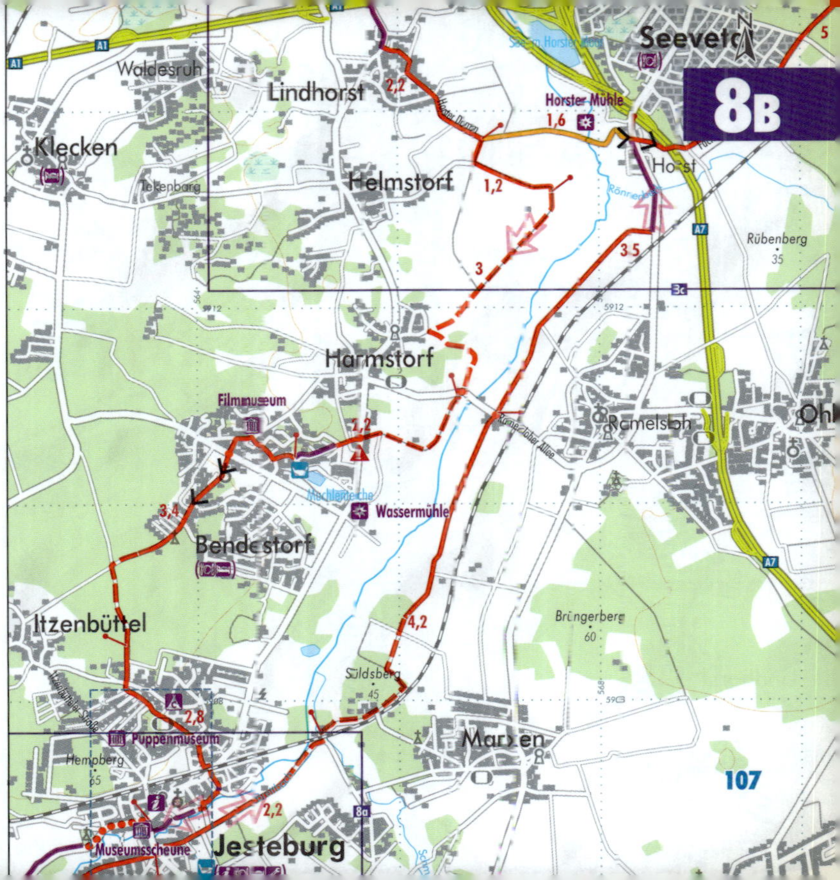

Sie den Blick von der Aussichtsplattform über die Landschaft und den Steller See!

Kurz nach der Seevengeti rechts ⇝ am Schranken vorbei ⇝ dem unbefestigten Weg bis zum Elbedamm folgen ⇝ an der T-Kreuzung links ⇝ kurz am Elbe-Radweg.

ANSCHLUSS Wenn Sie hier rechts fahren und für rund 8 Kilometer an der Elbe entlangradeln, gelangen Sie auf Höhe von Lütjenburg zum Elbe-Radweg (Tour 3).

Von der Elbe nach Helmstorf — *20 km*

Beim kleinen Platz in der Siedlung links in die Straße **Herrendeich** ⇝ weiter am Spurplattenweg ⇝ vorbei an den Häusern von **Over** ⇝ an der Gabelung links, laut Radschild ⇝ am Dammradweg bis zur nächsten Kreuzung ⇝ hier links in die Straße **Zum Junkernfeld** ⇝ geradeaus in die **Deichstraße** einfahren ⇝ weiter am Dammradweg ⇝ an der Gabelung bei den Schienen rechts in die Sackgasse ⇝ vor dem See rechts in den unbefestigten Weg ⇝ in einer langgezogenen Linkskurve um den See ⇝ aus dem Wald hinaus und rechts halten ⇝ der

Weg wird asphaltiert ⇝ an der T-Kreuzung links ⇝ vor den Gleisen rechts ⇝ in einer Linkskurve unter den Gleisen hindurch ⇝ in einer Rechtskurve über die Brücke ⇝ gleich danach links.

Meckelfeld

Vorbei am Pulvermühlenteich ⇝ der Weg wird befestigt ⇝ durch eine Allee ⇝ an der T-Kreuzung links ⇝ über eine Brücke ⇝ gleich danach rechts ⇝ an der Gabelung links halten ⇝ über eine Holzbrücke ⇝ kurz auf gepflastertem Weg ⇝ in einer Linkskurve kurz bergab ⇝ geradeaus über den kleinen runden Platz ⇝ an der T-Kreuzung links in die **Seevetalstraße** ⇝ direkt nach dem Ortsschild Maschen rechts in den **Haulandsweg** ⇝ der Weg ist gepflastert.

Maschen s. S. 106

Nach der Lilientalstraße beim großen Baum rechts, laut Radschild ⇝ über die Brücke ⇝ an der T-Kreuzung links ⇝ in einer Rechtskurve unter der Autobahn hindurch ⇝ an der T-Kreuzung links in die Straße **Am Mühlenbach** ⇝ über eine Brücke ⇝ an der Vorfahrtsstraße links.

Jehrden

Vor dem Hotel rechts in die **Karoxbosteler Chaussee** ⇝ vor der Autobahnunterführung rechts ⇝ im Wald links, laut Radschild ⇝ unter der Autobahn hindurch ⇝ kurz nach der Unterführung links ⇝ an der T-Kreuzung rechts in die **Henry-Henschen-Allee** ⇝ links in die Straße **Am Erlengrund** ⇝ geradeaus in den Radweg ⇝ rechts und vorbei am Wiesenteich ⇝ der Linkskurve folgen und am Sportplatz entlang ⇝ an der T-Kreuzung rechts ⇝ in der Rechtskurve links Richtung Polizei.

Hittfeld

PLZ: 21218; Vorwahl: 04105

- **St. Mauritius-Kirche** (13. Jh.), Feldsteinkriche mit hölzernem Glockenturm und Bronze-Taufbecken
- **Ric-Schienenmuseum**, Werkstr. 6, ✆ 58530. Geschichte der Eisenbahnschiene vom Mittelalter bis heute, ältestes Stück aus dem Jahre 1630.
- **Glasgalerie Hittfeld**, Kirchstr. 1, ✆ 53444, zeitgenössische tschechische Kunst mit internationalem Ruf

Links in die **Vogelsangstraße** ⇝ kurz bergauf ⇝ vorbei an der Polizei ⇝ bei der Ampelkreuzung rechts ⇝ wiederum leicht bergauf ⇝ mit-

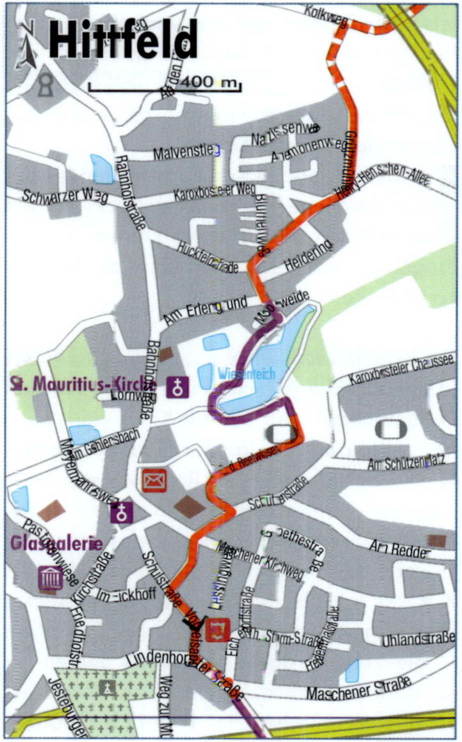

tels einer Brücke über die Autobahn ↝ nach der Rechtskurve links in die **Ringstraße.**

Lindhorst

Es geht aus Lindhorst hinaus ↝ die Straße geht über in den **Horster Damm.**

TIPP An der folgenden Kreuzung treffen Sie auf das nördliche Verbindungsstück. Folgen Sie einfach dem Horster Damm, so gelangen Sie nach 1,6 Kilometern zur Horster Landstraße.

Von Helmstorf nach Lüllau *16,2 km*

In einer Linkskurve rechts in die Straße **Vor den Heidstücken** ↝ an der 4er-Kreuzung links in den **Mitteldamm** ↝ an der Gabelung rechts, laut Radschild ↝ nach der Rechtskurve längere Zeit dem unbefestigten Weg folgen ↝ vor den ersten Häusern links in den unbefestigten Weg ↝ nach der Rechtskurve geradeaus über die **K 9** ↝ im Wald rechts in den unbefestigten Weg ↝ geradeaus in den nächsten Ort hinein ↝ die Vorfahrtsstraße geradeaus queren ↝ ⚠ stark befahrene Straße ohne Schutzweg zu queren ↝ weiter im **Heinrich-George-Weg** ↝ an der T-Kreuzung rechts in die Straße **An den Fischteichen** ↝ an der Gabelung rechts in die Straße **Im Alten Dorfe.**

Bendestorf

PLZ: 21227; Vorwahl: 04183

- **Filmmuseum**, Makens Huus, Poststr. 4, ✆ 7382, ÖZ: Mo, Do, Fr 9-12 Uhr, Di u. So 15-17 Uhr. Bekannte Filme, wie beispielsweise „Die Sünderin" mit Hildegard Knef, wurden hier gedreht.
- **Wassermühle**, Jesteburger Chaussee 12, ca. 100 Jahre alt
- **Freibad**, Im Brook, ✆ 6364

An der nächsten Kreuzung links Richtung Itzenbüttel ↝ links in die **Roststraße** ↝ geradeaus über die Kieckerwaldstraße ↝ es geht bergauf ↝ nach dem Ort wird der Weg unbefestigt ↝ am Sportplatz vorbei ↝ im Wald an der zweiten Möglichkeit links, laut Radschild ↝ dem unbefestigten Weg bis zum Kleckenwaldweg folgen ↝ es geht aus dem Wald heraus ↝ am **Waldklinikum** vorbei ↝ leicht bergab ↝ dem Wegeverlauf bis zur nächsten Vorfahrtsstraße folgen ↝ hier links ↝ nach der Unterführung kurz rechts und gleich danach links in den **Ziegeleiweg** ↝ in der Linkskurve geradeaus in den unbefestigten Weg ↝ an der asphaltierten Straße rechts ↝ dem Radschild nach links folgen ↝ direkt vor der Brücke rechts in den unbefestigten Weg ↝ nach der Rechtskurve links halten ↝ vorbei am Altenheim ↝ an der **Brückenstraße** rechts.

Jesteburg s. S. 104

In der Rechtskurve links Richtung Buchholz in die **Lüllauer Straße** ↝ am Ortsende beginnt rechtsseitig ein Radweg ↝ längere Zeit verläuft die Route auf einem schönen straßenbegleitenden Radweg, der auch immer wieder durch Bäume von der Straße getrennt ist ~ auf dem Radweg bis in den nächsten Ort.

Lüllau

- **Kunststätte Bossard.** Der Kunstmaler Johann Michael Bossard errichtete hier eine sehenswerte Parkanlage mitten im Wald. Auf ca. 3 ha Heidefläche können Sie vom Gemüsefeld über den Skulpturengarten bis hin zum Atelier alles bei einem Spaziergang erkunden: Architektur, Bildhauerei, Malerei, Kunstgewerbe und Gartenkunst sind hier gekonnt vereint.
- **Wassermühle**, Lüllauer Dorfstr. 25, jüngste Wassermühle in der Lüneburger Heide

In der Rechtskurve links Richtung Schierhorn.

TIPP: An dieser Stelle verläuft das südliche Verbindungsstück des Seeve-Radweges.

Von Lüllau nach Handeloh 9,2 km

Am Ortsende rechts in die **Thelstorfer Straße** ~ auf dem linksseitigen Radweg aus dem Ort hinaus ~ in **Thelstorf** an der T-Kreuzung rechts Richtung Seppenser Mühle ~ kurz bergauf ~ über eine kleine Brücke ~ vorbei an einem Teich ~ nach der **Seppenser Mühle** links ~ der Rechtskurve folgen ~ unbefestigt und schnurgerade in den nächsten Ort.

Holm-Seppensen

- **Schmetterlingspark**, Zum Mühlenteich 2, ✆ 04181/36481, ÖZ: April-2. Nov., 9.30-17.30 Uhr. Drei Hallen zeigen drei verschiedene Biotope – Tropen, Subtropen und mediterranes Klima –, wo jeweils hunderte von buten Schmetterlingen leben.
- **Sniers Hus** (17. Jh.), Zum Mühlenteich 3, ÖZ: April-Sept., jeweils 1. u. 3. So, 14-

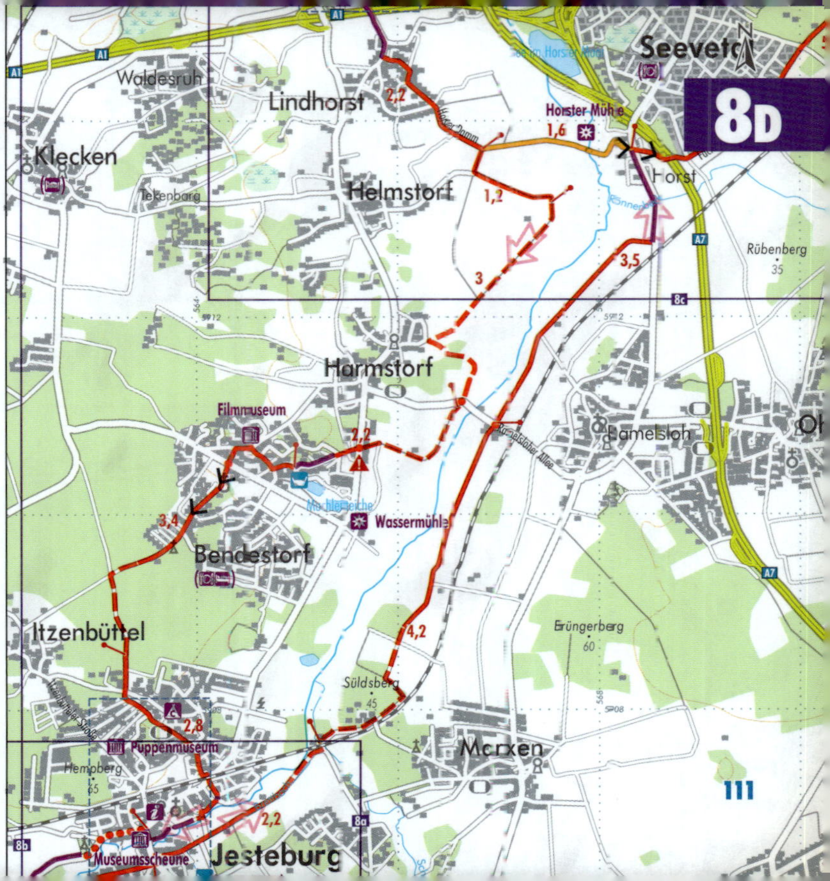

16 Uhr u. n. V. Einrichtungs- und Arbeitsgegenstände aus der Nordheide.

- **Seppenser Mühle**, alte Mühle an der Seeve, heute Gastronomiebetrieb
- **Mühlenteich**

Leicht bergauf ~ auf dem Weg **Zur Mühle** geradeaus bis zur Vorfahrtsstraße ~ diese und die Schienen überqueren ~ gleich danach links Richtung Handeloh ~ der Weg wird unbefestigt ~ längere Zeit geradeaus im Wald ~ links beginnt ein Radweg ~ in **Wörme** wird der Weg wieder befestigt ~ bei den ersten Häusern nach dem Parkplatz links in die Straße **Am Büsenbach** ~ nach den Schienen rechts ~ der Weg wird asphaltiert ~ weiter entlang der Schienen ~ an der Vorfahrtsstraße links.

ZUM BAHNHOF Zum Bahnhof Handeloh geht es hier rechts und über die Schienen.

Handeloh s. S. 102

Tour 9 Este-Radweg 46 km

Als „schönste Verbindung zwischen Wümme- und Elbe-Radweg" gilt der vor Ihnen liegende Este-Radweg. Aber testen Sie selbst: ein Stückchen lebendige Geschichte am wunderschönen Hafen in Buxtehude, schmucke Fachwerkhäuser und Mühlen in den kleinen Orten und zahlreiche Teiche und Seen inmitten herrlicher Natur. Viel Freude wünschen wir bei einer unkomplizierten Radtour durch Wiesen und Wälder!

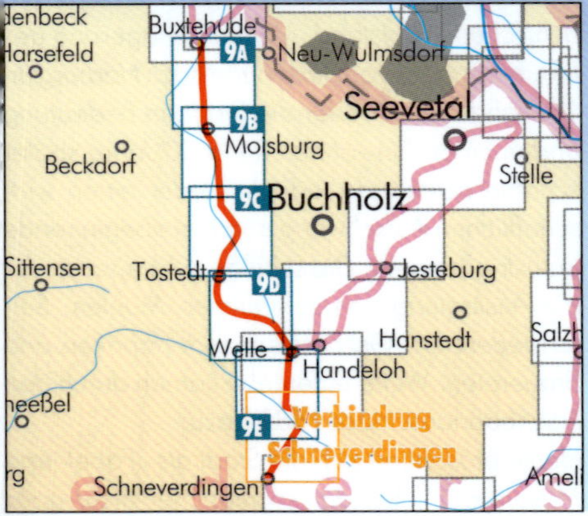

Charakteristik

Länge: 46 km

Start: Buxtehude

Ziel: Bahnhof Wintermoor

Anreise: Buxtehude erreichen Sie per S-Bahn – Linie S3 – von Hamburg aus in rund 30 bis 40 Minuten, Züge fahren mehrmals pro Stunde.

Abreise: Für die Rückreise müssen Sie rund 50 Minuten bis zu einer Stunde per Bahn einplanen.

Wegbeschaffenheit: Die Strecke ist größtenteils asphaltiert, nur kurze Abschnitte führen über Feld- oder Sandwege.

Verkehr: Der Radweg verläuft auf ruhigen Straßen und Radwegen, lediglich in Buxtehude müssen Sie mit etwas mehr Verkehr rechnen.

Hafenfest in Buxtehude

Beschilderung: durchgehend in beide Richtungen beschildert

Steigungen: Sie werden auf der gesamten Tour immer wieder auf leichte, kurze Steigungen treffen.

Tipp: www.este-radweg.de

Anschlusstouren: 4, 8, 10

Hafen in Buxtehude

Buxtehude

PLZ: 21614; Vorwahl: 04161

- **Stadtinfo**, Viverstr. 1, ✆ 501297, www.buxtehude.de
- **Buxtehude-Museum**, Stavenort 2, ✆ 501402, ÖZ: Di-Fr 14-17 Uhr, Sa, So 11-17 Uhr. Regionalgeschichte und Kunst rund um Buxtehude
- **St. Petri** (13. Jh.), gotische Gewölbebasilika mit 75 m hohem Spitzturm
- **Abthaus**, seit dem 15. Jh. Stadthaus der Erzäbte von Harsefeld
- **Hafen**, Überreste des mittelalterlichen, vor der Stadt gelegenen Hafenbeckens, wo die Schiffe vor der Be- oder Entladung ankern konnten.
- **Flethanlage**. Im 13. Jh. als innerstädtischer, grachtartiger Hafen angelegt – nach niederländischem Vorbild – wurde bis 1962 noch genutzt.
- **Stadtmauer**, Reste aus dem 18. Jh.
- **„Ewer Margareta"** (1897), typisches plattbodiges Frachtschiff der Niederelbe
- **„Hase und Igel-Brunnen"**, nach der Fabel über den Wettlauf der beiden Tiere (s. folgender Text)
- **„Buxtehuder Hund"**, Skulptur aufgrund der Redewendung „In Buxtehude bellt der Hund mit dem Schwanz". Schuld an diesem Mißverständnis sind die Holländer, denn als diese im 13. Jh. die Kirchenglocke – die sie „Hunte" nannten – an ein langes Seil, also an einem Schwanz, befestigten und damit „bellten" (bell - Glocke), führten einige Sprachschwierigkeiten dazu, dass heute die Hunde in Buxtehude „bellen" ...
- **„Heller Weg"**. Fuß- und Radwege von der Innenstadt bzw. vom Bahnhof zu den Wohngebieten sind in der Dunkelheit in Buxtehude ausgeleuchtet. Mit gelben, in der Nacht reflektierenden Hase- und Igelaufklebern wurden sämtliche Straßenlaternen ausgestattet, um ein sicheres Nachhausekommen zu gewährleisten.
- **Natan Cycles**, Stemmanns Weg 7a, ✆ 554490
- **Zweiradhaus Hör**, Ritterstr. 5, ✆ 4772
- **Hotel An der Linah**, Harburger Str. 44, ✆ 60090

Spätestens mit der „Tante Trude aus Buxtehude" wurde die Stadt an der Este in den 1970er Jahren weit über die Grenzen Deutschlands hinaus bekannt. Rudi Carrell, Ilja Richter und Chris Roberts sorgten in der Verwechslungs- und Liebeskomödie rund um einen Koffer voller Kleider, in denen der Schlüssel für ein Schließfach mit einer Million Mark versteckt war, für Gags am laufenden Bande.

Ursprünglich entwickelte sich Buxtehude vor rund 1.000 Jahren aus einem bedeutenden Frauenkloster zu einer zentralen Hafen- und Handelsstadt. Vor allem die umfangreichen Ochsentransporte von Jütland in die Niederlande brachten der Stadt lange Zeit einen beachtlichen Wohlstand. Mit der Verlagerung des Elbüberganges von Buxtehude nach Harburg im 18. Jahrhundert verlor die Stadt an Bedeutung und auch an Einwohner. Rund 50 Jahre später schaffte Buxtehude jedoch wieder einen wirtschaftlichen Aufschwung durch die beginnende Industrialisierung. Die schiffbare Este sorgte für die Ansiedlung von zahlreichen Mühlen, Seifensiedereien, Gerbereien, Lederfabriken und Brauereien. Weitere Betriebe kamen durch den Eisenbahnanschluss 1881 dazu.

Heute präsentiert sich die Stadt als „Fabel- und Musenstadt", bei der so mancher nicht ganz sicher ist, ob sie auch tatsächlich existiert, denn meist sind die Geschichten rund um Buxtehude bekannter als die Stadt selbst. Bestimmt ist Ihnen die Fabel vom Wettlauf der beiden Tiere Igel und Hase ein Begriff, die hier in Buxtehude von Wilhelm Schröder veröffentlicht wurde: Der hochmütige Hase fordert den sichtlich langsameren Igel zu einem Wettlauf, woraufhin der Igel – gemeinsam mit seiner Frau – mit List und Tücke den Hasen besiegt. Und die Moral von der Geschicht´, wie es Ilse Mucks so treffend ausdrückt, „Denn Hochmut kommet schnell zu Fall, nicht nur allhier, nein überall".

ANSCHLUSS Wenn Sie per Rad von Hamburg aus starten möchten, können Sie bis Buxtehude entlang des Elbe-Radweges (Tour 4) bis Cranz fahren und danach einem Teilstück der Tour 10 durchs „Alte Land" folgen, das ebenfalls an der Este entlangführt.

Von Buxtehude nach Hollenstedt 15,2 km

Vor dem Bahnhof rechts ⤳ unter der Unterführung für Radfahrer und Fußgänger hindurch ⤳ kurz bergauf ⤳ geradeaus über die **Stader Straße** ⤳ weiter in die Fußgängerzone ⤳ links weg in die **Martinstraße** ⤳ kurz bergab ⤳ geradeaus über die Brücke ⤳ weiter auf dem Radweg ⤳ der Rechtskurve folgen ⤳ an der T-Kreuzung links in die **Moisburger Straße** ⤳ auf dem rechtsseitigen Radweg unter einer Straße hindurch ⤳ dem Straßenverlauf folgen bis nach **Pippensen** ⤳ am Ortsende rechts in die **Heimbrucher Straße** ⤳ kurz vor dem nächsten Ortsschild links in den **Daenser Weg** Richtung Moisburg ⤳ kurz

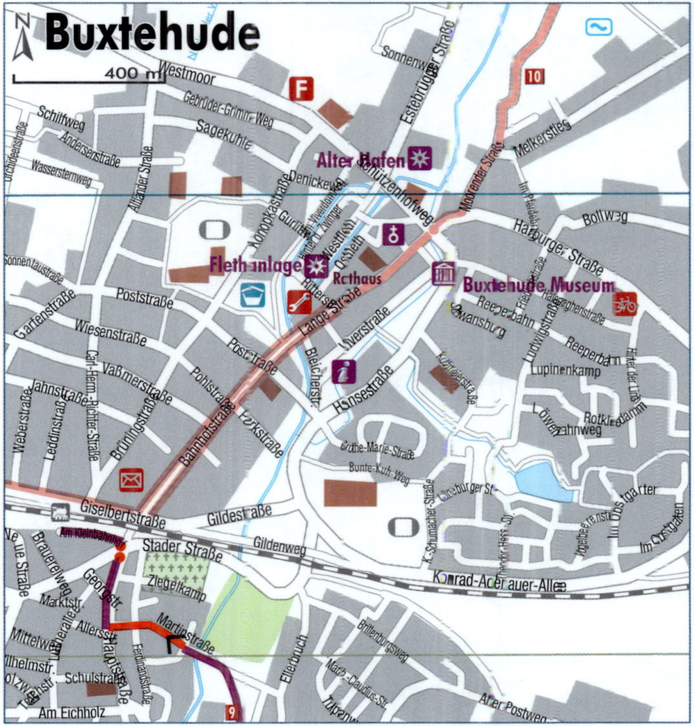

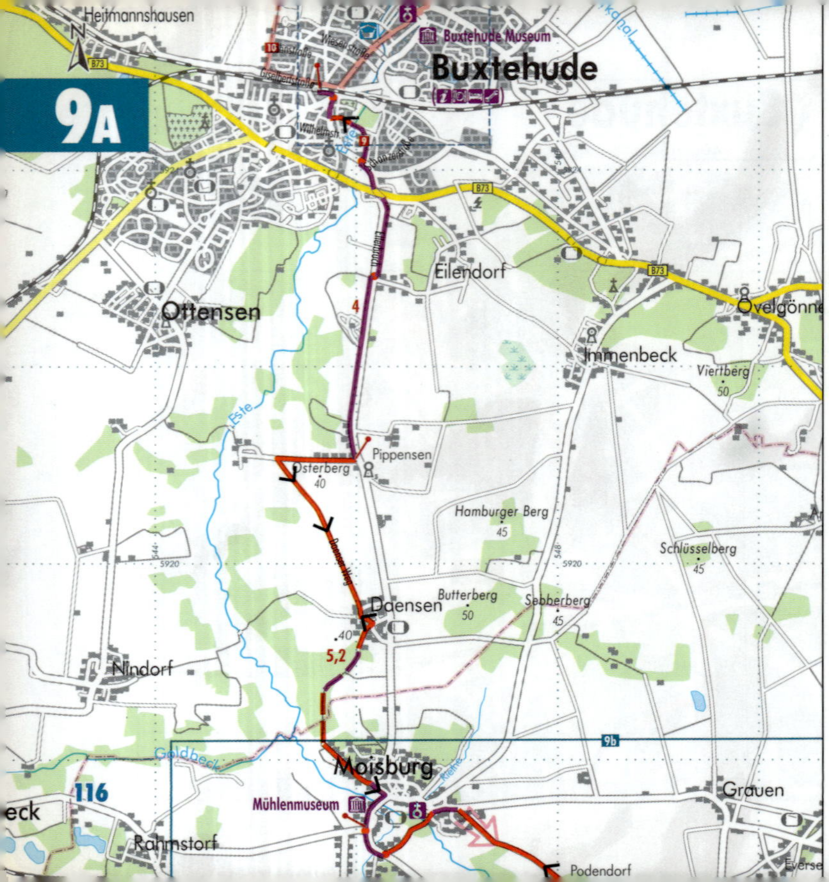

bergauf → der Weg geht über in einen Spurplattenweg → an der T-Kreuzung in Daensen links in die Straße **Baaksberg**.

Daensen

Kurz bergab → an der Gabelung rechts halten → rechts in die Straße **Zum Lehmfeld** → es geht in den Wald hinein → der Weg wird unbefestigt → im Wald an der Gabelung links halten → kurz geradeaus und der Linkskurve folgen → der Weg wird asphaltiert → nach Moisburg hinein auf der Straße **Nindorfer Weg** → kurz bergauf → an der Vorfahrtsstraße rechts.

Moisburg

PLZ: 21279; Vorwahl: 04165

Wassermühle mit Mühlenmuseum (1723), Auf dem Damm 12, ✆ 040/7901760 oder ✆ 6575, ÖZ: Mai-Okt., Sa u. So 11-17 Uhr. Seit 1987 ist sie Teil des Freilichtmuseums am Kiekeberg und beheimatet mehrere Ausstellungen zur regionalen Mühlengeschichte. Heute dreht sich am Wochenende das schwere Mühlrad und unter den Erläuterungen eines Müllers wird nicht nur Korn gemahlen, sondern auch Amtsmühlenbrot nach altem Rezept gebacken.

Pfarrkirche (1640), eindrucksvolle Malereien aus der Spätrenaissance und sehenswerter Mittelschrein des Schnitzaltars

Auf dem Radweg bergab der Rechtskurve folgen Richtung Hollenstedt → über zwei Brücken → an der nächsten Möglichkeit links in die Staße **Alten Weden** Richtung Sportanlagen → über eine Brücke → an der Vorfahrtsstraße rechts → an der zweiten Möglichkeit rechts Richtung Appelbeck in den **Podendorfer Weg** → aus dem Ort hinaus → durch eine Allee in den Ort Podendorf.

Podendorf

Kurz bergab und bergauf → aus dem Ort hinaus → leicht bergab → durch **Appelbeck** hindurch → rechts am See vorbei.

TIPP In Appelbeck und Appel gilt die Heideforelle als besondere Spezialität – frisch aus den zahlreichen Fischteichen wird sie in vielen Gaststätten serviert.

Aus dem Ort hinaus ⇝ rechts halten ⇝ leicht bergauf ⇝ leicht hügelig bis nach Hollenstedt ⇝ an der Vorfahrtsstraße rechts halten ⇝ leicht bergauf auf dem linksseitigen Radweg ⇝ an der T-Kreuzung rechts in die **Estetalstraße** ⇝ über die Este ⇝ kurz vor der großen Kreuzung links, laut Radschild ⇝ der Weg wird unbefestigt ⇝ weiter auf dem Radweg ⇝ der Rechtskurve folgen ⇝ links an der Kirche vorbei.

Hollenstedt

PLZ: 21279; Vorwahl: 04165

- **Samtgemeinde Hollenstedt**, Hauptstr. 15, ✆ 950, www.hollenstedt.de
- **Heimat- und Verkehrsverein Estetal**, Heideweg 5, ✆ 80319
- **St. Andreas-Kirche** (8. Jh.), Backsteinkirche mit hölzernem Turm aus dem 16. Jh.
- **Ringwall** der Alten Burg (9. Jh.), dieser sollte ab dem 9. Jh. einen Este-Übergang sichern
- **Fachwerkhäuser**, im typischen niedersächsischen Stil
- **Este Boote Wilhelmi**, Am Glockenberg 5, ✆ 80003. Per Kajak können Sie beispielsweise von Hollenstedt nach Moisburg paddeln, Dauer: 2-3 Stunden.
- **Freibad**, Jahnstr. 9
- **Zweirad-Center**, Wennerstorfer Weg 2, ✆ 212911

Von Hollenstedt nach Tostedt *12,2 km*

Nach der Kirche links halten ⇝ links in den Weg **Über den Stegen** ⇝ vorbei am Poller und über eine Brücke ⇝ an der Kreuzung rechts in die **Breitensteiner Allee** ⇝ an der großen T-Kreuzung links ⇝ auf dem rechtsseitigen Radweg unter der **A 1** hindurch ⇝ es geht aus Hollenstedt hinaus ⇝ an Tennisplätzen vorbei ⇝ leicht hügelig

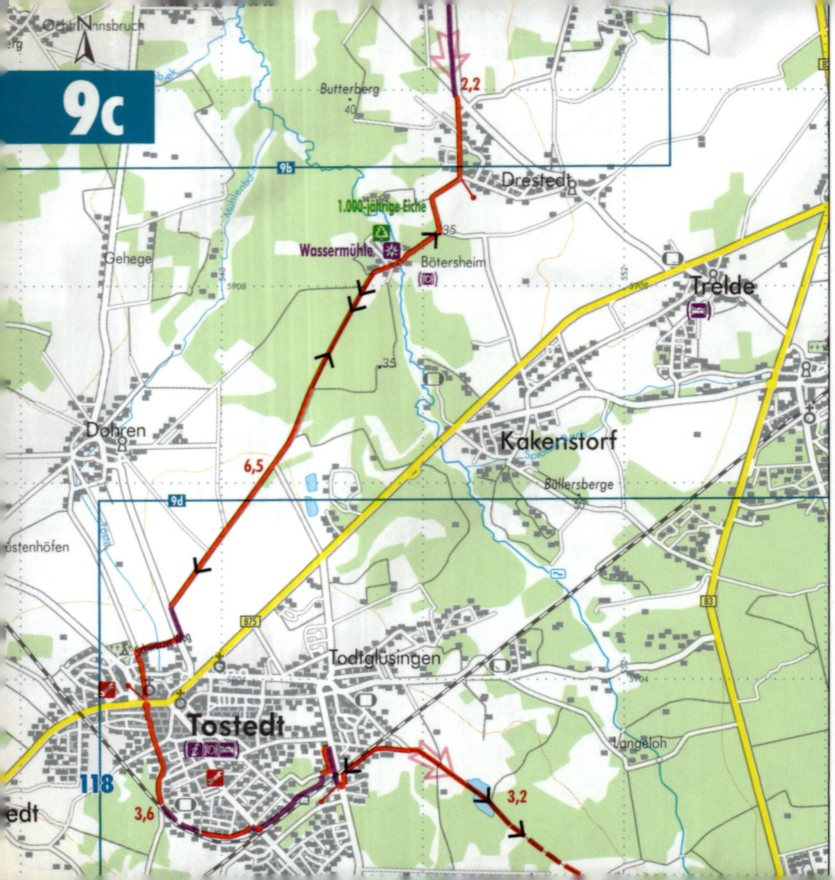

durch ein Waldstück ⇝ auf dem Radweg bis nach Dierstorf.

Dierstorf

In einer Rechtskurve durch den Ort ⇝ auf dem rechtsseitigen Radweg bis **Drestedt** ⇝ an der Gabelung rechts ⇝ am Ortsende der Rechtskurve folgen ⇝ den Ort Richtung Bötersheim verlassen ⇝ der Linkskurve folgen ⇝ an der Vorfahrtsstraße rechts Richtung Bötersheim ⇝ leicht bergab ⇝ dem kurvigen Straßenverlauf durch den Ort Bötersheim folgen.

Bötersheim

- Wassermühle (14. Jh.)
- 1.000-jährige Eiche

Über eine Brücke ⇝ an der Gabelung links halten, laut Radwegschilder ⇝ es geht leicht bergauf ⇝ in den Wald hinein Richtung Tostedt ⇝ bergauf durch den Wald auf einem gepflasterten Weg ⇝ geradeaus durch den Wald ⇝ der Weg wird asphaltiert ⇝ nach dem Wald leicht bergauf ⇝ durch eine Allee ⇝ an der Vorfahrtsstraße links ⇝ bei der Ortstafel von Tostedt rechts in die Straße **Schwarzer Weg** ⇝ an der 4er-Kreuzung links in die **Kirchhofstraße** ⇝ vorbei an der Kirche.

Tostedt

PLZ: 21255; Vorwahl: 04182

- **Narten**, Kötnerstr. 14, ✆ 5568
- **Louis**, Bahnhofstr. 51, ✆ 5730

Von Tostedt nach Bahnhof Wintermoor 18,6 km

Geradeaus über die Ampelkreuzung in die **Schützenstraße** ⇝ die **Triftstraße** geradeaus queren ⇝ direkt vor den Schienen links in den Radweg ⇝ der Radweg wird unbefestigt ⇝ geradeaus auf die Straße **Alte Kleinbahn** einfahren ⇝ an der T-Kreuzung rechts ⇝ vor der Brücke links Richtung Bahnhof ⇝ parallel zu den Gleisen bis zum Bahnhof Tostedt.

TIPP **In Tostedt hält der sogenannte „metronom", ein schneller Regionalzug, der Hamburg mit Bremen verbindet. Für die Strecke Tostedt-Hamburg benötigt man damit ca. 30 Minuten.**

Weiter entlang des Parkplatzes ~ vor der Brücke links, laut Radschild ~ kurz bergauf ~ an der Vorfahrtsstraße rechts auf den rechtsseitigen Radweg ~ über die große Brücke ~ an der ersten Möglichkeit links in die Straße **Auf der Timmhorst** ~ der Linkskurve folgen, laut Radschild ~ leicht bergab ~ kurz parallel zu den Gleisen ~ nach der Rechtskurve wird der Weg kurz gepflastert ~ in der Linkskurve geradeaus, laut Rad-schild ~ der Weg wird holprig ~ der Rechtskurve folgen ~ der Weg wird schön asphaltiert ~ geradeaus durch das Waldstück **Osterbruch** ~ im Wald leicht bergauf ~ vorbei an einem kleinen See ~ immer wieder leicht bergauf ~ der Weg wird unbefestigt ~ im Ort Hoinkenbostel rechts halten.

Hoinkenbostel

Der Kurve folgen ~ geradeaus aus dem Ort hinaus ~ durch eine Allee ~ kurz bergab und bergauf ~ an der Vorfahrtsstraße links ~ auf dem linksseitigen Radweg bis Welle ~ an der Ampelkreuzung rechts.

Welle

ANSCHLUSS **Wenn Sie an dieser Ampelkreuzung geradeaus fahren, erreichen Sie in rund drei Kilometer den Seeveradweg (Tour 8) in Handeloh, siehe orange gekennzeichnete Route in K 9D.**

TIPP **Durch Welle verläuft auch der Wümme-Radweg, der in einer Rundtour von der Lüneburger Heide bis nach Bremen und wieder zurück führt.**

Am Ortsende rechts in die **Moorstraße** ~ durch eine Allee ~ im-

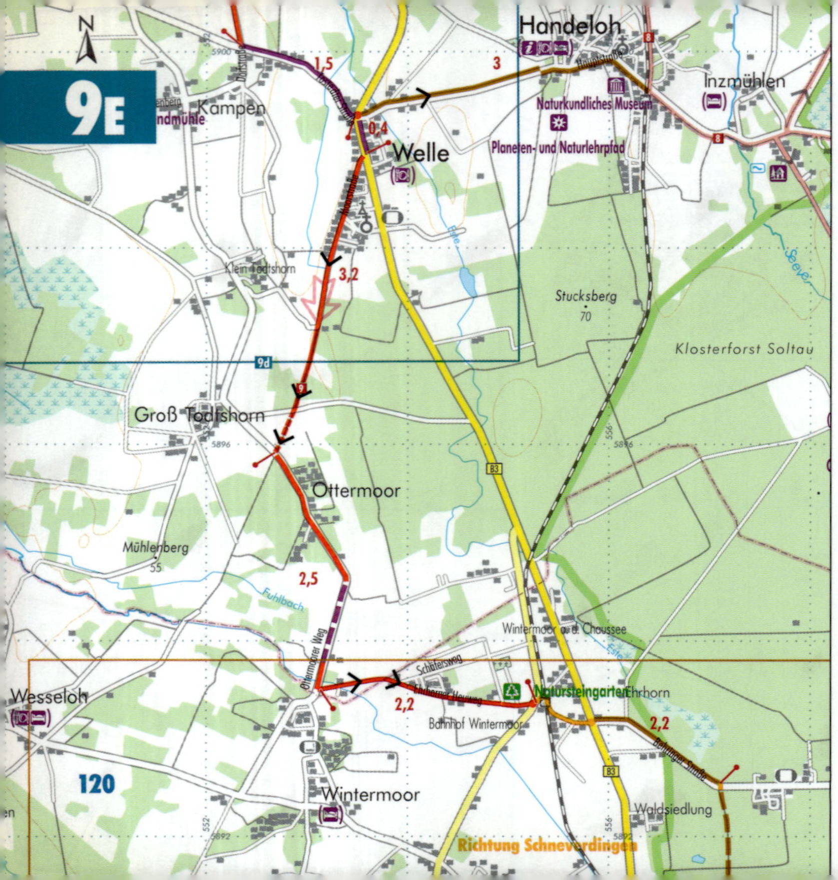

mer wieder leicht bergauf ~ geradeaus über die 4er-Kreuzung ~ der Weg wird unbefestigt ~ an der Kreuzung links, laut Radschild ~ geradeaus durch den Weiler **Ottermoor** ~ leicht bergauf ~ dort, wo der Weg unbefestigt wird, der Rechtskurve folgen ~ der Weg wird asphaltiert ~ an der Vorfahrtsstraße links Richtung Wintermoor ~ durch eine Allee ~ leicht bergauf ~ nach der Rechtskurve in den Ort Wintermoor ~ geradeaus über die Vorfahrtsstraße ~ über die Gleise ~ der Rechtskurve in die **Poststraße** folgen ~ hier am Bahnhof Wintermoor endet der Este-Radweg.

Bahnhof Wintermoor

Estetal

Dass dieses Gebiet bereits vor 30.000 Jahren bewohnt werden konnte, ermöglichte der Flusslauf der eiszeitlich geprägten Este. Vom Quellgebiet bei Wintermoor an de Chaussee suchte sie ihren Verlau auf rund 45 Kilometern von der Lüneburger Heide bis zur Elbe. Als kleines, romantisches Gewässer schlängelt sich die Este heute bis Buxtehude durch ursprüngliche Wald-, Wiesen- und Obstlandschaften.

Ab Buxtehude verändert sich dann das Bild, die Obstkulturen im Alten Land bleiben, jedoch wird die Este breiter und – meist – auch schiffbar. So herrschte auf dem Abschnitt zwischen Buxtehude und der Mündung in die Elbe einst reger Schiffsverkehr, vor allem die Erzeugnisse der Mühlen und Ziegeleien wurden auf dem Wasserweg Richtung Hamburg transportiert. Zahlreiche Reedereien haben bis heute hier ihren Sitz, allerdings ist aufgrund der zunehmenden Verlandung der Este ein regelmäßiger Schiffsverkehr nicht mehr möglich.

ANSCHLUSS Für all jene, die über Schneverdingen zum Luhe-Radweg radeln möchten, gilt nachfolgende Wegbeschreibung.

VARIANTE Wenn Sie die B 3 überqueren und für ca. 3,5 Kilometer der Behringer Straße folgen, kommen Sie zum Walderlebniszentrum Ehrhorn.

Ehrhorn

PLZ: 29640; Vorwahl: 05198

Walderlebniszentrum Ehrhorn, Ehrhorn 1, ✆ 987120, April-Okt., 10-18 Uhr. Rund um einen 350 Jahre alten Heidebauernhof erfährt man hier alles Wissenswerte zur Wald-Mensch-Geschichte der Heide. Bei einer Nachtwanderung oder am Barfußpfad können Sie die Natur hautnah erleben.

Verbindung nach Schneverdingen 12,2 km

Die Gleise queren ⤳ für ca. 2 km der Behringer Straße folgen ⤳ in der Linkskurve rechts in den schmalen Weg ⤳ nach rund 3 km an der Vorfahrtsstraße links.

Barrl

Kurz danach führt ein Weg rechts weg ⤳ die Gleise überqueren ⤳ nach 500 m schräg links ⤳ geradeaus bis zur nächsten Vorfahrtsstraße ⤳ hier links ⤳ kurz auf der Straße Richtung Schneverdingen ⤳ leicht bergauf ⤳ am Ortsbeginn von Schneverdingen links im spitzen Winkel in die **Alte Landesstraße** ⤳ nach den Gleisen rechts in die **Stockholmer Straße** ⤳ an der Vorfahrtsstraße rechts ⤳ gleich danach links in die **Fritz-Reuter-Straße** ⤳ geradeaus in den Radweg einfahren, entlang der Gleise ⤳ an der T-Kreuzung rechts ⤳ nach den Schienen links ⤳ auf der linken Seite befindet sich der **Bahnhof Schneverdingen**.

Schneverdingen s. S. 99

Tour 10 Im Alten Land 44 km

Obstbäume und Äpfel so weit das Auge reicht! Mit dieser Rundtour entdecken Sie die schönsten Plätze im größten zusammenhängenden Obstanbaugebiet Nordeuropas. Ebene, unkomplizierte Wirtschafts- und Radwege führen Sie zunächst durch das Marschgebiet südlich von Hamburg und bringen Sie dann weiter bis an die Elbe. Ab Cranz verläuft ein schöner Radweg entlang der Este, von dem aus man ganz besondere Raritäten an Fachwerkhäusern zu sehen bekommt – und in Buxtehude sollten Sie auf keinen Fall den wunderschönen alten Hafen verpassen. Sie sehen schon, auch wenn es nicht viele Radlkilometer sind, so sollten Sie dennoch etwas mehr Zeit einplanen zum Anschauen, Staunen und Genießen.

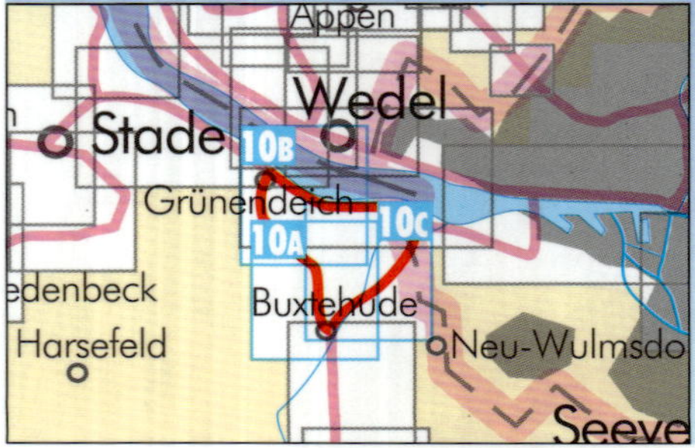

Charakteristik

Länge: 44 km
Start & Ziel: Buxtehude, Bahnhof
Anreise: Mit der S-Bahn oder per „metronom" (s. S. 8) nach Buxtehude, vom Hauptbahnhof Hamburg dauert das ca. 35 Minuten.

Obstkulturen im „Alten Land"

Wegbeschaffenheit: Die Route verläuft auf asphaltierten Radwegen und verkehrsarmen Straßen.
Verkehr: Sobald Sie Buxtehude verlassen haben, radeln Sie ausschließlich auf verkehrsberuhigten bzw. autofreien Wegen.
Beschilderung: Regionale Radschilder und jene des Elbe-Radweges weisen den Weg.
Steigungen: keine
Tipp: Diese Tour ist auch für Kinder geeignet, da sie fast ausschließlich auf Rad- und Landwirtschaftswegen verläuft.
Anschlusstouren: 4, 9

Buxtehude s. S. 114

Von Buxtehude an die Elbe 17,4 km

Vor dem Bahnhof links in die **Bahnhofstraße** ~ kurz parallel zu den Gleisen ~ rechts in die Straße **Königsdamm** auf den linksseitigen Radweg ~ am Stadtende wird der Weg unbefestigt und schmäler ~ an der T-Kreuzung links ~ auf dem linksseitigen Radweg nach Dammhausen.

Dammhausen

Nach dem roten Hydranten auf der rechten Seite rechts in den unbefestigten Weg ~ nach der Hochspannungsleitung an der T-Kreuzung rechts ~ dem Linksknick folgen ~ geradeaus über die 4er-Kreuzung ~ an der folgenden 4er-Kreuzung links ~ links des Kanals entlang ~ geradeaus über die Straße Jorkerfelde ~ vorbei an Obstkulturen und landwirtschaftlichen Hallen ~ an der Kreuzung, wo links ein mit der Ziffer „11" markierter Stein liegt, rechts in die Straße **Hinterdeich** ~ geradeaus in die Vorfahrtsstraße einfahren.

Hinterdeich

Auf dem linksseitigen Radweg aus dem Ort hinaus ~ an Obstplantagen und am Rastplatz vorbei ~ dem kurvigen Straßenverlauf folgen bis zum Kreisverkehr ~ hier die dritte Ausfahrt Richtung Stade nehmen ~ unmittelbar nach der Ortstafel von **Mittelkirchen** rechts in den **Höhenweg** ~ längere Zeit verläuft der Weg nun zwischen Obstkulturen ~ an der T-Kreuzung rechts halten ~ geradeaus weiter Richtung Cranz ~ dem Straßenverlauf bis zum Elbedamm folgen ~ auf dem rechtsseitigen Radweg der Elbe entlang.

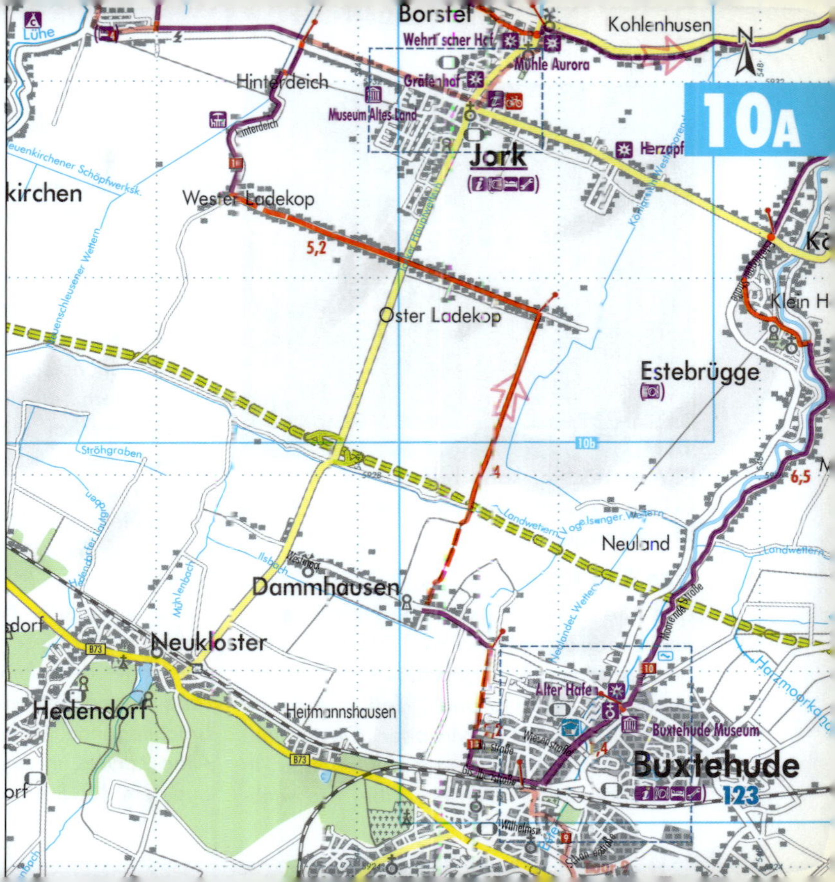

Elbe

ANSCHLUSS Wer möchte, kann hier zu Tour 4, dem Elbe-Radweg in den Westen, bis Glückstadt folgen.

Das Alte Land

Das Alte Land, das sich von Hamburg bis nach Stade erstreckt, ist mit 170 Quadratkilometern das größte geschlossene Obstanbaugebiet Nordeuropas. Jedes Jahr im Frühjahr zaubern 10 Millionen Obstbäume ein weiß-zartrosafarbenes Blütenmeer in die Landschaft südlich der Elbe. Die wichtigste Obstsorte in diesem Anbaugebiet ist der Apfel, der als Symbol für Fruchtbarkeit, Liebe und Jugend zum Wahrzeichen des Alten Landes erwählt wurde. Außer Äpfeln werden hier Kirschen, Zwetschgen und Birnen angebaut.

Zu verdanken ist dieser fruchtbare Flecken Erde nicht allein dem günstigen Klima, das hier herrscht. Sondern vielmehr den erfahrenen holländischen Entwässerungs- und Deichbauern, die im 12. Jahrhundert vom Bremer Bischof mit der Kultivierung der Marschlandschaft beauftragt wurden. Hinter Deichbauten vor landschaftszerstörenden Sturmfluten geschützt, wurde durch die Entwässerung der unwirtlichen Sumpflandschaft fruchtbarer Boden gewonnen. Dieser noch junge kultivierte Boden wurde „Olland" genannt. Von dieser Bezeichnung leitet sich der Name des Alten Landes ab. Als Neues Land bezeichnete man dagegen das noch brachliegende Gebiet. Die Einteilung des Alten Landes in drei Meilen stammt noch aus dem 15. Jahrhundert. Die I. Meile liegt

Radeln im „Alten Land"

zwischen den Flüssen Schwinge und Lühe, die II. Meile zwischen Lühe und Este und die III. Meile zwischen Este und alter Süderelbe. Zahlreiche Windmühlen, Brücken und die langgezogenen Reihendörfer zeugen weiterhin von dem Einfluss der Holländer auf die Kulturlandschaft des Alten Landes.

Charakteristisch sind auch die Altländer Fachwerkhäuser mit ihrem roten Ziegelfachwerk und den reetgedeckten Dächern. Die vielen malerischen Details, die die reich verzierten Höfe schmücken, zeugen nicht nur allein vom früheren Reichtum der Obstbauern, sondern gestatten auch einen Einblick in das Brauchtum der Altländer. So dienten die gekreuzten Schwäne gleichzeitig als Schmuck der Giebel und als Schutz vor bösen Mächten und verheerenden Stürmen. Sehenswert sind auch die prunkvollen Brauttüren einiger Höfe. Benutzt wurde die Brauttüre, die sich nur vom Hausinneren öffnen ließ, am Hochzeittage, wenn der Bräutigam seine Braut über die Türschwelle in ihr neues Heim trug. Aber auch zu Beerdigungen und als Notausgang bei Feuer wurde die Brauttüre benutzt.

Neben diesen charakteristischen Häusern sind neun Kirchen zu bewundern, die durch ihre unterschiedliche Gestaltung einmalig sind. Teilweise sind in einigen dieser Kirchen Orgeln des Baumeisters Arp Schnitger erhalten, der in Neuenfelde wohnte.

Von der Elbe nach Buxtehude — *26,3 km*

Die Straße entfernt sich vom Elbdamm ⇝ rechts in die **Yachthafenstraße** Richtung Mitteln-kirchen ⇝ zwischen Kanal und Obstplantagen dem Radweg entlang ⇝ kurz vor dem nächsten Ort links in den Landwirtschaftsweg ⇝ der Weg führt wiederum zwischen Obstbäumen ⇝ bei den ersten Häusern an der 4er-Kreuzung bei der großen weißen Lagerhalle links.

Borstel

INS ZENTRUM: Wenn Sie hier rechts fahren, kommen Sie ins Ortszentrum von Jork.

Jork

PLZ: 21635; Vorwahl: 04162

- **Touristik-Info Altes Land**, Osterjork 10, ✆ 914755
- **Museum Altes Land**, Westerjork 49, ✆ 5715, ÖZ: April-Okt., Di-So 11-17 Uhr;

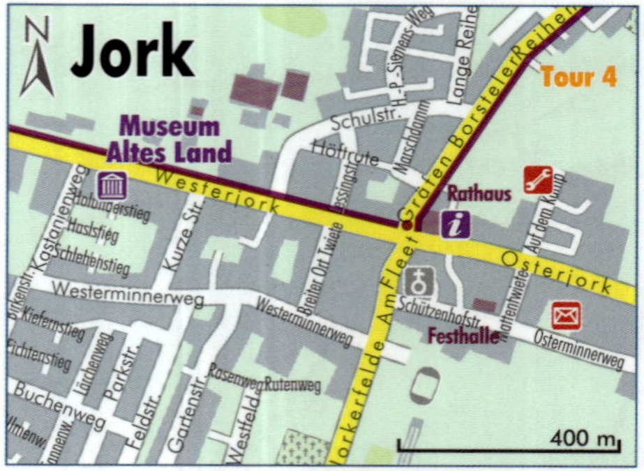

Nov.-März, Mi, Sa, So 13-16 Uhr. Dokumen-tation zur technischen Entwicklung des Alten Landes unter besonderer Berücksichtigung des Obstanbaus, des Handwerks, des Deichbaus und der Schifffahrt.

- **Gräfenhof – Das Jorker Rathaus** (1649-51), Am Gräfengericht 2, ✆ 91470. Der ehemalige Adelssitz wurde vom Graf Mattäus von Haren erbaut. Es folgten mehrere Umbauten.
- **Wehrt'scher Hof**, Große Seite 8, Ortsteil Borstel. Besichtigung nur in Verbindung mit der Altländer Gästeführung möglich.
- **Windmühle Aurora**, Am Elbdeich 1, Ortsteil Borstel, ✆ 6395, Besichtigungen der Mühle, die derzeit ein Restaurant beherbergt, sind nur sehr begrenzt im Rahmen der Altländer Gästeführung möglich.

- **Obstlehrpfad**, beginnt in Borstel und führt entlang des Struckweges bis zur Yachthafenstraße (Länge: ca. 1,4 Kilometer).
- **Obstbau-, Versuchs- u. Beratungszentrum Jork**, Moor-ende 53, ✆ 60160
- **Torfstechen**, Gerd Lefers, Obstanbau im Alten Land, Osterjork 140, ✆ 375
- **Altländer Gästeführungen**, Westerjork 49, ✆ 1333, April-Okt., interessante Führungen zu festen Terminen u. n. V.
- **Der Herzapfelhof**, Familie Lühs, Osterjork 102, ✆ 8954. Apfelhof mit vielen Highlights wie Hofführungen, Hofladen, Äpfel mit persönlichen Motiven.
- **Boßeln**, Fährhaus Kirschenland, Wisch 9, #✆ 7487. Bei dieser urtümlichen Sportart geht es darum eine Holzkugel so weit wie möglich zu werfen.
- **M. Brosch**, Auf dem Kamp 7, ✆ 6645

An der Vorfahrtsstraße rechts auf den rechtsseitigen Radweg ~ auf diesem für rund 7,5 Kilometer bis nach Cranz.

Cranz

- **Fähre Blankenese-Cranz**, Fährzeiten: Mo-Sa 6.30-20 Uhr, So/Fei 7.30-20 Uhr

ANSCHLUSS
Hier können Sie zum Elbe-Radweg wechseln und bis Hamburg radeln, s. Tour 4.

Rechts weg in den **Cranzer Elbdeich** ~ an der T-Kreuzung rechts in die Straße **Estedeich** ~ vorbei an der Polizei ~ dem kurvigen Straßenverlauf folgen ~ rechts beginnt ein Radweg.

Königreich

TIPP
Hier können Sie entweder auf dem straßenbegleitenden Radweg fahren oder auf dem Dammradweg.

Die große Ampelkreuzung mit der Straße Obstmarschenweg geradeaus queren ~ links weg in die **Hinterstraße**, Richtung

Dammradweg bei Königreich

Heimatmuseum, Buxtehude

Sportanlagen → an der T-Kreuzung rechts in die **Estebrügger Straße**.

Estebrügge

Besonders schöne Fachwerkhäuser zeugen in Estebrügge noch heute vom einstigen Wohlstand der Stadt. Denn – wie der Name schon besagt – war hier früher eine der wenigen Brücken, um die Este queren zu können.

Nach der Rechtskurve links über die Estebrücke → an der Vorfahrtsstraße rechts auf den rechtsseitigen Radweg → längere Zeit auf dem schönen Dammradweg zwischen Este und Obstbäumen → immer wieder kurvig verläuft dieser Weg bis Buxtehude.

Auf der **Moorender Straße** geht es in die Stadt hinein → an der Vorfahrtsstraße rechts → geradeaus über die große Kreuzung → in die Fußgängerzone von Buxtehude.

Buxtehude s. S. 114

Geradeaus weiter auf den Radweg der **Bahnhofstraße** → vor den Gleisen rechts → links befindet sich der Bahnhof von Buxtehude.

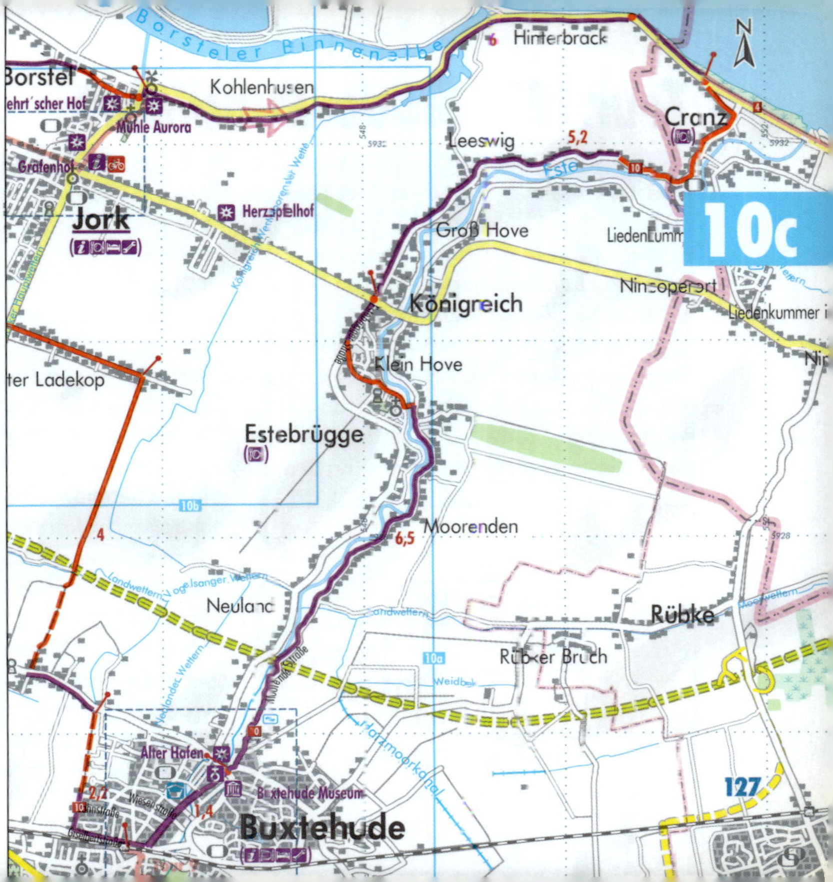

Tour 11 Stade-Rundfahrt 40 km

In so manchen Straßen und Gassen von Stade könnte man tatsächlich meinen, die Zeit sei stehen geblieben: Lassen Sie sich verzaubern vom romantischen Hafen samt beeindruckenden Backstein- und Fachwerkbauten, bevor Sie Ihre Tour Richtung Süden starten. Auf dieser Runde erwarten Sie neben zahlreichen alten Wassermühlen viel Ruhe und Natur. Kurz bevor Sie wieder nach Stade zurückkehren, sollten Sie auf jeden Fall einen Besuch im Schloss Agathenburg einplanen, allein schon die Aussicht vom dazugehörigen Schlosspark auf die Elblandschaft ist einen Abstecher wert.

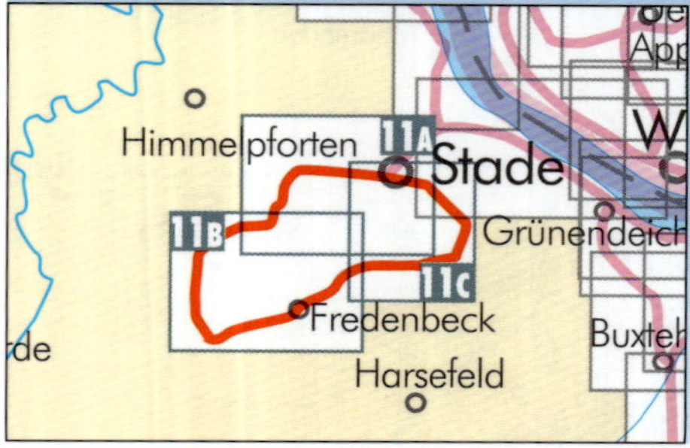

Charakteristik

Länge: 40 km

Start & Ziel: Stade, Bahnhof

Anreise: Von Hamburg gibt es eine sehr gute Bahnverbindung nach Stade. Alle 30 Minuten fährt eine S-Bahn oder der „metronom" (s. S. 8) von der Hansestadt innerhalb von einer Stunde nach Stade.

Wegbeschaffenheit: Die Route verläuft, abgesehen vom kurzen Stück entlang des Bahndammes in Stade, ausschließlich auf befestigten, gut befahrbaren Straßen und Radwegen.

Verkehr: Ruhige Landstraßen und Radwege sorgen für angenehmes Radeln.

Beschilderung: Zum Teil folgt man bei dieser Runde den Radschildern der „Niedersächsischen Mühlenstraße", zum Teil jenen des Radweges „R6". Jedoch sind dies immer nur kurze Abschnitte, sodass Sie sich am besten auch immer an unseren Karten orientieren.

Steigungen: Vereinzelt treffen Sie auf leichte Steigungen.

Tipp: Auf der zweiten Hälfte der Tour können Sie in mehreren Orten in den „moorexpress" wechseln. Dieser nostalgische Zug fährt an Wochenenden und Feiertagen von Bremen nach Stade. In folgenden Orten können Sie einsteigen und mit dem Zug nach Stade zurückfahren: Mulsum, Fredenbeck, Deinste und Hagen. Mehr dazu unter www.moorexpress.net

Anschlusstour: 4

Alter Hafen in Stade

Stade

PLZ: 21682; Vorwahl: 04141

- **Tourist-Information am Hafen**, Hansestr. 16, ✆ 409170, www.stade.de
- **Schwedenspeicher-Museum**, Wasser-West, ✆ 3222, ÖZ: Di-Fr 10-17 Uhr, Sa, So 10-18 Uhr. Geschichte des Elbe-Weser-Gebietes im ehemaligen schwedischen Provianthaus.
- **Freilichtmuseum** auf der Insel, ✆ 3222, ÖZ: Mai-Sept., Di-Fr 10-13 Uhr und 14-17 Uhr, Sa, So 10-13 Uhr und 14-18 Uhr. Geest- und Marschbauernhaus, eine Bockwindmühle, ein Ziehbrunnen u. v. m.
- **Heimatmuseum**, Inselstr. 12, ✆ 3222, ÖZ: auf Anfrage
- **Kunsthaus Stade**, Wasser West 7, ✆ 44824, ÖZ: s. Schwedenspeicher-Museum, jährlich wechselnde Gemäldeausstellungen
- **Technik- und Verkehrsmuseum**, Freiburger Str. 60, ✆ 2888, ÖZ: tägl. 10-16 Uhr
- **St. Cosmae-Kirche** (13. Jh.), spätromanische Saalkirche
- **St. Wilhadi Kirche** (14./18. Jh.), dreischiffige, gotische Hallenkirche
- **Hansehafen** (13. Jh.)
- **Fischmarkt**, von den alten Hafeneinrichtungen, dem hölzernen Kran und der Stadtwaage beherrscht, bietet der Platz ein wunderschönes Panoramabild.
- **Rathaus** (1667/68). Die Kellergewölbe stammen aus der Zeit vor 1279.
- **Schwedenspeicher** (1692-1705)

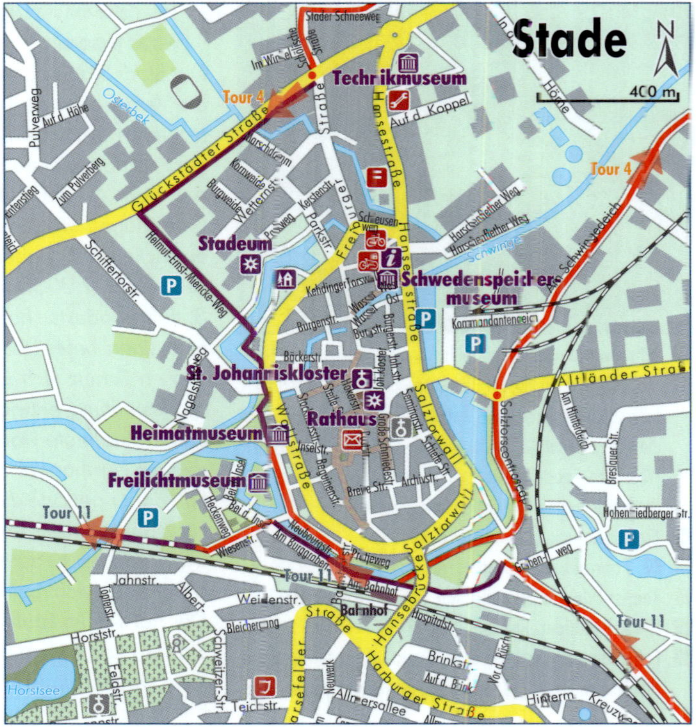

Stadthafen von Stade

- **sehenswerte Altstadt** mit zahlreichen Fachwerkhäusern
- **moorexpress**, Sa, So, Fei, Karten unbedingt vorher reservieren, Fahrradmitnahme möglich. Zwischen Stade und Bremen fährt die alte Bahn auf der Strecke, wo früher die Torfkähne segelten. Während der nostalgischen Fahrt werden neben einer Audioführung auch Ausflugstipps ins Umland gegeben.
- **Freibad** Solemio Erlebnisbad, ✆ 404181
- **Fahrradhandel Brandt**, Freiburger Str. 45, ✆ 922669
- **Tourist-Information am Hafen**, Hansestr. 16, ✆ 409170
- **Hinck Zweiräder**, Hansestr. 27, ✆ 3193
- **Fahrradmietboxen**, vis-a-vis der Tourist-Information am Hafen. Hier können Sie Ihr Rad bequem mit dem Gepäck parken, sicher verschließen und unbesorgt in der nur wenige Schritte entfernten Altstadt bummeln.

Die Stadt Stade hat eine vielfältige und weit in die Vergangenheit zurückreichende Geschichte, deren bauliche Zeugnisse noch überall in der Altstadt zu finden sind.
Auf dem in der Nähe der Elbe gelegenen Geesthügel, wo sich die Stadt im Mittelalter entwickelt hat, haben Menschen wohl schon seit über 2.000 Jahren gelebt. Ende des 8. Jahrhunderts haben dann die Franken hier einen befestigten Königshof angelegt, in dessen Schutz sich langsam eine Hafen- und Marktsiedlung entwickelte.
Stader Kaufleute waren seit dem 13. Jahrhundert am Fernhandel in den Niederlanden beteiligt, daher gehörte die Stadt fast von Beginn an zur Hanse. Bereits im 11. und 12. Jahrhundert war Stade der bedeutendste Hafenplatz an der Unterelbe, wichtiger und größer als Hamburg. Das hat sich im Laufe der Zeit geändert, da der Stader Hafen für die großen Hanseschiffe zu klein wurde. Stade blieb aber bis ins 17. Jahrhundert ein bedeutender Markt- und Umschlagplatz für den niedersächsischen Raum. Diese kaufmännische Tradition hat sich auch in den vier Stader Bruderschaften aus dem 14. bis 16. Jahrhundert lebendig erhalten.
Die meisten der vielen alten Fachwerkhäuser in Stades Altstadt sind in der zweiten Hälfte des 17. Jahrhunderts und den ersten Jahren des 18. Jahrhunderts, der sog. Schwedenzeit Stades, gebaut worden. Die schwedischen Truppen besetzten Stade 1645 am Ende des Dreißigjährigen Krieges. Sie machten die Stadt zum Zentrum ihrer Herrschaft über das Gebiet zwischen Weser und Elbe. Stade wurde zu einer bedeutenden europäischen Festung ausgebaut und erhielt eine starke Garnison. An diese Zeit erinnern noch die erhaltenen Wallanlagen und die militärischen Gebäude des Provianthauses (Schwedenspeicher) und des Zeughauses. Auch heute noch ist die historische Altstadt mit ihren verwinkelten Gassen, vielfältigen Einkaufsmöglichkeiten und zahlreichen Cafés komplett vom Wasser umgeben.

ANSCHLUSS Durch Stade verläuft auch der Elbe-Radweg, auf dem Sie bis Glückstadt bzw. Hamburg radeln können.

Von Stade nach Heinbockel 13,9 km

Vor dem Bahnhof links in die Straße **Am Bahnhof** ~ geradeaus weiter entlang des Kanals in die Staße **Am Burggraben** ~ an der nächsten Möglichkeit links in die **Wiesenstraße** ~ nach der Schule der Rechtskurve folgen ~ vorbei am Poller ~ weiter auf dem unbefestigten Weg ~ über eine Brücke ~ weiter entlang der Gleise ~ beim Kreuzungsbereich im spitzen Winkel rechts einbiegen ~ an der Vorfahrtsstraße links auf den linksseitigen Radweg ~ leicht bergauf ~ rechts in die Straße **Am Hohenwedel** ~ nach der Rechtskurve links in den **Brunnenweg** ~ der Weg wird gepflastert ~ leicht bergauf ~ in einer Linkskurve über die Gleise ~ gleich danach rechts ~ geradeaus über den Kreisverkehr ~ auf dem rechtsseitigen Radweg in den nächsten Ort.

Haddorf

Geradeaus über den Kreisverkehr ~ an der **Harddorfer Hauptstraße** links ~ an der T-Kreuzung rechts Richtung Oldendorf ~ auf dem linksseitigen Radweg von Haddorf nach Mittelsdorf.

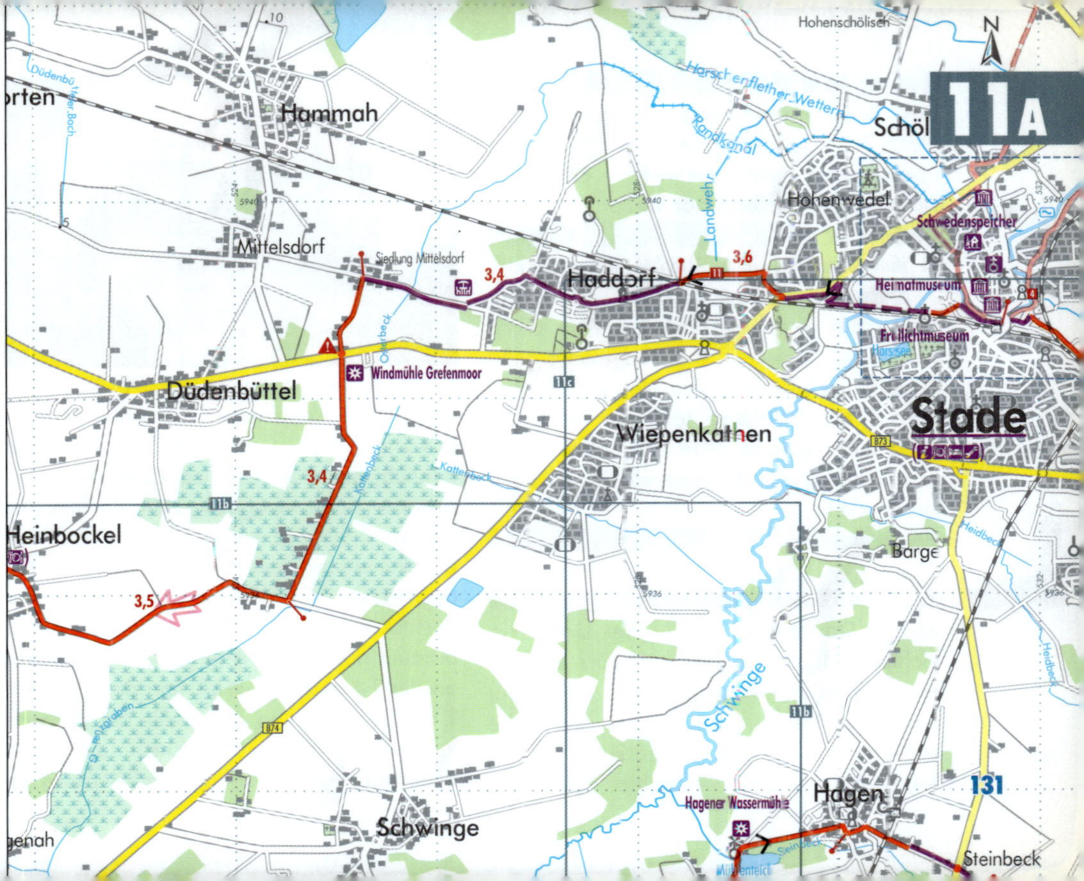

Siedlung Mittelsdorf

Links in den **Mühlenweg** ⇝ geradeaus über die B 73 ⇝ ⚠ stark befahrene Straße zu überqueren ⇝ geradeaus weiter ⇝ an einigen Häusern von **Grefenmoor** vorbei.

Grefenmoor

- **Windmühle** (1854), ✆ 04141/86241, Besichtigung n. V., einstöckige Galerie-Holländer-Windmühle

Weiter auf einem gepflasterten Weg durch eine Allee ⇝ an der T-Kreuzung rechts Richtung Himmelpforten ⇝ der Weg wird gepflastert ⇝ der Linkskurve folgen ⇝ nach der Rechtskurve geradeaus in den nächsten Ort ⇝ auf der Straße **Kötnerende** hinein nach Heinbockel.

Heinbockel

Von Heinbockel nach Fredenbeck — *9,2 km*

An der **Dorfstraße** links ⇝ der Linkskurve Richtung Hagenah folgen ⇝ kurz danach rechts in die **Siedlungsstraße** ⇝ vorbei an Sportplätzen ⇝ schnurgerade der Straße entlang ⇝ an der Vorfahrtsstraße links in den **Kirchweg** ⇝ nach der leichten Linkskurve

Schloss Agathenburg

rechts in den gepflasterten Landwirtschaftsweg ⇝ die asphaltierte Querstraße geradeaus überqueren ⇝ an der **B 74** links ⇝ kurz danach rechts in den Weg **Zum Willahermoor** ⇝ der langgezogenen Rechtskurve folgen ⇝ durch ein Waldstück ⇝ nach der Linkskurve wird der Weg asphaltiert ⇝ bei den Häusern von **Willahermoor** der starken Rechtskurve folgen ⇝ dem Straßenverlauf bis zum nächsten Ort folgen ⇝ in **Mulsum** an der T-Kreuzung links ⇝ an der nächsten T-Kreuzung links in die Straße **Im Dänsch** ⇝ nach der Rechtskurve rechts in die Straße **Kreethof** ⇝ an der Vorfahrtsstraße links in die Straße **Heerloge** ⇝ gleich danach rechts in den **Lustgang** ⇝ links halten.

Mulsum

An der Vorfahrtsstraße rechts ⇝ auf dieser Straße, **Alte Schmiedestraße**, den Ort verlassen ⇝ den Radschildern Richtung Fredenbeck folgen ⇝ längere Zeit geradeaus auf dem straßenbegleitenden Radweg ⇝ leicht bergab und bergauf ⇝ an der Vorfahrtsstraße links.

> **TIPP** Nach einigen Metern weisen Schilder zu einem schönen Badeteich mit Spielplatz.

Auf dem linksseitigen Radweg durch den kleinen Ort **Dinghorn** ⇝ leicht bergauf ⇝ weiter in den Ort Fredenbeck ⇝ auf der **Dinghorner Straße** in den Ort hinein ⇝ immer gerade weiter.

Fredenbeck

- **Wassermühle,** Mühlenweg 18, heute Urlaubshof
- **Bad- und Freizeitanlage,** Natursee mit Sandstrand und gepflegter Liegewiese

Von Fredenbeck nach Stade — *17 km*

Der starken Rechtskurve folgen ⇝ in einer Linkskurve geht es aus dem Ort hinaus

~ nach der Rechtskurve links in die **Schrankenstraße**.

TIPP Hier fahren Sie vorbei am Gut Deinster-Mühle, einer rund 800 Jahre alten Mühle, die heute einen Gastronomiebetrieb mit eigener Forellenzucht beherbergt.

An der T-Kreuzung rechts in den **Fredenbecker Weg** ~ der Weg führt zu beiden Seiten an einem Golfplatz vorbei ~ geradeaus über die 4er-Kreuzung ~ über eine kleine Brücke ~ vorbei am Mühlenteich ~ nach der Hagener Mühle rechts ~ auf dem gepflasterten Weg bergauf ~ der Rechtskurve folgen in die Straße **Zur Mühle**.

Hagen

Wassermühle, heute in Privatbesitz

Rechts halten ~ auf dem kleinen, runden Platz links in die **Eichenstraße** ~ am Rastplatz vorbei ~ an der 4er-Kreuzung rechts in die Straße **Odamm** ~ über die Schienen ~ auf dem linksseitigen Radweg aus dem Ort hinaus ~ ⚠ an der Stopp-Kreuzung geradeaus weiter nach Steinbeck ~ nach der Linkskurve leicht bergauf ~ durch eine Allee ~ an der Gabelung links

halten, laut R6-Radwanderschild ⤳ der Linkskurve folgen ⤳ kurz danach rechts in den befestigten Weg ⤳ über eine kleine Brücke ⤳ die 4er-Kreuzung bei den ersten Häusern von Agathenburg geradeaus queren.

Agathenburg

Schloss Agathenburg, ÖZ: März-Okt., Di-Sa 14-18 Uhr, So 10-18 Uhr, Nov.-Feb., Di-Sa 14-17 Uhr, So 10-17 Uhr, Schlosspark ganztägig zugänglich. Das Besondere an diesem Schloss ist die äußerst feudale Architektur des 17. Jhs. und der einzigartige Blick vom Schlossgarten auf die Weite des Elbtales. In diesem dreistöckigen Backsteinbau finden Sie heute eine Ausstellung zur Geschichte des Schlosses und zahlreiche kulturelle Veranstaltungen.

Geradeaus über die Hauptstraße ⤳ hinein in den Hof von Schloss Agathenburg ⤳ vor dem Schloss links, laut Radschild ⤳ in einer Rechtskurve nach dem Parkplatz kurz bergab ⤳ an der Kreuzung links halten in die **Bahnhofstraße** ⤳ kurz vor dem Bahnhof rechts über die Schienen ⤳ gleich danach links ⤳ entlang der Gleise ⤳ nach einer Rechts-links-Kombination weiterhin parallel zu den Gleisen ⤳ unter einer Straßenbrücke hindurch ⤳ unter der Autobahn hindurch ⤳ an der 4er-Kreuzung rechts ⤳ an der nächsten Möglichkeit links Richtung Stade ⤳ längere Zeit geradeaus ⤳ der starken Links- und Rechtskurve folgen ⤳ wiederum entlang der Gleise ⤳ geradeaus einfahren in die Straße **Am Güterbahnhof** ⤳ der Linkskurve folgen ⤳ an der 4er-Kreuzung links in die Straße **Am Güterbahnhof** ⤳ rechtsseitig beginnt ein Radweg ⤳ unter einer Überführung hindurch ⤳ links befindet sich nun der Bahnhof von Stade.

Stade

Stadtumlandtouren nördlich der Elbe

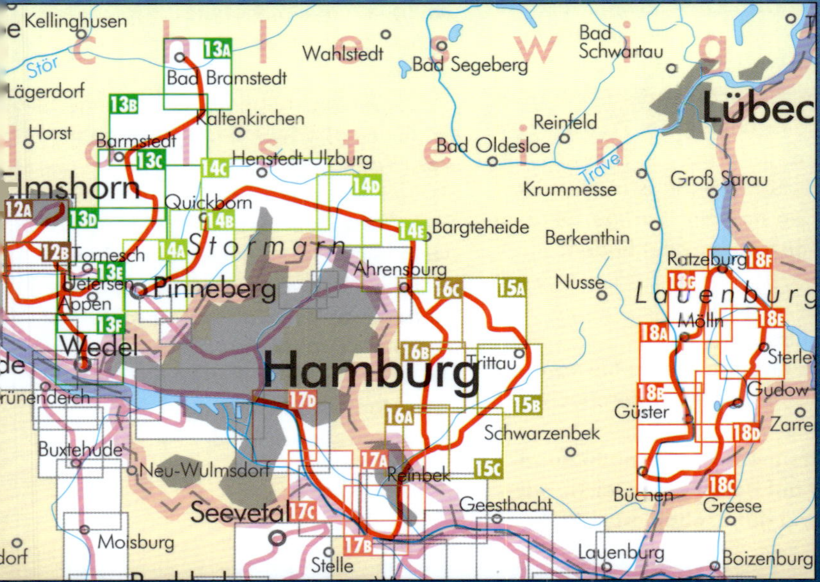

		60 km
Tour 12	Durch die Seestermüher Marsch	54 km
Tour 13	Am Heerweg/Ochsenweg von Bad Bramstedt an die Elbe	68 km
Tour 14	Zur Alsterquelle in den Norden Hamburgs	60 km
Tour 15	Seentour zur Aumühle	48 km
Tour 16	Bahntrassenradeln im Osten Hamburgs	33 km
Tour 17	Durch die Vierlande an die Elbe	45 km
Tour 18	Durch die Lauenburgische Seenlandschaft	87 km

Tour 12 Durch die Seestermüher Marsch 54 km

Im hübschen Städtchen Elmhorn beginnt die gemütliche Radtour und führt zunächst entlang der Krückau Richtung Elbe. Auf Deichwegen und ruhigen Landwirtschaftswegen radeln Sie durch kleine Orte mit reetgedeckten Häusern und vorbei an zahlreichen Rapsfeldern und Obstplantagen – besonders im Frühjahr erlebt man hier ein wahres Meer an Obstblüten. Durch die besondere Lage an der Elbe haben sich in diesem Gebiet nicht nur ertragreiche Marschböden gebildet, sondern auch spezielle Landschaftsformen, wie beispielsweise Süßwasserwatten, wo heute seltene Tiere und Pflanzen ein kleines Paradies vorfinden. Mit etwas Glück können Sie in den Schilfgürteln Graugänse oder Seeadler entdecken. Was es sonst noch alles zu „erfahren" gibt, wird am besten im Elbmarschenhaus in Haseldorf gezeigt, wo Sie das einzigartige Ökosystem multimedial aufbereitet finden.

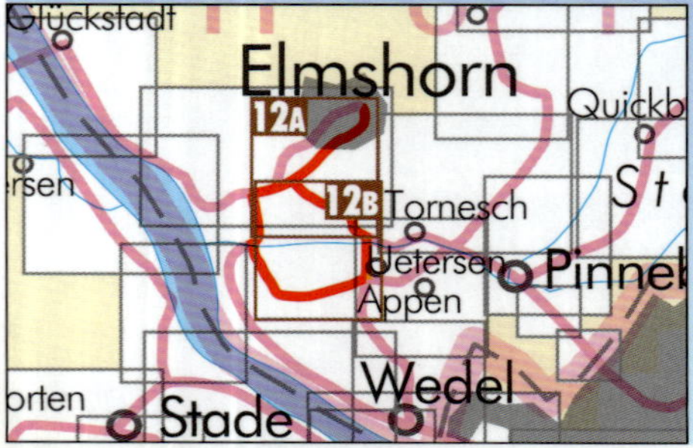

Charakteristik

Länge: 54 km

Start & Ziel: Elmshorn

Anreise: Mit der Bahn fahren Sie von Hamburg aus rund 25 Minuten nach Elmshorn.

Wegbeschaffenheit: Die gesamte Rundtour verläuft auf befestigten Deich- oder Radwegen und gut asphaltierten Straßen.

Verkehr: Sie radeln fast ausschließlich auf verkehrsarmen oder autofreien Wegen, allein in Elmshorn müssen Sie ein kurzes Stück auf etwas mehr Verkehr achten.

Beschilderung: allgemeine Radwegschilder, keine spezielle Beschilderung für diese Tour

Steigungen: keine

Tipp: Diese Tour besteht im Grunde aus zwei kleinen Rundtouren, die beide mit dem Elbe-Radweg verbunden sind. Sie können also beispielsweise problemlos die Runde südlich von Uetersen weglassen oder auch am Elbe-Radweg zurück nach Hamburg fahren.

Anschlusstouren: 4, 13

Elmshorn

PLZ: 25335; Vorwahl: 04121

- **Tourismusinformation**, Königstr. 56, ✆ 61189
- **Verkehrs- und Bürgerverein**, Probstendamm 7, Im Torhaus, ✆ 268832
- **Industriemuseum**, Catharinenstr. 1, ✆ 268870, ÖZ: Di, Fr, Sa 14-17 Uhr, Mi, So 10-12 Uhr und 14-17 Uhr, Do 14-19 Uhr. In diesem aus dem Jahre 1895 stammenden Fabrikgebäude ist die Geschichte von Leben und Arbeit in der Industriezeit dokumentiert.
- **Nikolai-Kirche**, Alter Markt 16, mit Tonnengewölbe und Arp-Schnittger-Orgel
- **Skulpturengarten**, entlang der Krückau finden Sie von der Wedenkampbrücke bis zur Berliner Straße zwölf Figuren von namhaften KünstlerInnen
- **Wasserturm**, Jahnstraße, Besichtigung n. V. Der 1902 erbaute Wasserturm beherbergt heute eine Kerzenzieherei und ein Café.
- **Jüdischer Friedhof**, Feldstraße 42
- **Hochseilgarten**, Hamburger Str. 205, ✆ 040/84059420
- **Badepark Elmshorn**, Zum Krückaupark, ✆ 645274
- **radstation**, am Bahnhof, Königstr. 2A, videoüberwacht
- **Fahrradbörse Theege**, Langelohe 65, ✆ 76463
- **Burmester**, Schulstr. 47, ✆ 20511
- **Fahrrad & Meer**, Mühlenstr. 39, ✆ 87427

1991 konnte Elmshorn sein 850-jähriges Stadtjubiläum feiern. Trotzdem Karl X. die Stadt im Jahre 1657 niederbrennen ließ, wurde sie wenige Jahre später zunftberechtigter Flecken. Im Zuge der Industrialisierung schaffte es Elmshorn bis 1910 das Wirtschaftszentrum Südwestholsteins zu werden. Nach den Zerstörungen im Zweiten Weltkrieg und der großen Sturmflut 1962 ist die Stadt heute ein modernes Dienstleistungszentrum und sechstgrößte Stadt in Schleswig-Holstein.

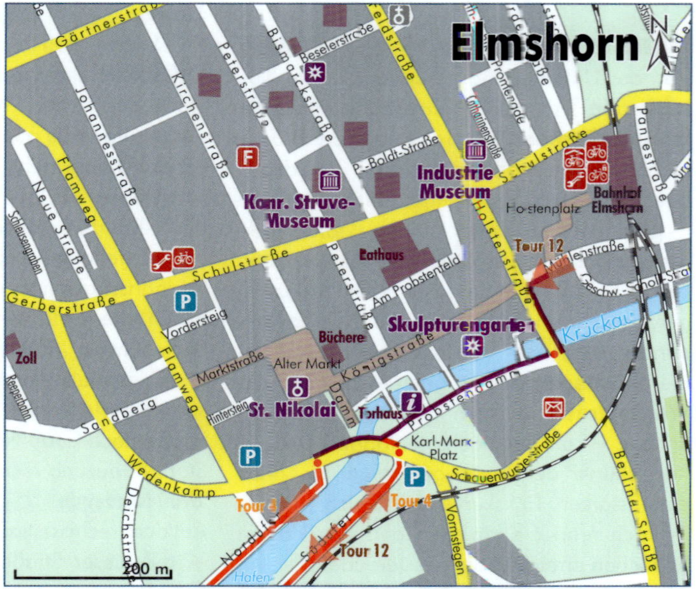

ANSCHLUSS Durch Elmshorn verläuft auch der Elbe-Radweg, auf den Sie bei dieser Tour mehrere Male umsteigen können.

Von Elmshorn nach Uetersen 16,9 km

Von der Unterführung geradeaus in die **Königstraße** ⇝ an der Vorfahrtsstraße links in die **Holsten-Berliner-Straße** ⇝ nach der Brücke rechts auf den **Probstendamm** ⇝ geradeaus über die nächste Straße, links Ampel beachten ⇝ geradeaus am Kanal entlang ⇝ die Straße wird gepflastert ⇝ der Linkskurve folgen ⇝ kurz bergauf ⇝ über die ampelgeregelte Kreuzung geradeaus ⇝ rechts in die Straße **Klostersande** ⇝ an der Vorsfahrtsstraße rechts in die **Blücherstraße** ⇝ geradeaus über die **Westerstraße** ⇝ dem befestigten Radweg entlang ⇝ an der nächsten Möglichkeit der Rechtskurve des Radweges folgen ⇝ nach einer starken Linkskurve am Deich entlang ⇝ nach rund 6 Kilometern auf dem kleinen Sträßchen erreichen Sie Seesteraudeich.

Seesteraudeich

Im Ort an der Gabelung links in die Straße **Dieckhof** ⇝ an der T-Kreuzung links ⇝ über eine Brücke.

Seester

St. Johanneskirche (1428), gotischer Backsteinbau mit frei stehendem Glockenstuhl und sehenswertem Barockaltar aus dem Jahre 1631

Nach der Kirche rechts in den **Schulsteig** ⇝ schnurgerade aus dem Ort hinaus ⇝ direkt vor dem Kanal rechts ⇝ der Aspahlt ist schlecht zu befahren ⇝ über eine kleine Brücke ⇝ an der T-Kreuzung rechts ⇝ gleich danach der Linkskurve folgen ⇝ durch eine Allee ⇝ an der Vorfahrtsstraße links ⇝ in der Linkskurve rechts in den **Altendeichsweg** ⇝ leicht bergauf ⇝ an der nächsten Möglichkeit links schnurgerade in den asphaltierten Weg ⇝ unter den Hochspannungsleitungen hindurch ⇝ auf dieser Straße nach Groß Nordende hinein ⇝ an der Stopp-Kreuzung rechts.

Groß Nordende

Auf dem rechtsseitigen Radweg durch den Ort ⇝ auf dieser Straße weiter in den nächsten Ort Uetersen.

Uetersen

PLZ: 25436; Vorwahl: 04122

Stadtverwaltung Uetersen, Wassermühlenstr. 7, ✆ 7140, www.uetersen.de

Museum Langes Tannen, Heidgrabener Straße, ✆ 979106, ÖZ: Mi, Sa, So 10-18 Uhr, denkmalgeschütztes Gebäudeensemble und weitläufige Wald- und Parkanlagen, Museum zu bürgerlichen Wohnkultur des 19. und 20. Jhs. im Herrenhaus, wechselnde Kunst- und Kulturveranstaltungen in der Scheune und gemütliches Café im Mühlenstumpf.

Stadtgeschichtliches Heimatmuseum, Parkstr. 1c, ✆ 41919, ÖZ: So 14-17 Uhr, Geschichten zu Uetersener Handwerk, Rosenzucht, Eisenbahn, Werften usw. sowie Sammlung von Motoren des ILO Werkes Pinneberg

Kloster Uetersen, Zisterzienserinnenkloster mit gut erhaltener Anlage, u.a. das älteste Haus der Stadt (1664) und die augenfällige Klosterkirche aus dem Spätbarock (1748/49). Das Zisterzienserkloster wurde von Heinrich von Barmstede gegründet und diente später als Damenstift für Töchter der gehobenen Gesellschaft.

Rosarium Uetersen, auf 7 ha Fläche kann man ca. 800 verschiedene Rosensorten bewundern.

Jürgen Frenzel Schwimmhalle, Kleiner Sand, ✆ 489287

Maik's bikes, Bahnstr. 1, ✆ 908600

Fahrradservice Ziegler, Mühlenstr. 20, ✆ 2282

Fahrradhaus Clahsen, Marktstr. 31, ✆ 47790

Ritter Heinrich von Barmstede gründete 1234 in unmittelbarer Nachbarschaft zu seiner Burg ein Zisterzienserinnenkloster. Die Ansiedlung

wuchs rasch zu einem größeren Ort, dessen Entwicklung auch die kriegerischen Kämpfe in der Region sowie Missernten und Hochwasser nicht viel anhaben konnte.

Schon Mitte des 16. Jahrhunderts gehörte das Kloster zu den größten Flächensiedlungen zwischen Neumünster und Hamburg. Selbst die Reformation und die Umwandlung des Klosters in ein Stift für die adligen Damen des schleswig-holsteinischen Adels waren kein Hemmnis für das stetige Aufstreben zur Stadt Uetersen, was mit Erteilung der Stadtrechte 1870 vollendet war. Die klösterliche Vergangenheit prägt noch heute das Stadtbild, zusammen mit den weiteren Attraktionen Uetersens: dem Rosarium im Zentrum der Stadt und den Anlagen des Museums Langes Tannen.

Das Rosarium wurde 1934 – zum 700-jährigen Jubiläum der Stadt – eröffnet. Mit der Anlage des Rosariums in den 1930er Jahren knüpfte man an die lange Tradition der Rosenzucht in der Umgebung an. Ein weiteres Beispiel dafür, dass Tradition in Uetersen groß geschrieben wird, ist „Langes Tannen". Seit Mitte des 18. Jahrhunderts waren das Wohnhaus, die Mühle, die Bäckerei und andere Wirtschaftsgebäude sowie das weitläufige Mühlengelände im Besitz der Familie Lange, deren letzter Nachkomme, Werner Lange (1917-1979), das gesamte Anwesen der Stadt Uetersen vererbte – mit der Auflage Gebäude und Park zu erhalten und für die Öffentlichkeit zugänglich zu machen.

Von Uetersen an die Elbe 11,6 km

An der Vorfahrtsstraße rechts ~ in der Linkskurve rechts in die Straße Richtung Neuendeich ~ auf dem linksseitigen Radweg hinaus aus

Uetersen ⇝ bei den ersten Häusern von **Neuendeich** links über die große Brücke Richtung Haselau.

VARIANTE Wenn Sie die Runde abkürzen möchten, fahren Sie hier geradeaus und nicht über die Brücke.

Nach dem Ortsende von **Klevendeich** links Richtung Heist ⇝ auf dem linksseitigen Radweg bis Haselau.

Haselau

PLZ: 25489; Vorwahl: 04129

- **Bürgerbüro Haseldorfer Marsch**, Hauptstr. 23, ✆ 97990, www.gemeinde-haselau.de
- **Dorfmuseum**, Haseldorfer Chaussee 50a, ✆ 468, ÖZ: Mai-Okt. jeden ersten So 14-17 Uhr. Interessante Sammlung an Haushalts- und Handwerksgeräten und landwirtschaftlichen Werkzeugen.
- **Heilige Dreikönigskirche** (13. Jh.), gotische Backsteinkirche mit einem 46 m hohen, hölzernen Kirchturm, wo die „Zuckerhutsglocke" aus dem Jahre 1250 ihren Platz gefunden hat.
- **Burganlage Haselau**, ehemalige mittelalterliche Wasserburg, heute mit Wirtschaftsgebäuden umgeben
- **Kremer**, Altendeicher Chaussee 121, ✆ 247

Drehbrücke Klevendeich über die Pinnau

ANSCHLUSS Wenn Sie hier der Linkskurve folgen, erreichen Sie in einem Kilometer Tour 13, die Sie nach Wedel an der Elbe bzw. nach Barmstedt führt. Beim Ortsschild von Heist sehen Sie die ersten Radschilder des Ochsenweges.

In der Linkskurve rechts in die **Haseldorfer Chaussee** ⇝ auf dem straßenbegleitenden Radweg bis nach Haseldorf.

Haseldorf

PLZ: 25489; Vorwahl: 04129

- **Bürgerbüro Haseldorfer Marsch**, Hauptstr. 23, ✆ 97990, www.haseldorf.de
- **Touristinformation** im Elbmarschenhaus s. u.
- **„Kate Lüchau"**, Achtern Dörp 3, Heimatmuseum mit Bauerngarten
- **St. Gabriel Kirche** (13. Jh.), sehenswert ist das Epitaph an der östlichen Außenwand
- **Herrenhaus** (1804), keine Besichtigung möglich, jedoch lohnt ein Spaziergang im schön gelegenen Schlosspark.
- **Elbmarschenhaus**, Hauptstr. 26, ✆ 04129/955490, ÖZ: tägl. 10-16 Uhr, interessante Anlaufstelle für alle Infos rund um die Elbe, ihre Auen, ihre Vegetation und ihre Tiere.
- **Jaspo-Fahrräder**, Gut Haseldorf, Hauptstr. 26, ✆ 1358

An der Stopp-Kreuzung rechts Richtung Neuendeich ⇝ vorbei am **Gut Schüle** ⇝ der Rechtskurve folgen ⇝ im nächsten Ort, **Scholenfleth**, der Rechtskurve folgen.

Dem Verlauf der Vorfahrtsstraße folgen ⇝ vor dem Ortsende von Hohenhorst links zum Elbdeich abzweigen.

Hohenhorst

Von der Elbe nach Elmshorn — *25,6 km*

Auf der Hauptroute dem scharfen Rechtsknick der Straße folgen ⇝ es geht nach **Kreuzdeich** hinein ⇝ bei der Straßengabelung nach links auf einem Sträßchen weiter unterhalb des Pinnaudeiches ⇝ an der Vorfahrtsstraße in **Klevendeich** links über die Pinnau.

Klevendeich

✲ **Drehbrücke Klevendeich** (1887), verbindet die Haseldorfer Marsch mit der Seestermüher Marsch und steht als älteste Drehbrücke Schleswig-Holsteins unter Denkmalschutz.

Gleich danach in **Neuendeich** wieder links auf den Radweg ~ nach gut 2,5 Kilometern links nach **Esch** abbiegen ~ dem Verlauf der Vorfahrtstraße nach Seestermühe folgen ~ hier radeln Sie durch herrliche Obstplantagen, vor allem der Apfelanbau ist hier weit verbreitet und bietet im Frühling ein wahres Blütenmeer.

Seestermühe

PLZ: 25371; Vorwahl: 04125

- **„Göpelschauer"**, ✆ 437, ÖZ: Mai-Sept., So 14-17 Uhr u. n. V. Dorfmuseum mit historischen Geräten aus Landwirtschaft, Fischerei und Handwerk
- **Lindenallee,** doppelte Allee von rund 700 m zwischen dem Gutshof und dem Teehaus der Grafenfamilie

An der T-Kreuzung rechts und die nächste Straße wieder links ~ vor dem **Gutshof** wieder links ~ geradeaus parallel zur Krückau wieder landeinwärts ~ der Weg führt hier direkt an der Krückau entlang durch die Marsch, vorbei an Deichen und schönen Obstbäumen.

Seesteraudeich

Geradeaus auf dem kleinen Sträßchen weiterfahren ~ immer am Deich entlang ~ an der T-Kreuzung links ~ die große Querstraße, die **Westerstraße**, überqueren ~ geradeaus in die **Blücherstraße** ~ gleich links in die Straße **Klostersande** ~ links in die **Hafenstraße** ~ über die Reichenstraße ~ am Südufer der Krückau bis zum **Wedekamp** ~ geradeaus weiter kommen Sie zum Bahnhof, links von Ihnen das Zentrum.

Elmshorn s. S. 137

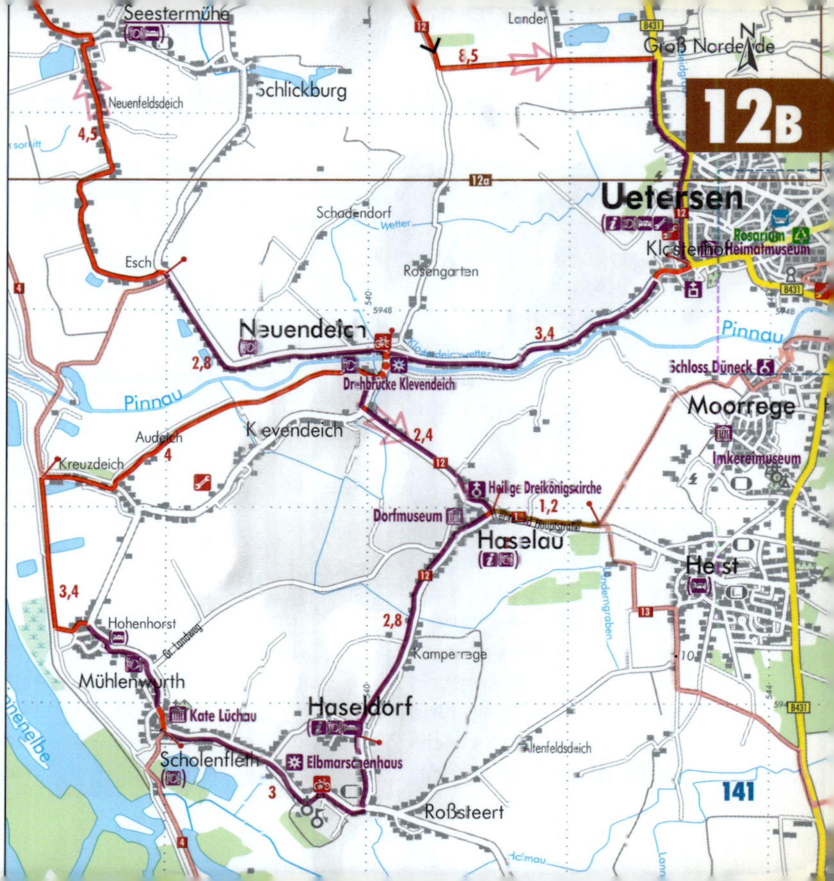

Tour 13 Am Heerweg/Ochsenweg von Bad Bramstedt an die Elbe 68 km

Eigentlich beginnt der mittelalterliche Handels- und Heerweg viel weiter im Norden, nämlich im dänischen Viborg, und eigentlich war dies im 16. Jahrhundert auch der Weg für Handwerker, Kaufleute, Viehtreiber und Könige samt ihren Heeren – doch heute ist alles anders: Auf einem bestens beschilderten Radweg können Sie interessante und geschichtsträchtige Stationen des bekannten Fernweges abradeln. Immer wieder werden Sie dabei auf künstliche Ochsenhörner, echte Viehherden und alte Traditionen, wie den bis heute stattfindenden Ochsenmarkt in Wedel, treffen. Und damit auch alles mit rechten Dingen zugeht, findet man bis heute in den Städten Rolandsstatuen, die als Zeichen des Marktfriedens und der Marktgerechtigkeit gelten.

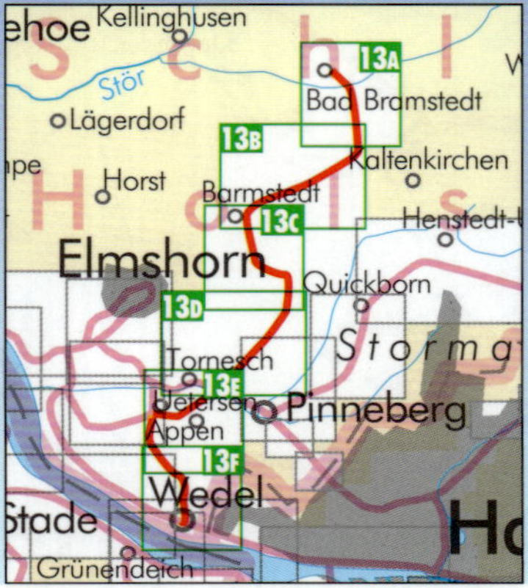

Charakteristik

Länge: 68 km

Start: Bad Bramstedt, Bahnhof

Ziel: Wedel an der Elbe

Anreise: Um von Hamburg nach Bad Bramstedt zu gelangen, müssen Sie rund 1 Stunde 20 Minuten per Bahn einplanen.

Wegbeschaffenheit: Die Oberflächen sind überwiegend asphaltiert, selten mit Betonspurplatten befestigt oder unbefestigt.

Verkehr: Der Radweg verläuft zum Teil auf Radwegen, zum Teil auf ruhigen Straßen, auch die Städte können Sie großteils auf Radwegen passieren.

Beschilderung: Rechteckige, weiße Schilder mit grüner Umrandung und der Umrissdarstellung der Kimbrischen Halbinsel weisen durchgängig und in beide Richtungen den Weg.

Steigungen: keine nennenswerten Steigungen

Tipp: Diese Strecke ist ein Teil des alten Fernweges Heerweg/Ochsenweg, der vom dänischen Viborg bis Hamburg führt. Wenn Ihnen die Strecke samt geschichtlichem Hintergrund gefällt und Sie gerne mehr davon wissen und erleben möchten, so finden Sie die gesamte Radtour (540 Kilometer) im *bikeline*-Radtourenbuch Heerweg/Ochsenweg.

Anschlusstouren: 2, 4, 12, 14

Bad Bramstedt

PLZ: 24576; Vorwahl: 04192

- **Tourismusbüro Bad Bramstedt**, Bleeck 17-19, ☎ 50627, www.bad-bramstedt.de
- **Maria-Magdalenen-Kirche** (1250), ÖZ: tägl. 8-16 Uhr
- **Gesundbrunnen**
- **„Schloss"**: Torhaus des alten Bramstedter Gutes (1647)
- **Rolandstandbild**, Sandsteinfigur von 1693
- **Bramstedter Waldbahn**, ☎ 04533/5614
- **Kanuverleih**, Reinhard Gantzer, Glückstädter Str. 2, Mönkloh, ☎ 3405
- **Rolandkanu**, Mühlenstr. 21, ☎ 85347
- **Heilpflanzenwanderungen** im Sommer
- **Warmwasserfreibad**, Am Badesteig 5, ☎ 1608, ÖZ: Mai-Sept., Sprungbecken, Wärmehalle, Sauna, Kleinkinderbecken, Rutschen, Strömungskanal.

„Bewegung & Balance" ist der Slogan, mit dem die Stadt Bad Bramstedt heute Menschen in die Kurstadt lockt. Die Entdeckung von Solequellen am Ende des 19. Jahrhunderts rettete den Ort vor dem Abstieg in die Bedeutungslosigkeit, denn die Stadt hatte die zügige verkehrstechnische Anbindung an die großen Handelsrouten des Nordens verpasst und wurde in der Folge von Händlern und Transportunternehmen weitestgehend „übersehen".

Allein die steinerne Rolandsfigur auf dem alten Marktplatz zeugt noch von der historischen Rolle Bramstedts im regen Handel zwischen Hamburg und Flensburg. Der Handel mit Ochsen kann in Bramstedt seit Mitte des 16. Jahrhunderts nachgewiesen werden. Mit wachen Augen und der gebieterischen Geste des erhobenen Schwertes wachte Roland über die Einhaltung von Gesetz und Ordnung bei den Geschäften. Herzog Friedrich III. verfügte 1652, dass die während des Dreißigjährigen Krieges zerstörte Rolandsfigur auf dem Wege nach Hamburg wiedererrichtet werden sollte, damit „... Kaufleute und Ochsenhändler ihre Kontrakte schließen und rechtliche Streitigkeiten gewärtig seien ...".

Heute besticht Bad Bramstedt weniger durch reges Markttreiben denn durch seine ruhige, natürliche Atmosphäre, die von den fünf, durch die Stadt führenden Auen bestimmt wird. Die urigen Flusslandschaften

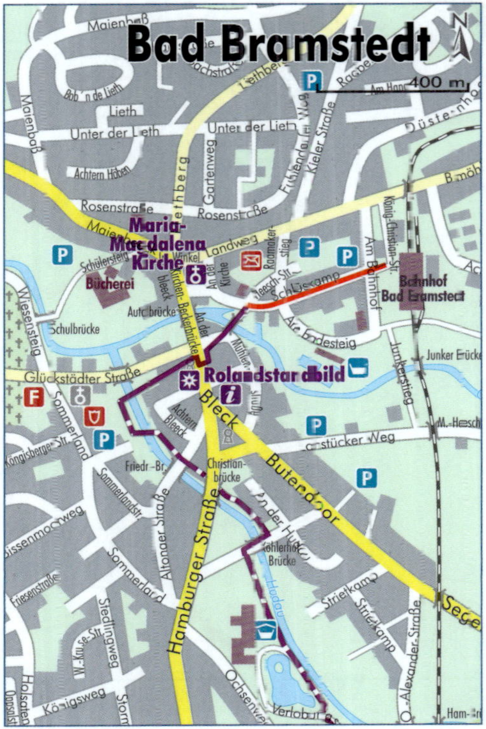

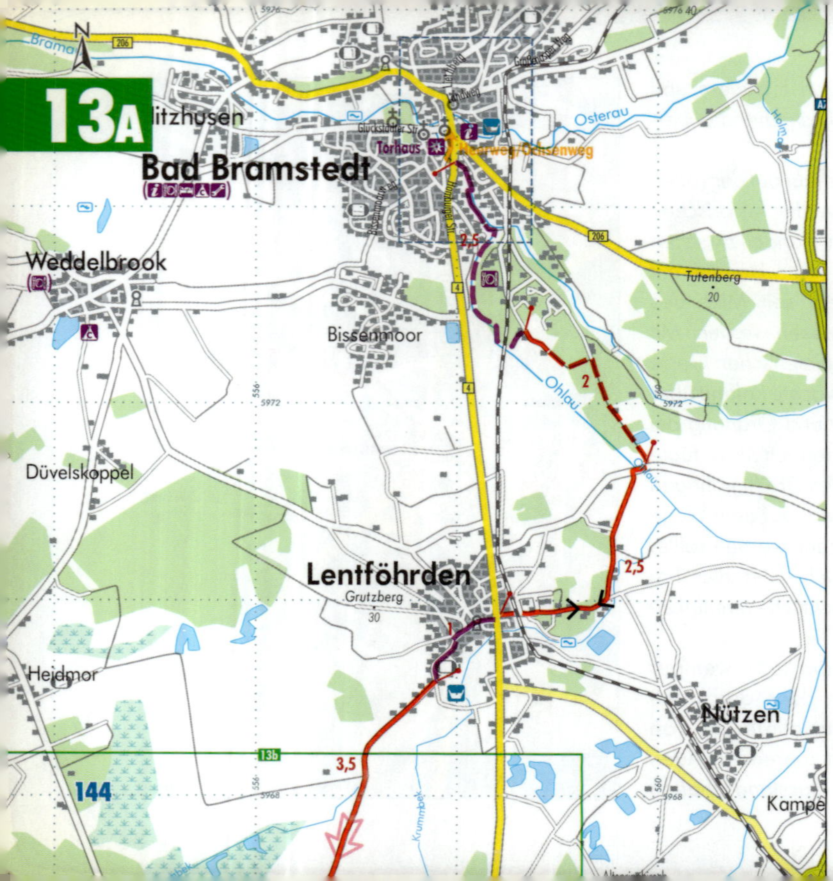

laden förmlich zu ausgiebigen Paddel- und Angeltouren ein, die durch weitläufige Wald-, Heide- und Moorlandschaften führen – lohnende Ausflüge zum „Luftschnappen" oder einfach zum Entspannen.

TIPP Durch Bad Bramstedt führt auch der Radfernweg „Mönchsweg". Auf rund 300 Kilometern verbindet er von Glückstadt bis zur Insel Fehmarn sehenswerte und interessante Klöster, Kirchen und religiöse Plätze von Schleswig Holstein.

Von Bad Bramstedt nach Langeln *18,5 km*

Vom Bahnhof in Bad Bramstedt geradeaus über die Straße Am Bahnhof ~ weiter in der Sackgasse **Schlüskamp** ~ die Brücke am Mühlenwehr queren ~ geradeaus bis zum Rolandstandbild ~ rechts in die Straße **Bleeck** ~ sofort links in den Rad- und Fußweg parallel zur **Glückstädter Straße** ~ rechts über die Hudau ~ danach gleich links, unbefestigter Weg ~ links über die Brücke ~ hinauf zur nächsten Brücke ~ über die **Altonaer Straße** geradeaus in den unbefestigten Weg ~ unter der **Hamburger Straße** hindurch ~ über die Hudau ~ gleich links in den unbefestigten Weg ~ über die Ohlau ~ nach rechts ~ entlang der Ohlau durch das Kurgebiet bis zum Bahnübergang ~ nach den Drängelgittern links halten ~ an der T-Kreuzung rechts, Sackgasse ~ weiter auf dem unbefestigten Rad- und Fußweg ~ an der Kreisstraße rechts über die Brücke ~ links in die Straße **Eichengrund** ~ an der Dreieckskreuzung nach dem Rastplatz rechts in die Straße **Zur Waldburg** bis zum Bahnübergang in Lentföhrden ⁓ links in die B4 ⁓ gleich rechts in die **Schulstraße**.

Lentföhrden

Freibad, Schulstraße, ÖZ: tägl. 14-19 Uhr, bei schlechtem Wetter geschlossen, Eintritt frei, Spenden erbeten.

Es geht auf der **Schulstraße** am Sportplatz vorbei ⁓ am folgenden Abzweig rechts ⁓ nach 3,5 Kilometern links in den unbefestigten Weg ⁓ durch den Wald ⁓ im Ausbau **Heidkaten** rechts ⁓ geradeaus über die Kreisstraße in den unbefestigten Weg ⁓ an der Kreuzung links, Betonplattenweg, geradeaus geht es auf einem Exkurs nach Barmstedt.

TIPP An dieser Kreuzung zweigt der Ochsenweg links ab, geradeaus geht es weiter auf dem Exkurs Barmstedt. Der Exkurs war zur Zeit der Befahrung leider nicht ausgeschildert. Weiter auf dem Ochsenweg geht's ab Seite 147.

Variante über Barmstedt 14,5 km

Sie fahren weiter geradeaus auf dem unbefestigten Weg ⁓ am **Parkplatz** geradeaus, zweispurige Betonspurbahn ⁓ rechts

in die Asphaltstraße ~ an den Häusern von **Hellwiese** vorbei ~ weiter auf der **Hellwieser Chaussee** bis nach Barmstedt ~ am Abzweig links halten ~ unter der Eisenbahnbrücke hindurch bis zur Kirche in Barmstedt.

Barmstedt

PLZ: 25355; Vorwahl: 04123

- **Tourismusbüro**, Am Markt 1, ✆ 68160, www.barmstedt.de
- **Museum der Grafschaft Rantzau**, Rantzau 13, ✆ 4296, ÖZ: Sa 14-18 Uhr, So 10-12 Uhr und 14-18 Uhr. Ausstellung zur Geschichte der freien Reichsgrafschaft Rantzau, Exponate der Vor- und Frühgeschichte, sowie Barmstedter Stadtgeschichte.
- **Galerie/Atelier III**, Schlossinsel Rantzau, ✆ 3026, ÖZ: Di-Do 14-18 Uhr, Sa, So 12-18 Uhr, Offenes Atelier, d. h. der Besucher kann den Künstlern beim Arbeiten über die Schulter schauen.
- **Schloss Rantzau**, Rantzau 15, Herrenhaus von 1806
- **Alte Wassermühle**, Rantzau 14-16
- **Schlossgefängnis Rantzau** (Gerichtsdienerhaus), Rantzau 9, ✆ 6139, ÖZ: Di-Sa 13-19 Uhr, So 10-19 Uhr, Galerie und Café
- **Remise auf der Schlossinsel**, Rantzau 11, ✆ 7813, ÖZ: Mi-So 10-17 Uhr, Keramikausstellungen
- **ehemaliges Gerichtsschreiberhaus**, Rantzau 11, ✆ 68117, Gebäude von 1824, heute Kulturhaus
- **Rhododendronpark** am Rantzauer See
- **Strandbad Rantzauer See**, ✆ 68152, Rutsche, Kletterburg, Beachvolleyball
- **Hallenbad Barmstedter Badewonne**, Rantzauer See, Seestr. 12, ✆ 68170
- **Radsport Preuß**, Reichenstr. 18, ✆ 4800
- **Jepsen**, Am Markt 2, #✆ 683066

Barmstedt taucht um 1140 im Zusammenhang mit der Rittergeschichte in historischen Dokumenten auf. 1650 beginnt die Zeit der Reichsgrafschaft Rantzau, deren Mittelpunkt Barmstedt war. Die eindrucksvolle Bebauung rund um den Rantzauer See allerdings ist ein Nachlass der Königlichen Dänischen Administration, die Anfang des 18. Jahrhunderts die Herrschaft und den Ausbau der Grafschaft übernahm. Die Bebauung der Schlossinsel gilt als eines der bedeutendsten Kulturdenkmäler Schleswig-Holsteins, sie stammt im Wesentlichen aus der Zeit von 1806 bis 1863.

Und schließlich hat die Stadt auch einen berühmten Sohn: Der Advokat und Dichter Matthäus Friedrich Chemnitz wurde hier am 10.6.1815 geboren. Nach ihm ist die Straße an der Kirche benannt. Er schrieb 1844 den Text für das Schleswig-Holstein-Lied („Schleswig-Holstein meerumschlungen").

Geradeaus über die **Reichenstraße** in die **Chemnitzstraße** ~ rechts um die Kirche herum ~ dann links halten ~ bis zum Ende der Kopfsteinpflasterstraße ~ links in die Straße **Am Markt** ~ gleich links in die **Marktstraße** ~ am Kreisverkehr geradeaus in den unbefestigten Rad- und Fußweg ~ am **Rantzauer See** entlang ~ vor dem Museum und dem Schloss links halten ~ links in die Straße **Spitzerfurth** ~ rechts in den **Weg am Spitzerfurth** ~ links in die **Pinneberger Landstraße** ~ nächste Straße links, **Ziegeleiweg** ~ nach der Linkskurve rechts, zweispurige Betonspurbahn ~ an der T-Kreuzung links bis **Riehloh.**

ANSCHLUSS An der T-Kreuzung in Riehloh rechts in die **Heeder Straße** und Sie befinden sich wieder auf dem Ochsenweg.

Auf dem Ochsenweg fahren Sie an der Kreuzung links in die **Voßmoorstraße**, auf der Sie an allen Abzweigen geradeaus bis in den Ort Langeln fahren.

Langeln

Von Langeln nach Ellerhoop — *11,5 km*

In Langeln rechts in die **Dorfstraße** ~ an deren Ende in die **Hoffnunger Chaussee** einbiegen ~ sofort nach dem Ortsschild **Hede** links ~ am nächsten Abzweig rechts ~ geradeaus über die **Hemdinger Chaussee** an der Bushaltestelle vorbei nach Riehloh.

ANSCHLUSS An der T-Kreuzung in Riehloh stößt die Variante Barmstedt von rechts auf den Ochsenweg.

An der T-Kreuzung links in die **Heeder Straße** ~ auf dieser bis nach Hemdingen.

Hemdingen

An der Kreuzung in **Reebmoor** rechts in die Straße **Bredenmoor** ~ an dem Abzweig links ~ geradeaus über die Landstraße in die

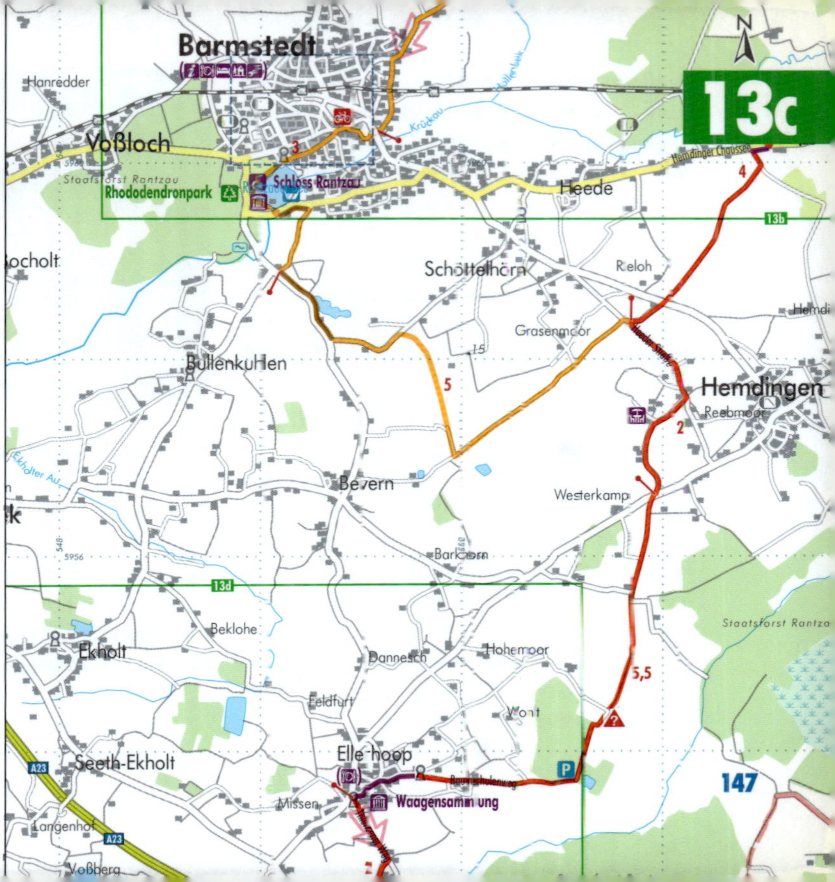

Straße **Hochmoorsheide** ⇝ immer geradeaus ⇝ ein Stück auf der Straße **Am Rosenhof** ⇝ gleich rechts, zweispurige Betonspurbahn ⇝ am nächsten Abzweig rechts ⇝ an der Gabelung rechts halten ⇝ an der T-Kreuzung rechts ⇝ gleich wieder links ⇝ am Parkplatz der **Waldbühne** rechts ⇝ schnurgeradeaus auf dem **Baumschulenweg** in den idyllischen Ort Ellerhoop ⇝ links in die **Kuhlenkampstraße**.

Ellerhoop

PLZ: 25373; Vorwahl: 04120

Waagensammlung, Dorfstr. 11b, ☎ 579, ÖZ: n. V. Private Sammlung von über 700 historische Waagen aller Art.

Ellerhoop ist eines der ältesten Dörfer am Ochsenweg. Bereits 1349 wurden drei Höfe in „Tynsen", das heutige Thiensen, erstmalig urkundlich erwähnt. Zu dieser Zeit war Ellerhoop lediglich ein sehr beliebter Viehrastplatz. Erst später wurden hier die ersten Häuser gebaut und eine Zollstelle eingerichtet. Beispielsweise zählte man hier 5.834 Tiere in einer einzigen Woche im März des Jahres 1687.

Mühlencafé Langes Tannen

Von Ellerhoop nach Uetersen 12 km

Vor der Ortsdurchgangsstraße links in den **Thiensener Weg** ⇝ am nächsten Abzweig rechts Richtung Baumpark Ellerhoop ⇝ an der nächsten T-Kreuzung rechts, geradeaus vor Ihnen liegt das **Arboretum** in Thiensen.

Thiensen

Arboretum – Baumpark Ellerhoop, Thiensen 17, ☎ 218, ÖZ: Sommer tägl. 9-19 Uhr, Winter tägl. 9 Uhr bis Einbruch der Dunkelheit, Cafébetrieb im historischen Münsterhof für Parkbesucher im Sommer Sa, So 14-18 Uhr, Aussichtsturm.

Rund um den historischen Münsterhof ist seit 1956 ein einzigartiges Arboretum mit einer Sammlung typischer holsteinischer Bäume und Sträucher sowie anderen botanischen Besonderheiten, die sowohl gewerblichen als auch schulischen Zwecken dienen.

Das Arboretum ist für Besucher zugänglich, die durch die Parkanlagen und am See schlendern und die verschiedensten bekannten und unbekannten Pflanzenarten entdecken möchten.

An der Kreisstraße links ⇝ gleich wieder rechts in den **Asperhorner Weg** ⇝ über die A23 ⇝ Sie folgen der Straße nach links, die in den **Prisdorfer Weg** übergeht ⇝ in der Linkskurve rechts in den **Schäferweg** ⇝ nach der Rechtskurve links ⇝ an der T-Kreuzung links ind den **Großer Moorweg** ⇝ in Tornesch in einem Rechtsschwenk über den Bahnübergang, **Denkmalstraße**.

ANSCHLUSS Wenn Sie zu Tour 2 oder Tour 14 wechseln möchten, fahren Sie noch kurz geradeaus und biegen links auf die **Pinneberger Straße** ein. Den genauen Verlauf bis zum Bahnhof Pinneberg entnehmen Sie bitte der Karte S. 37.

Gleich rechts in die Straße **Kaffeetwiete** ↝ an der Querstraße links ↝ bis zur **Esinger Straße**, rechts geht es zum Bahnhof und in die Innenstadt von Tornesch.

Tornesch

PLZ: 25436; Vorwahl: 04122

- **Volkskundliche Sammlung im Möllnhof**, Bockhorn 43, ✆ 51207, ÖZ: Mai-Okt. n. V. Geräte und Techniken der Landwirtschaft und alter Handwerksberufe, Schwerpunkt 19./20. Jh.
- **Eisenbahnfreunde Uetersen-Tornesch**, Bahnstraße, ✆ 41961 od. 44878, ÖZ: n. V. Lokomotiven, historische Feldbahnen, Draisinen - Eisenbahn hautnah zum Angucken und Anfassen.

Über die **Esinger Straße** geradeaus in die Straße **Am Schützenplatz** ↝ Verlängerung **Pinnauring** ↝ links in den **Esinger Weg** ↝ weiter auf der Fahrradstraße, Kraftfahrzeug frei ↝ am Sportplatz vorbei ↝ in der Rechtskurve links über den Bürgersteig in die Straße **Kleine Twiete**, auf der Sie bis nach Uetersen hineinfahren.

Über den unbeschrankten Bahnübergang ↝ an der Ampelkreuzung geradeaus in die **Heinrich-Schröder-Straße** ↝ an der fol-

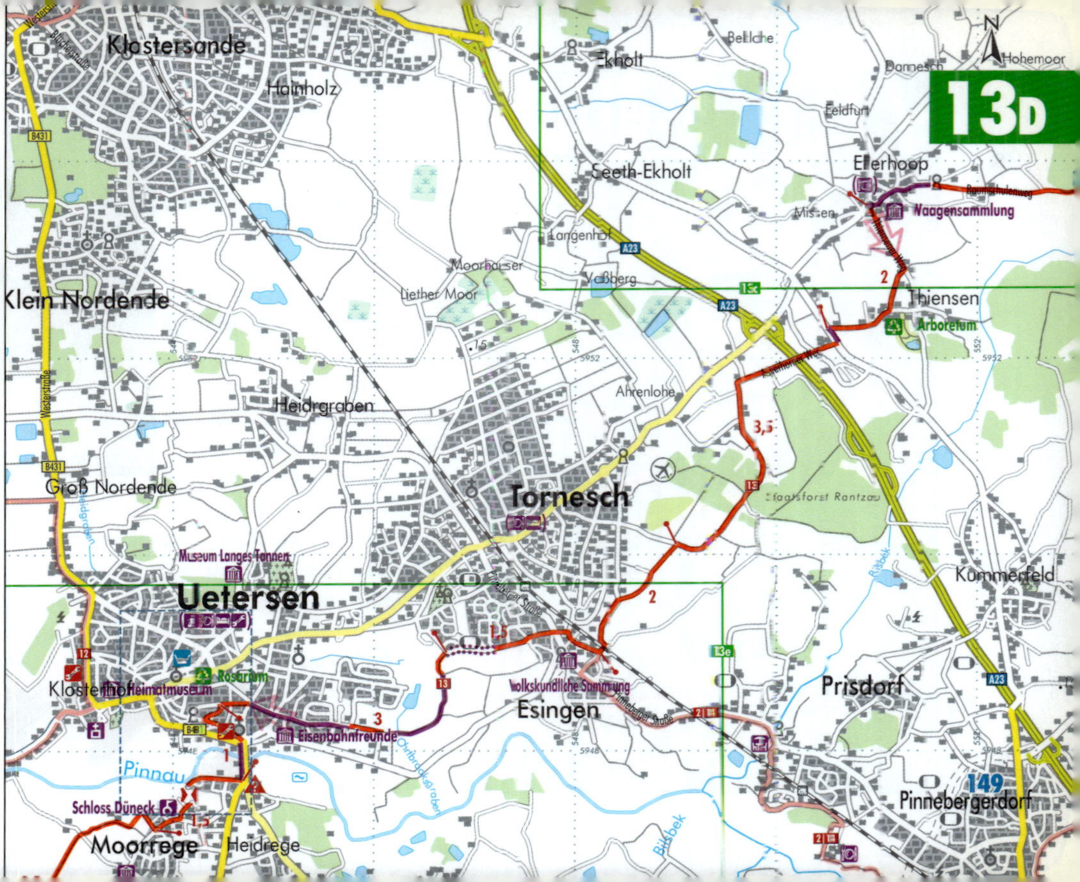

gender Kreuzung schräg links in die **Lindenstraße**, die als Sackgasse auf dieser Kreuzung endet ⤳ geradeaus in die Straße **Am Mühlenteich** bis zur **Töpferstraße**.

INS ZENTRUM Geradeaus geht es direkt ins Zentrum von Uetersen.

Uetersen s. S. 138

Von Uetersen nach Wedel — 25,5 km

Links in die **Töpferstraße** ⤳ am folgenden Abzweig links halten ⤳ links in die Straße **Großer Sand** ⤳ vor der nächsten Kreuzung rechts über den Parkplatz in den Radweg ⤳ an der Kreuzung geradeaus in die **Pinnauallee** ⤳ an der Gabelung rechts ⤳ sofort wieder rechts in den **Werftweg** ⚠ Beschilderung fehlt ⤳ in die Sackgasse ⤳ bei den Pfosten geradeaus ⤳ an der T-Kreuzung rechts ⤳ in Moorrege am Schloss Düneck vorbei.

Radweg am Ochsenweg

Moorrege

PLZ: 25436; Vorwahl: 04122

Bienen- und Imkereimuseum, Klinkerstr. 82, ✆ 45454, ÖZ: Mai-Okt., jeden 2. und 4. So im Monat 14-18 Uhr. Allerlei Wissenswertes über Bienen, Honig und Imkerei.

Schloss Düneck wurde 1871 nach Entwürfen von Detlef Lienau, amerikanischer Architekt und Bruder des Bauherrn Michael Lienau, im amerikanischen Stil erbaut. Das Landhaus steht seit 1980 unter Denkmalschutz. Liebevoll und mit hohem Aufwand wurde das bereits zum Abriss freigegebene Gebäude in den Originalzustand zurückversetzt.

Rechts in die **Kastanienallee** ⤳ an der T-Kreuzung links ⤳ an der nächsten T-Kreuzung rechts, zweispurige Betonspurbahn ⤳ rechts in die querende Asphaltstraße.

ANSCHLUSS Hier können Sie über die Heisterfeld Hauptstraße zu Tour 12 wechseln.

Sofort wieder links, zweispurige Betonspurbahn ⤳ an der T-Kreuzung links ⤳ nächste Straße links in den Ort Heist.

Heist

An der T-Kreuzung rechts ~ am nächsten Abzweig geradeaus ~ dann links ~ an der Bundesstraße rechts ~ nach 500 Metern links ~ Sie folgen der Betonspurstraße nach rechts ~ links in den **Bredhornweg** durch das Gewerbegebiet von Holm ~ geradeaus in den **Kreuzweg** ~ Sie folgen der zweispurigen Betonspurbahn ~ links in die Asphaltstraße ~ am Parkplatz in der folgenden Rechtskurve links an der Schranke vorbei in den unbefestigten Weg, geradeaus geht es in den Ort Holm hinein.

Holm

PLZ: 25488; Vorwahl: 04103

- **Heimatmuseum Holm**, Hauptstraße, ✆ 2223, ÖZ: Mai-Okt. n. V. Ehrenamtlich betriebenes Museum mit liebevoll zusammengetragenen Exponaten zur Arbeits- und Alltagswelt der Holmer, vorwiegend 19./20. Jh.
- **Agrarhistorische Sammlung Kleinwort**, Schulstr. 1, ✆ 88454 od. 0179/4690036, ÖZ: Mai-Okt. n. V. Private Sammlung landwirtschaftlicher Geräte des 19./20. Jhs.
- **Sammlung Vor- und Frühgeschichte in Holm**, Hauenweg 12, ✆ 84185, ÖZ: n. V. Exponate aus der Stein- und Bronzezeit, z. B. Werkzeuge, Schmuck.
- **NSG Holmer Sandberge.** Die Holmer Sandberge sind ein weitgehend erhaltenes Binnendünengelände. Die Dünen sind Überbleibsel der Eiszeit, die Schleswig-Holstein mit Gletschern bedeckt hatte. Sie sind heute teilweise als noch wandernde Sandflächen vorhanden. Das Naturschutzgebiet der Holmer Sandberge zeichnet sich durch eine eigene Mischung von Kiefern, Heide- und Moorflächen aus.

Sie fahren auf dem **Katastrophenweg** durch das **NSG Holmer Sandberge** ~ an der Kreuzung geradeaus, zweispurige Betonspurbahn ~ am nächsten Abzweig rechts in die Asphaltstraße ~ geradeaus über

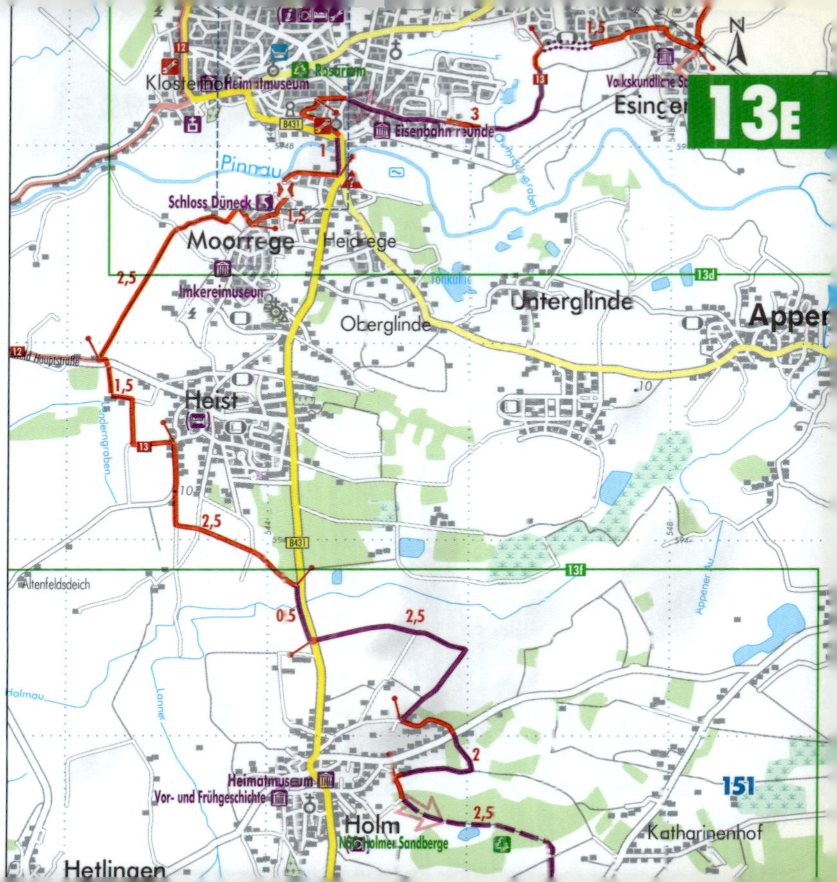

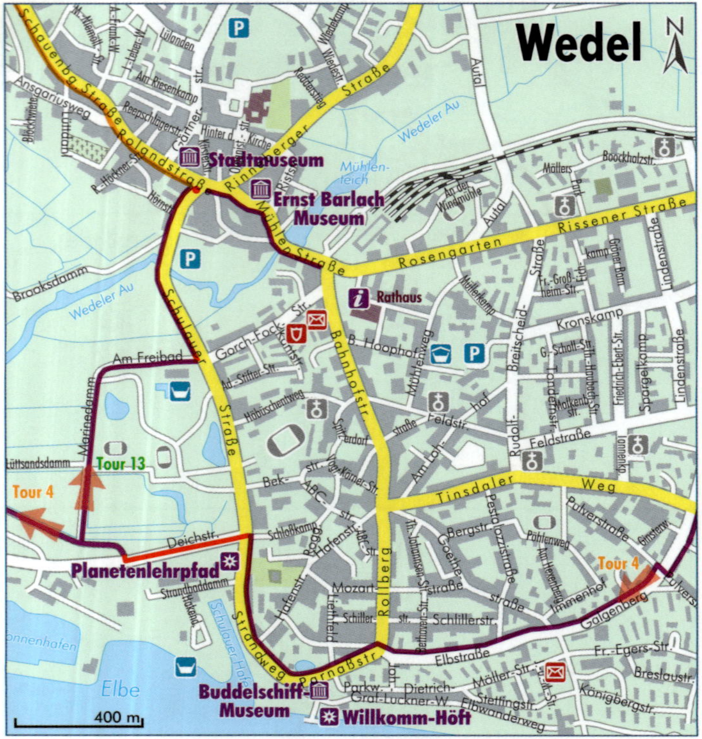

die Bundesstraße in die **Helgolandstraße**, links geht es auf dem Radweg entlang der Bundesstraße direkt bis zum Marktplatz in Wedel in einem spitzen Winkel rechts Richtung **Fährmannssand** am nächsten Abzweig links in den **Langen Damm** bis zum Elbdeich hier wenden Sie sich an dem Gatter vorbei hinauf zum Elbdeich Richtung Wedel.

TIPP Sie folgen nun dem Elbe-Radweg für ca. 2 Kilometer.

Dann links in den Rad- und Fußweg am **Freizeitpark Elbmarschen** vorbei an der Ampel links in die **Schulauer Straße** und von dort bis zum Marktplatz von Wedel.

Am Wedeler Deich

Wedel s. S. 58

Mit gutem Grund bildet Wedel den Abschluss des Ochsen-Radweges: Hier fand im Mittelalter einer der bedeutendsten Ochsenmärkte Jütlands und Schleswig-Holsteins statt, der Anfang des 17. Jahrhunderts seine Blütezeit hatte und Wedel zu großem Wohlstand verhalf. Von Dänemark und Nordschleswig kommend, wurden auf dem Ochsenpfad alljährlich im Frühjahr bis zu 50.000 Ochsen nach Wedel getrieben, wo sie auf dem Markt unter der acht Meter hohen Roland-Statue – Symbol des Marktfriedens und der Marktgerechtigkeit sowie Wahrzeichen der Stadt – per Handschlag den Besitzer wechselten, um dann von Fährmannsand über die Elbe gesetzt und weiter in Richtung Süden getrieben zu werden. Der Ochsenbrunnen in unmittelbarer Nähe des Rolands sowie der alljährlich am dritten Mittwoch im April in Wedel veranstaltete Ochsenmarkt erinnern noch heute an diese Zeit.

Rolandstandbild Wedel

Weitere kulturelle Anziehungspunkte in der Altstadt sind das Wedeler Heimatmuseum, das Galeriecafé und das Reepschlägerhaus, die mit ihrem bunten Programm aus Kunst und Musik Ihren kulturellen Streifzug durch die Stadt abrunden. Neben der Kultur ist die einzigartige Natur der Marschlandschaft ein Anziehungspunkt für Erholungssuchende und vogelkundlich Interessierte. Ganz besonders interessant sind die Frühjahrs- und Herbstmonate an der Niederelbe, die als „Rast- und Nahrungsstätte" für 200 Vogelarten auf ihrem Zug aus und nach Skandinavien und Nordrussland dient.

ANSCHLUSS Von Wedel können Sie auf dem Elbe-Radweg bis nach Hamburg fahren, s. K. 4b und K 4a, – oder Sie steigen um auf die S-Bahn.

Tour 14 Zur Alsterquelle in den Norden Hamburgs 60 km

Eine Tour-Natur verspricht diese Radroute von Pinneberg ans andere Ende von Hamburg, nach Ahrensburg. Oftmals radeln Sie auf schmalen Spurplattenwegen und durch langgezogene Alleen, bis Sie vor dem Highlight dieser Tour stehen: einem Moortümpel mit Feldsteinmauer – die Beschriftung auf einer kunstvoll geschmiedeten Scheibe erklärt die Besonderheit: „Quellgrund der Alster". Weiter geht es durch das Naherholungsgebiet Oberalster bis zum Naturschutzgebiet Duvensteiner Brook. Von hier aus ist es nur mehr ein Katzensprung bis zum leuchtend weißen Schloss von Ahrensburg. Eine erholsame Fahrt wünschen wir!

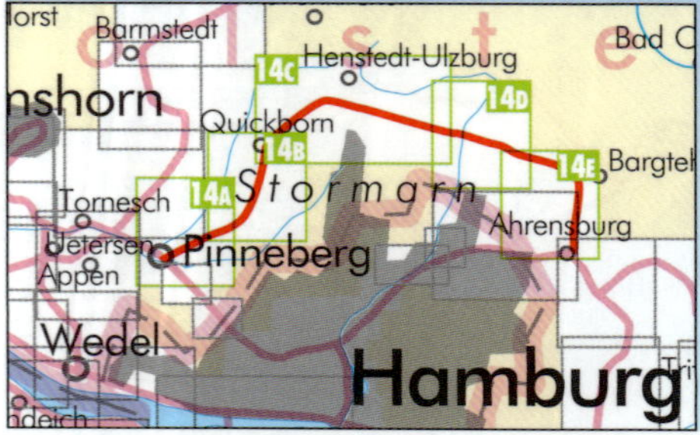

Charakteristik

Länge: 60 km

Start: Pinneberg, Bahnhof

Ziel: Ahrensburg, Bahnhof

Anreise: Pinneberg können Sie bequem per S-Bahn erreichen.

Wegbeschaffenheit: Mit Ausnahme der Wege im Duvenstedter Brook sind alle Oberflächen befestigt, aber auch im Naturschutzgebiet sind die Wege gut befahrbar.

Verkehr: Diese Tour verläuft oft auf ruhigen Nebenstraßen und schmalen Asphaltstreifen, wodurch Sie mit ein wenig Verkehr rechnen müssen.

Quellgrund der Alster

Beschilderung: Es gibt keine einheitliche Beschilderung für diese Tour, zum Teil folgen Sie jedoch den Radschildern des Kreises Pinneberg: grüne Frau auf Rad mit weißem Untergrund.

Steigungen: keine

Anschlusstouren: 1, 2, 13, 15, 16

Kirche in Pinneberg

Pinneberg s. S. 36

ANSCHLUSS In Pinneberg treffen Sie einerseits auf Tour 2, andererseits können Sie über ein kurzes Verbindungsstück auch zum Heerweg/Ochsenweg, zu Tour 13, wechseln.

Von Pinneberg nach Quickborn *20,3 km*

Am **Bahnhof Pinneberg** rechts Richtung Wald ~ links schräg in den Wald hinein, laut Holzwegweiser Richtung Krankenhaus ~ der Rechtskurve folgen ~ immer entlang der Laternen ~ links laut Radschild ~ an der 4er-Kreuzung geradeaus, laut Radschild ~ geradeaus dem Weg mit den Laternen folgen ~ der Weg wird befestigt ~ auf dem Radweg geradeaus über die beiden Querstraßen Fahltskamp und Damm ~ der Linkskurve in den **Hindenburgdamm** folgen ~ über eine Brücke ~ an der Vorfahrtsstraße rechts in die **Friedensstraße** ~ an der Gabelung rechts in die Straße **Haidkamp** ~ an der nächsten Gabelung wieder rechts ~ geradeaus über

Spiel- und Rastplatz bei Prisdorf

die 4er-Kreuzung ⇝ kurz bergauf und über die Autobahn ⇝ bergab und an der 4er-Kreuzung geradeaus weiter ⇝ die Straße wird unbefestigt ⇝ an der Gabelung links ⇝ der Rechtskurve folgen ⇝ links am See vorbei.

See

Beim Rastplatz am See links ⇝ die Straße wird befestigt ⇝ durch eine Allee ⇝ nach der starken Rechtskurve an der T-Kreuzung links ⇝ an der Gabelung rechts in die Straße **In de Masch** ⇝ nach dem Ortsendeschild rechts in den Weg, wo nur Fahrstreifen asphaltiert sind ⇝ dem leicht kurvigen Straßenverlauf folgen ⇝ an der T-Kreuzung rechts in den **Mühlenweg**.

TIPP In diesem Teil der Tour folgen Sie immer wieder dem Radschild des Kreises Pinneberg (grüne Frau auf Rad mit weißem Untergrund).

An der T-Kreuzung bei der **Wulfsmühle** links ⇝ durch einen Golfplatz ⇝ die kleine 4er-Kreuzung geradeaus queren ⇝ leicht bergauf ⇝ geradeaus über die Vorfahrtsstraße ⚠ stark befahrene Straße ohne Schutzweg ⇝ an der nächsten T-Kreuzung rechts ⇝ der Weg wird unbefestigt ⇝ geradeaus über die 4er-Kreuzung ⇝ nach rund 750 Metern rechts schnurgerade durch eine Allee ⇝ an der T-Kreuzung rechts ⇝ auf der **Dorfstraße** in den Ortsteil Renzel.

Renzel

Links in die **Teichstraße** ⇝ nach der Rechtskurve aus dem Ort hinaus ⇝ an der T-Kreuzung links ⇝ geradeaus auf dem schönen Asphaltband ⇝ links liegt das Himmelsmoor ⇝ an der Gabelung rechts ⇝ an der 4er-Kreuzung rechts ⇝ über eine kleine Brücke ⇝ bei den ersten Häusern an der Kreuzung rechts in den **Himmelmoorweg** ⇝ in einer Linkskurve nach

Quickborn hinein ⇝ an der T-Kreuzung links in die Straße **Im Sand** ⇝ geradeaus weiter ⇝ die **Kieler Straße** geradeaus queren ⇝ weiter in der **Berckholtzstraße** ⇝ nach der Rechtskurve an der Gabelung links ⇝ an der T-Kreuzung links ⇝ vorbei am Wasserwerk ⇝ an der T-Kreuzung rechts in die Straße **Langeloh**.

VARIANTE Wer möchte, kann hier einen kurzen Abstecher nach Qickborn machen, bzw. mit der S-Bahn von hier aus nach Hamburg zurück fahren.

Abstecher nach Qickborn 2,2 km

Vor der großen T-Kreuzung rechts in den unbefestigten Weg ~ der Weg geht über in die asphaltierte Straße **Am Mühlenberg** ~ nach der Rechtskurve links ~ weiter **Am Mühlenberg** ~ an der nächsten Möglichkeit links in eine Sackgasse ~ der Weg wird unbefestigt ~ geradeaus zwischen den Häusern hindurch ~ kurz bergab ~ rechts auf die **Ellerauer Straße** ~ an der nächsten Möglichkeit links in die **Torfstraße**, Richtung Zentrum ~ linker Hand liegt die S-Bahn-Station von Qickborn.

TIPP: Von Quickborn können Sie mit der S-Bahn in 40 Minuten nach Hamburg zurückfahren.

Quickborn

PLZ: 25451; Vorwahl: 04106

- **Wochenmarkt**, Mi, Sa, 8-12 Uhr
- **JOLOs Fun-World**, Harksheider Weg 226, ✆ 2631. Spielewelt für Kinder bis 12 Jahre: Rutsche, Trampolin, Kletterlabyinth, ...
- **Freibad Quickborn**, Feldbehnstr. 13, ✆ 3216

Von Quickborn nach Kayhude 21,8 km

Links auf die **Ellerauer Straße** ~ an der nächsten Möglichkeit rechts in den **Feldbehnsweg** ~ über Gleise ~ der Weg wird unbefestigt ~ an der Querstraße links, laut Radschild ~ über eine Brücke ~ dem Straßenverlauf längere Zeit folgen ~ durch ein Waldstück.

TIPP: Rechts befindet sich „Jolos Fun-World", ein Spieleparadies für Kinder bis ca. 12 Jahre.

An der Vorfahrtsstraße links ~ mittels einer Brücke über die **A 7** ~ an der ersten Möglichkeit rechts in

den Asphaltweg ⇝ an der Kreuzung links ⇝ an der Gabelung rechts halten ⇝ an der kleinen T-Kreuzung vor den Hochspannungsleitungen links ⇝ gleich danach geradeaus über die **Friedrichsgaber Straße** ⇝ leicht bergauf und der Linkskurve folgen ⇝ längere Zeit dieser Straße entlang ⇝ vor den Schienen der Linkskurve folgen ⇝ an der Vorfahrtsstraße rechts in die **Elfenhagenstraße** ⇝ über die Gleise ⇝ an der Ampelkreuzung rechts ⇝ gleich danach links in den Radweg ⇝ rechts in die Straße **Am Heidberg** ⇝ kurz danach links in die Straße **Zum Meeschensee** ⇝ durch ein Wohngebiet ⇝ an der T-Kreuzung rechts ⇝ an der Vorfahrtsstraße links auf den rechtsseitigen Radweg.

Rhen

In der Linkskurve rechts in die Straße **An der Alsterquelle**.

VARIANTE Wer möchte, kann dem Schild nach links in den Quellenweg folgen, Richtung Alsterquelle. Nach rund 200 Metern sehen Sie ein Holzschild mit einer kurzen Beschreibung zur Alsterquelle und die Eisenplatte mit der Inschrift „Quellgrund der Alster".

Alsterquelle

Geradeaus weiter auf dem rechtsseitigen Radweg ⇝ leicht bergauf ⇝ an der 4er-Kreuzung links ⇝ aus dem Ort hinaus ⇝ vorbei an ein paar Häusern ⇝ an der Vorfahrtsstraße rechts ⇝ der Linkskurve folgen ⇝ durch eine Allee ⇝ an der T-Kreuzung dem asphaltierten Weg nach links folgen ⇝ kurz darauf stark rechts ⇝ über eine kleine Brücke ⇝ der asphaltierten Straße bis nach Wilstedt folgen.

Wilstedt

Im Ort nach der Rechtskurve links in die Straße **Dorfring** ⇝ an der Vorfahrtsstraße links auf den rechtsseitigen Radweg ⇝ auf dieser Straße aus dem Ort hinaus ⇝ in der Linkskurve rechts in den **Höstelweg** ⇝ an der T-Kreuzung bei den Häusern links.

Fahrenhorst

Nach der Rechtskurve aus dem Ort hinaus ⇝ durch eine Allee ⇝ an der Gabelung rechts ⇝ an der Vorfahrtsstraße rechts.

Naherfurth

Links in die Straße **An der Naherfurth** ⇝ an der T-Kreuzung rechts in den Landwirtschaftsweg Richtung Kayhude ⇝ vor der großen Kreuzung links in den asphaltierten Wiesenweg ⇝ in den Ort Kayhude.

Kayhude

Von Kayhude nach Ahrensburg — *18,5 km*

An der T-Kreuzung links ⇝ aus dem Ort hinaus ⇝ nach der Rechtskurve über eine Brücke ⇝ an der 4er-Kreuzung rechts in den **Krögersweg** ⇝ leicht hügelig durch eine Allee ⇝ geradeaus

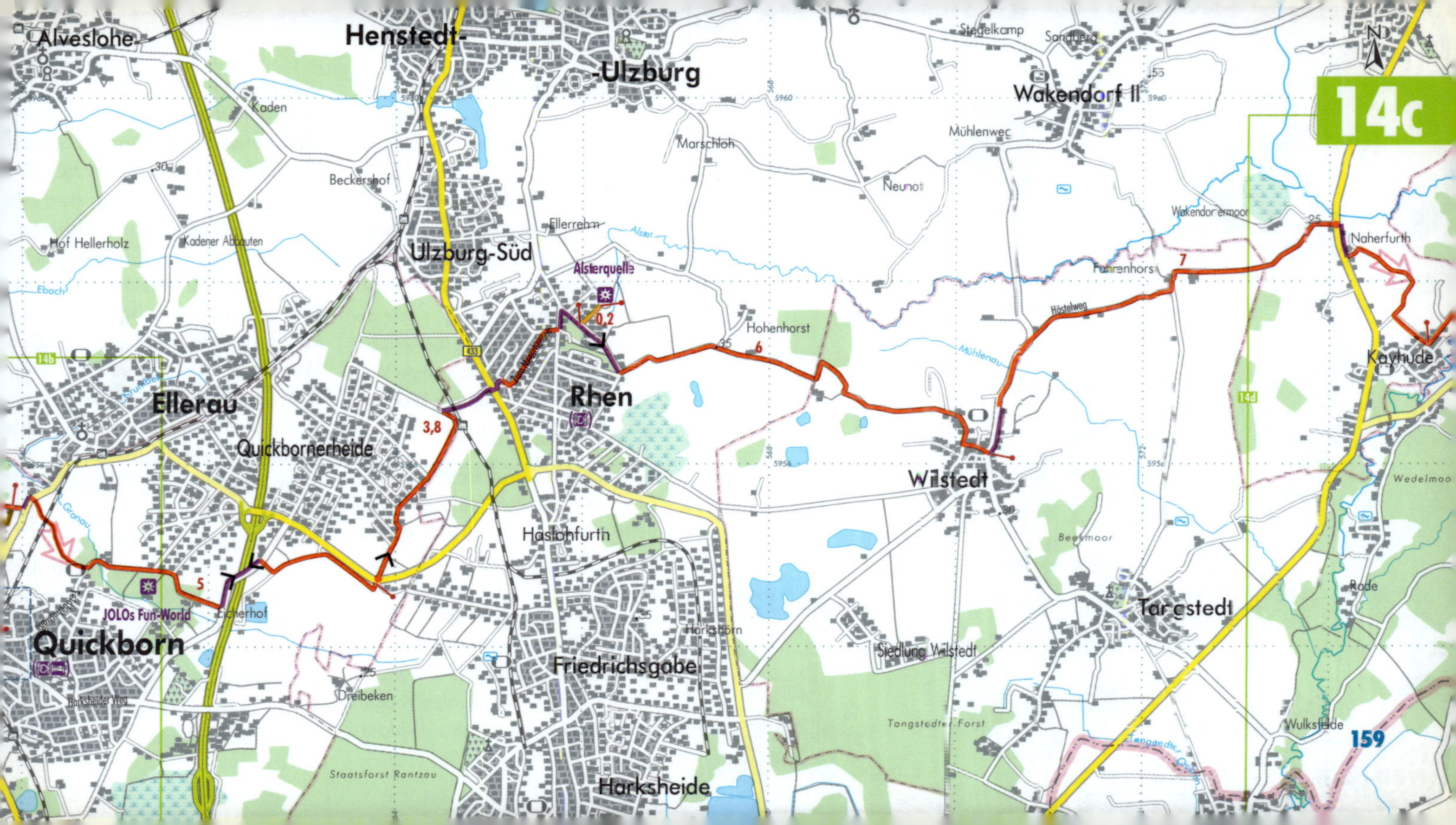

14c
Alveslohe
Henstedt-
-Ulzburg
Wakendorf II
Stegelkamp
Sandberg
Kaden
Marschloh
Mühlenweg
Neunot
Beckershof
Ellerrehm
Wakendorfermoor
Naherfurth
Hof Hellerholz
Kadener Abbauten
Ulzburg-Süd
Alsterquelle
Alster
Fahrenhorst
Ebach
0,2
Höstelweg
Hohenhorst
Mühlenau
Kayhude
Ellerau
Rhen
3,8
Quickbornerheide
Wilstedt
Wedelmoor
Haslohfurth
Beekmoor
JOLOs Fun-World
Eichenhof
Rade
Tangstedt
Quickborn
Harkshörn
Siedlung Wilstedt
Friedrichsgabe
Harksheider Weg
Dreibeken
Tangstedter Forst
Wulksfelde
Staatsforst Rantzau
Harksheide
14b
14d
433
5
6
7

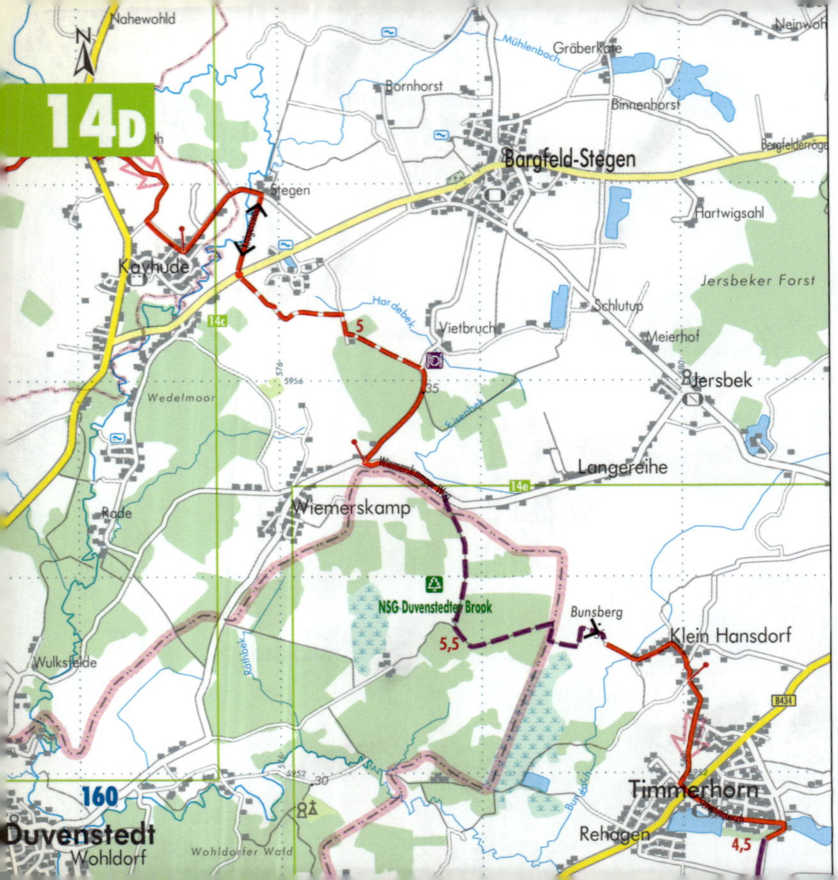

über die **Kayhuder Straße** ↝ der Weg wird unbefestigt ↝ an der Gabelung links ↝ an der asphaltierten T-Kreuzung rechts ↝ kurz danach links in den unbefestigten Weg ↝ an der asphaltierten Querstraße rechts ↝ kurvig bis zur nächsten Vorfahrtsstraße ↝ hier links in den **Wiemerskamper Weg** ↝ vor der Linkskurve rechts in den für Anlieger freien Weg ↝ der unbefestigte Weg führt in den Duvenstedter Brook.

Naturschutzgebiet Duvenstedter Brook

Eines der größten Naturschutzgebiete rund um Hamburg befindet sich hier im Nordosten der Hansestadt. Mit 780 Hektar bildet der Duvenstedter Brook eine ausreichende Fläche für die Entwicklung zahlreicher spezieller Pflanzen- und Tierarten. Ein buntes Mosaik aus Wiesen, Tümpeln, Wäldern und Mooren bildet die ideale Lebenswelt für brütende Kraniche und Graugänse, für Rothirsche, Seeadler und Schwarzstörche. Achten Sie bitte die Natur und verlassen Sie nicht die vorgegebenen Radwege.

Im Wald an der Gabelung links ↝ vor dem Kanal rechts ↝ in einer Linksurve über die Brücke ↝ dem kurvigen Verlauf des unbefestigten Weges folgen ↝ es geht leicht bergauf ↝ weiter in den Ort Klein Hansdorf ↝ an der Gabelung rechts halten ↝ an der **Dorfstraße** rechts.

Klein Hansdorf

Dem kurvigen Straßenverlauf folgen ↝ an der großen Gabelung links ↝ aus dem Ort hinaus Richtung Ammersbek ↝ im nächsten Ort an der 4er-Kreuzung links ↝ geradeaus über die Vorfahrtsstraße.

Timmerhorn

In der Straße **Schäferdresch** Richtung Sportanlage ↝ vorbei am

Sportplatz ~ an der T-Kreuzung rechts ~ über eine Brücke ~ der starken Rechts- und Linkskurve folgen ~ auf dem rechtsseitigen Radweg aus dem Ort hinaus ~ weiter Richtung Ammersbek ~ der Radweg wechselt die Seite ~ beim Kreuzungsbereich links in die Straße **Bramkampredder**.

Bünningstedt

Über eine Brücke ~ an der Vorfahrtsstraße links ~ auf dem rechtsseitigen Radweg der **Dorfstraße** aus dem Ort hinaus ~ leicht bergauf ~ weiter Richtung Ahrensburg ~ im Ort der Rechtskurve in die Straße **Reeshoop** folgen ~ auf dem Radweg geradeaus über die Ampelkreuzung ~ an der T-Kreuzung rechts ~ an der folgenden Ampelkreuzung links in die **Stormarnstraße** ~ auf dem rechtsseitigen Radweg geradeaus vor bis zum Bahnhof.

ANSCHLUSS **In Ahrensburg treffen Sie auf die Anfangs- bzw. Endpunkte der Touren 1, 15 und 16.**

Ahrensburg

PLZ: ; Vorwahl: 04102

Schloss Ahrensburg, Lübecker Str. 1, ✆ 42510, ÖZ: März-Okt., Di-Do, Sa, So 11-17 Uhr, Nov.-Feb., Mi, Sa, So 11-17 Uhr. Das weiße Renaissanceschloss liegt malerisch auf einer Insel, umgeben von einem Wassergraben und einem weitläufigen Park. Errichtet wurde es im 16. Jh. von Peter Rantzau und 200 Jahre später – im Besitz der Grafen Schimmelmann – bedeutend umgestaltet. Seit 2003 bildet das Schloss eine private Stiftung und steht samt Schlossinsel und -park unter Denkmalschutz.

badlantic, Reeshoop 60, ✆ 48280

Die Geschichte von Ahrensburg lässt sich bis ins 13. Jahrhundert zurückverfolgen, als die Grafen von Schauenburg mehrere Dörfer in diesem Gebiet gegründet haben. Ab 1327 gehörten diese

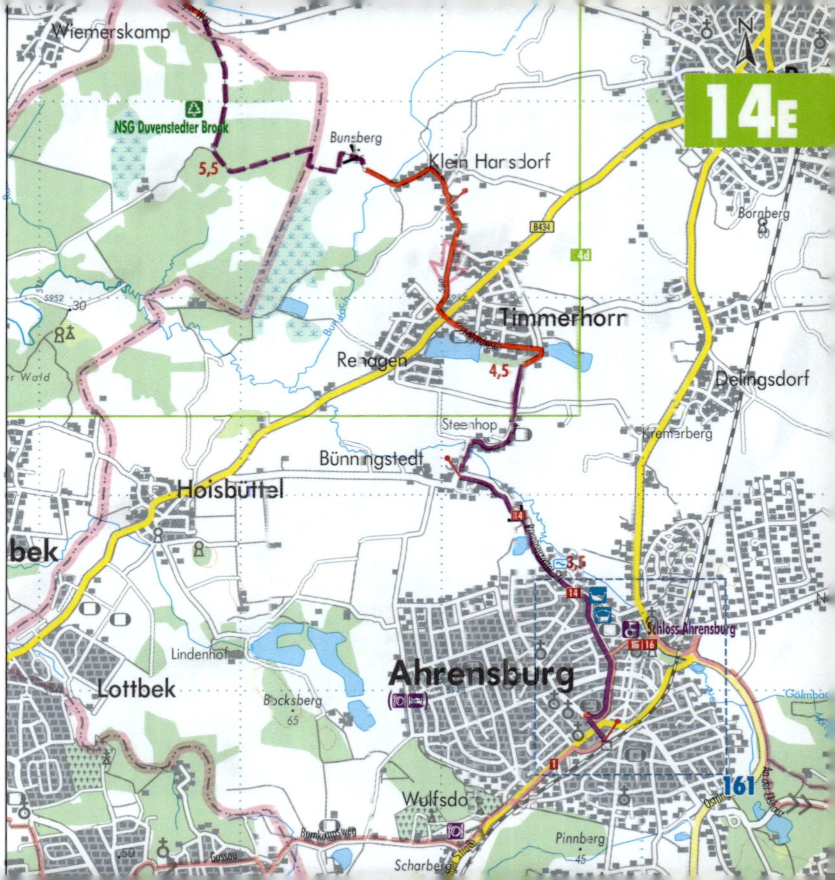

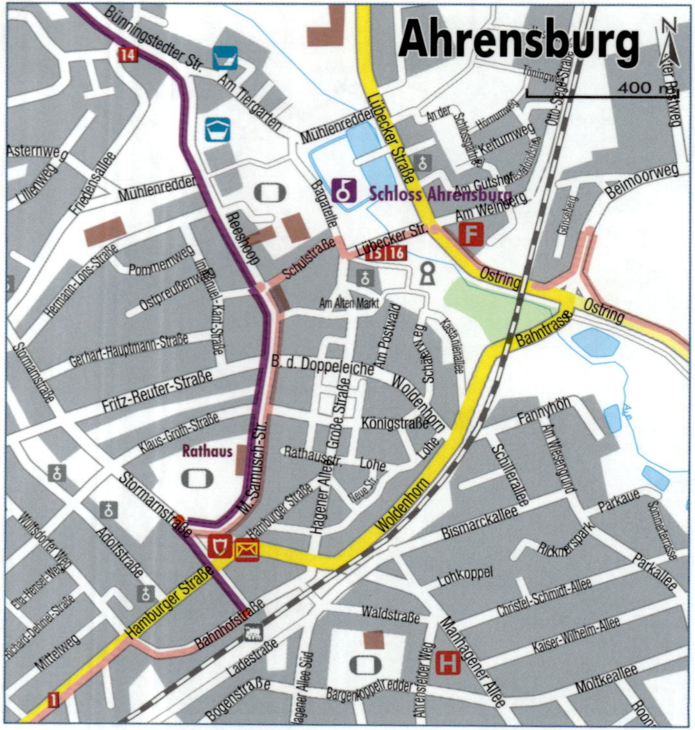

zum Zisterzienserkloster Reinfeld und das nahe gelegene Woldenhorn war Sitz des Klostervogtes bis ins 16. Jahrhundert. Im Zuge der Reformation fiel das Land rund um Hamburg an den dänischen König, der wiederum seinem Feldherrn Daniel Rantzau die Dörfer rund um das heutige Ahrensburg überließ. Peter Rantzau, dessen Bruder, erbaute das oben beschriebene Schloss, wobei eine soziale Leistung hier besonders erwähnenswert ist: Bereits 1595 ließ Rantzau neben der Wasserburg und der Schlosskirche sogenannte „Gottesburgen" errichten, die damals wie heute Wohnungen für bedürftige Menschen beherbergen. Im 18. Jahrhundert musste das Schloss aufgrund von hohen Schulden verkauft werden und kam in Besitz des Kaufmannes Schimmelmann, der es zu einem barocken Anwesen umgestalten ließ.

Schloss Ahrensburg

Dass Ahrensburg heute zu einem beliebten Ausflugsziel für die Hamburger zählt, wurde bereits 1865 mit dem Bau der Eisenbahnlinie Hamburg – Lübeck eingeleitet. Seither stieg nicht nur die Zahl der Einwohner stetig an, sondern auch jene der Touristen, die einen kurzen Ausflug ins Grüne machen möchten.

Tour 15 Seentour zur Aumühle 48 km

Vom weißen Schloss in Ahrensburg geht's zunächst in die sogenannte „Stormarner Schweiz". Dass diese Gegend nicht ganz zufällig so genannt wird, werden Sie einerseits an der schönen Seenlandschaft oder spätestens an den immer wiederkehrenden leichten Steigungen merken – aber keine Angst, die sanften Hügel sind nur von kurzer Dauer. Ab Trittau radeln Sie an einigen schönen, alten Wassermühlen vorbei und streifen das Naturschutzgebiet „Hahnheide". Durch den Sachsenwald gelangen Sie anschließend in den beliebten Ausflugsort Aumühle, wo für alle Geschichtsinteressierten so manches Gebäude und Museum an den Reichskanzler Bismarck erinnert. Nach einigen Kilometern auf bestens ausgebauten Radwegen erreichen Sie schließlich das Ziel der Tour, das Städtchen Reinbek mit seinem imposanten Backsteinschloss.

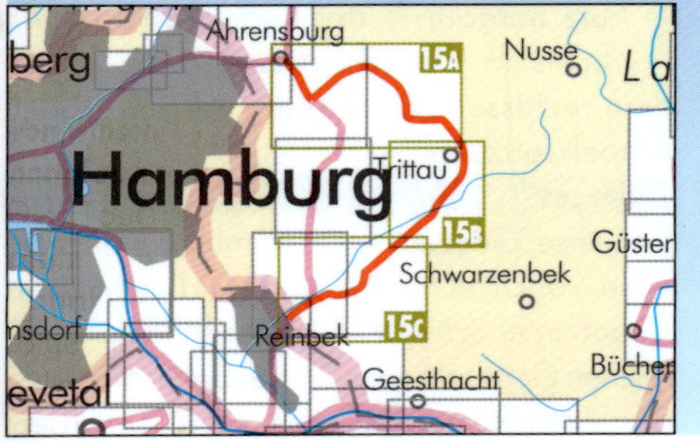

Charakteristik

Länge: 48 km

Start: Ahrensburg, Bahnhof

Ziel: Reinbek, Bahnhof

Anreise: Vom Hauptbahnhof Hamburg erreichen Sie Ahrensburg in ca. 25 Minuten mit der Regionalbahn.

Wegbeschaffenheit: Rund ein Drittel der Strecke verläuft auf unbefestigten, meist Waldwegen, der Rest ist asphaltiert.

Verkehr: Sowohl zu Beginn in Ahrensburg, als auch am Ende in Reinbek und um Trittau radeln Sie durch dicht bebautes Gebiet, wodurch mit mehr Verkehrsaufkommen zu rechnen ist. Hingegen sind die Wege rund um die Seen und im Sachenwald so gut wie verkehrsfrei.

Beschilderung: teilweise allgemeine Radwegschilder, keine spezielle Beschilderung für diese Tour

Steigungen: Im Bereich der Seen und im Sachsenwald werden Sie immer wieder auf leichte bis mittlere Steigungen treffen.

Tipp: Beachten Sie bitte, dass bei dieser Tour einige Steigungen und auch einige Kilometer auf unbefestigten Wegen zu bewältigen sind.

Anschlusstouren: 1, 14, 16, 17

Ahrensburg s. S. 161

Von Ahrensburg nach Lütjensee 14,5 km

Vom **Bahnhofsgebäude** geradeaus auf den Radweg der **Stormarnstraße** ⇝ an der Ampelkreuzung rechts ⇝ gleich danach links in die **Samuschstraße**, jeweils auf Radwegen ⇝ die Straße geht über in die **Reeshoopstraße** ⇝ rechts in die **Schulstraße** ⇝ geradeaus über den kleinen runden Wendeplatz ⇝ kurz rechts auf den Radweg ⇝ an der Vorfahrtsstraße links auf den Radweg der **Lübecker Straße** ⇝ an der großen Ampelkreuzung rechts einbiegen auf den linksseitigen Radweg des **Ostringes** ⇝ unter der Bahn hindurch ⇝ der Radweg wechselt zwei Mal die Seite ⇝ nach rund 1,5 Kilometern auf dem linksseitigen Radweg links in die Straße **An der Ellshorst**.

Der asphaltierten Rechtskurve folgen ⇝ an der **Hansdorfer Landstraße** links auf den Radweg ⇝ bergauf nach Großhansdorf ⇝ im Ort weiterhin auf dem linksseitigen Radweg ⇝ geradeaus über den Kreisverkehr.

Großhansdorf

Unter den Gleisen hindurch ⇝ in der Rechtskurve links in den unbefestigten Weg ⇝ geradeaus in den Wald hinein ⇝ nach der Rechtskurve unter der **A 1** hindurch ⇝ links dem unbefestigten Weg folgen ⇝ beim Kreuzungsbereich geradeaus in den **Uferweg** ⇝ rechts in den Weg **Schewenhorst** ⇝ es geht leicht bergauf ⇝ geradeaus weiter auf dem rechtsseitigen Radweg ⇝ die Straße geht über in die **Oetjendorfer Landstraße** ⇝ geradeaus über den Kreisverkehr.

Hoisdorf

PLZ: 22955; Vorwahl: 04107

Stormansches Dorfmuseum, Sprenger Weg 1, ✆ 4556, ÖZ: Di 9-12 Uhr, Sa 14-17 Uhr u. n. V. Heimat- und Sportmuseum.

Weiter auf dem straßenbegleitenden Radweg ⇝ im nächsten Ort links Richtung Bad Oldesloe, laut Radschildern ⇝ geradeaus über die nächste Vorfahrtsstraße ⇝ rechts in den **Ziegeleiweg** ⇝ leicht bergab und kurvig bis zur Vorfahrtsstraße ⇝ hier rechts auf den rechtsseitigen Radweg ⇝ leicht bergauf ⇝ am Ortsbeginn von Lütjensee links in die **Seereddenstraße** ⇝ bergab der Linkskurve folgen.

TIPP: Rechts geht es zum See, allerdings ist der Weg entlang des Sees ein reiner Fußweg!

Am Campingplatz vorbei ⇝ der Rechtskurve folgen und bergab ⇝ den Schildern Richtung Seehof folgen ⇝ vor den grünen Stäben des Gasthofes links in den unbefestigten Weg ⇝ über eine Brücke ⇝ rechts halten ⇝ vorbei an der **Fischerklause** ⇝ kurvig bergauf ⇝ am Friedhof vorbei ⇝ nach der Linkskurve an der Vorfahrtsstraße links in die Straße **Dovenkamp** ⇝ kurz bergauf ⇝ der Rechtskurve folgen ⇝ rechts in die **Trittauer Straße** ⇝ auf dem rechtsseitigen Radweg vor zur großen Ampelkreuzung.

Lütjensee

Da diese Gegend – für Hamburger Verhältnisse – doch recht hügelig ist, wird sie auch als „Stormarner Schweiz“ bezeichnet. In der waldreichen Gegend finden Sie vier Seen, die dieser Tour ihren Namen gegeben haben: Lütjensee,

15A
Schönberg
Höpfenberg
Neukoppel
Oetjendorf
Niekoppel
Beimoor
Schloss Ahrensburg
nsburg
Gölmbach
Hasenberg
Dwerkaten
Großhansdorf
Hoisdorf
Fürstenkaten
Stormarnsches Dorfmuseum
Eilberg
Kranika
Hohe Leuchte
Pinnberg
Raugheberge
Lütjensee
Koberg
Grönwohldhof
Waldgut Hagen
Forst Hagen
Schmalenbeck
Am Hagen
Ahrensfelde
Kuckucksberg
Grönwohld
Papierholz
Lunken
Siek
Scheushörn
Mönchteich
Meilsdorf
Alte Landstraße
Großensee
Staatsforst Trittau
Fleischgaffel
Sieker Feld
Hinterm See
Bahntrassen-Radweg
Strandhalle
Köppenkaten
Birkenwiese
Schwarzenkate
Trittau
Hahnheide
165
Braak
Papendorf
Großensee
Trittauerfeld
Heidberg
pelfeld

Großensee, Mönchteich und Stenzerteich.

Von Lütjensee nach Trittau — 11,5 km

An der Ampelkreuzung links Richtung Großensee ~ für rund 1,5 km auf dem rechtsseitgen Radweg ~ direkt vor der Rechtskurve links zum Parkplatz hinunter ~ rechts beim Holzschranken vorbei ~ bergab dem unbefestigten Weg folgen ~ rechts Blick auf den Großensee.

Lütjensee

Großensee

Links halten ~ kurz bergauf ~ an der asphaltierten T-Kreuzung links ~ wiederum leicht bergauf ~ vor den ersten Häusern rechts in die Sackgasse ~ auf dem unbefestigten Weg zum Mönchteich.

Mönchteich

In einer großen Linkskurve wieder hinauf zur Vorfahrtsstraße ~ diese geradeaus queren ~ auf dem linksseitigen Radweg weiter ~ kurz bergauf und über die **B 404** ~ bergab und in der Linkskurve rechts in den unbefestigten **Lehmbeksweg** ~ links am See vorbei.

Stenzerteich

Leicht bergauf ~ bei den ersten Häusern links auf die asphaltierte Straße ~ geradeaus in die größere Straße einfahren ~ kurz bergauf ~ rechts Richtung Radwanderweg in die Waldstraße ~ vorbei am Schranken ~ weiter am unbefestigten Weg ~ leicht bergab ~ in einer Rechtskurve unter einer Brücke hindurch.

VARIANTE: Wer nicht nach Trittau fahren möchte, kann direkt nach der Brücke links dem Radschild in den unbefestigten Weg folgen.

Geradeaus in den gepflasterten Weg ~ es geht bergauf ~ links in die **Bahnhofstraße** ~ auf dem rechtsseitigen Radweg durch Trittau.

Trittau

PLZ: 22946; Vorwahl: 04154

- **Gemeindeamt**, Europapl. 5, ☎ 80790
- **Napoleons-Brücke**, Anfang des 19. Jhs. wurde die Brücke al[s] Teil der Handelsstraße von Hamburg nach Mecklenburg erbaut.
- **Wassermühle** (1701), am Mühlenteich, altes Fachwerkgebäude, wo bis 1963 Korn gemahlen wurde; heute als kulturelle Treffpunkt genutzt
- **Freibad**, Poststraße/Straße Zum Schützenplatz

Östlich von Trittau befindet sich die bekannte „Hahnheide", ein großes Waldgebiet, das ursprünglich aus einer Moränenlandschaft entstanden ist. Nachdem zu Beginn des 19. Jahrhunderts durch intensive wirtschaftliche Nutzung sehr viel Wald abgeholzt worden war, begann man rund 50 Jahre später mit der Wiederaufforstung. Heute sind 95 Prozent des 1.500 Hektar großen Gebietes mit Wald bedeckt und seit 1938 auch unter Naturschutz gestellt. Die beiden Hügel „Großer Hahnheider Berg" und „Kleiner Hahnheider Berg" stellen mit jeweils ca. 100 Metern Seehöhe die höchsten Erhebungen des Naturschutzgebietes.

Von Trittau nach Aumühle 16,1 km

Vorbei an der Kirche ~ geradeaus über den Kreisverkehr ~ an der T-Kreuzung links Richtung Mölln ~ auf dem linksseitigen Radweg aus dem Ort hinaus.

ANSCHLUSS Am Ortsende von Trittau trifft die Variante durch den Wald wieder auf die Hauptroute.

Kurz nach dem Hohenfelder Damm rechts Richtung Kuddewörde, laut Radschilder ~ der Radweg wird befestigt und geht über in die Straße **Neuer Weg** ~ an der T-Kreuzung rechts ~ auf dem linksseitigen Radweg leicht hügelig bis Kuddewörde ~ bergab in den Ort hinein.

Kuddewörde

Grander Mühle. Eine der ältesten Kornwassermühlen Norddeutschlands ist heute zu einem beliebten Ausflugsziel avanciert. Seit den 1980er Jahren steht das rund 750 Jahre alte Mühlengebäude unter Denkmalschutz.

Entlang der **Möllner Straße** durch den Ort ~ nach der starken Linkskurve kurz bergauf ~ mittels einer Brücke über die **B 404** ~ geradeaus über die Stopp-Kreuzung Richtung Geesthacht ~ geradeaus durch den Ort ~ kurz vor dem Ortsendeschild rechts auf den Parkplatz, laut Radschild ~ der Weg wird unbefestigt ~ hügelig durch den Wald ~ nach der Rechts-links-Kurve unter der **Autobahn** hindurch ~ leicht hügelig weiter durch den Wald ~ vorbei am Schranken ~ an den Häusern von **Witzhaver-Viert** vorüber ~ ab dieser kleinen Siedlung wird der Weg sehr schön zu befahren ~ an der Gabelung rechts halten ~ schurgerade und leicht hügelig weiter im Wald ~ dem Radschild geradeaus Richtung Reinbek und Aumühle folgen ~ durch die

Lindenallee ~ in einer Linkskurve bergab ~ der Weg wird gepflastert ~ aus dem Wald heraus, leicht bergab zur Aumühle.

Aumühle

PLZ: 21521; Vorwahl: 04104

- **Gemeinde Aumühle**, Bismarckallee 21, ✆ 978013 oder ✆ 9900, www.aumuehle.de
- **Bismarck-Museum**, Ortsteil Friedrichsruh, Am Museum 2, ✆ 2419, ÖZ: April-Okt., Di-So 10-18 Uhr, Nov.-März, Mi, Sa, So 10-16 Uhr. Zahlreiche Dokumente, Briefe und Handschriften erinnen an das Leben und politische Wirken des ehemaligen Reichskanzlers.
- **Eisenbahnmuseum Lokschuppen Aumühle**, am östlichen Ortsrand auf der nördlichen Seite der Gleise, ÖZ: So 11-17 Uhr. Fahrzeugschau, Ausstellungen, Bahnwerkstatt, Draisinenfahrten
- **Aumühler Kirche** (ev.), runder Backsteinbau im Stil des Backsteinexpressionismus von 1930, auch als „Bismarck-Gedächtnis-Kirche" bekannt
- **Bismarckmausoleum**, Ortsteil Friedrichsruh, Am Museum 2, ✆ 2419, ÖZ: April-Okt., Di-So 10-18 Uhr, Nov.-März, Mi, Sa, So 10-16 Uhr.
- **Bismarckturm**, ÖZ: jeden Sa, Anmeldung erforderlich unter ✆ 2282. Schon weithin sichtbar ist der weiße, 1897 erbaute Wasser- und Aussichtsturm. Der Bismarck-Verehrer Emil Specht ließ den runden Turm aus Ziegelsteinen erbauen, innen mit Wandmalereien versehen und außen mit Zement verputzen. Der Turm diente sowohl als Bibliothek, als Bismarck-Museum und als Lager für Möbel, Früchte und für eine Steinesammlung. Heute steht er unter Denkmalschutz und wird als Aussichtswarte genutzt.
- **Garten der Schmetterlinge**, Ortsteil Friedrichsruh, Am Schlossteich 8, ✆ 6037, ÖZ: Mitte März-Okt., 9-18 Uhr. Deutschlands ältester Schmetterlingspark mit über 80.000 Besuchern pro Jahr.
- **Sachsenwaldbad Tonteich**, am westlichen Ufer des Tonteiches

Die namensgebende „Aumühle" gab es bereits Mitte des 14. Jahrhunderts, zu einem größeren Ort entwickelte sich die Siedlung jedoch erst um 1870. Denn damals schenkte Kaiser Wilhelm I. den Sachsenwald Otto von Bismarck, dem ersten Reichskanzler des Deutschen Kaiserreiches. Mit der Gründung eines Villenviertels und dem Bau des bekannten Bismarckturmes wurde Aumühle immer mehr zu einer beliebten, gehobenen Wohngegend nahe der Hansestadt Hamburg. Wie aus dem Datenblock bereits ersichtlich, spielte hier Otto von Bismarck eine große Rolle, der seine letzten Lebensjahre in Friedrichruh, einem Ortsteil von Auhmühle, verbrachte. Vom Turm, dem Museum und der Kirche bis hin zu einer eigenen Stiftung für Bismarck, wo sein Nachlass verwaltet wird, finden Sie hier in Aumühle noch viele Andenken an den bedeutenden Politiker.

Von Aumühle nach Reinbek 5,4 km

Kurvig bis zur Mühle ~ über eine Brücke ~ kurz bergauf.

ZUM BAHNHOF: Wer hier zur S-Bahn-Station umsteigen möchte, fährt links in die Straße **Am Mühlenteich**. An der Vorfahrtsstraße sehen Sie die S-Bahn-Station Aumühle direkt vor sich.

Geradeaus über die Vorfahrtsstraße ~ unter den Schienen hindurch ~ kurz bergauf und geradeaus in die Lindenallee → rechts in die Vorfahrtsstraße einbiegen → leicht bergauf → diesem straßenbegleitenden Radweg nun längere Zeit folgen → es geht aus dem Ort hinaus → leicht bergab → nach den letzten Häusern der Rechtskurve in den **Perlbergweg** folgen → geradeaus in den unbefestigten Landwirtschaftsweg → geradeaus in die Vorfahrtsstraße einfahren → in der Linkskurve rechts in die Straße **Tonteichbad** → leicht bergab → an der T-Kreuzung links in die Straße **Am Tonteich** → bei den letzten Häusern beim Infoschild über das Naturschutzgebiet Billetal rechts, laut Radschild → leicht bergab → der Weg wird schmal und unbefestigt → in einer Rechtskurve steil bergab → in einer Linkskurve über die Brücke → parallel zu den Schienen geradeaus dem unbefestigten Weg entlang der Straßenlaternen folgen → der Weg wird befestigt → geradeaus bis zur **S-Bahnstation Reinbek** → diese befindet sich nun linker Hand.

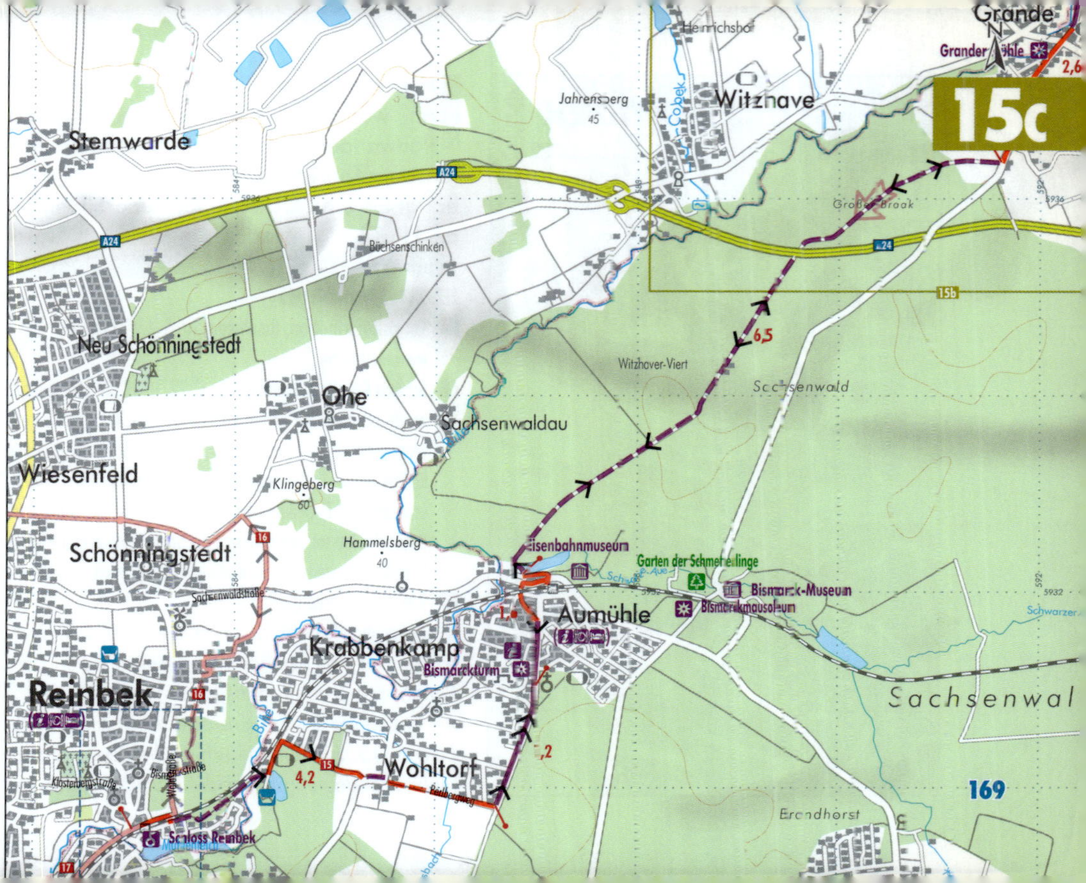

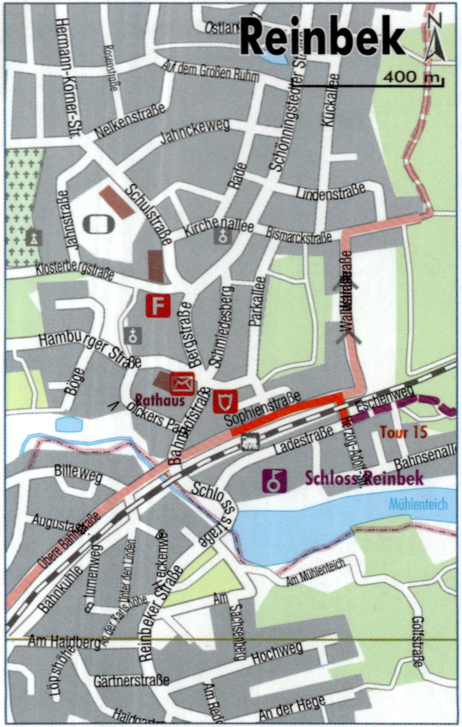

ANSCHLUSS

Hier schließen die Touren 16 und 17 an, wobei Sie mit ersterer entlang des Radwanderweges in einer Runde bis Ahrensburg fahren können, Tour 17 hingegen bringt Sie ein Stückchen Richtung Süden an die Elbe.

Reinbek

PLZ: 21465; Vorwahl: 040

- **Touristinformation**, Hamburger Str. 5-7, ✆ 727500, www.reinbek.de
- **Schloss Reinbek**, Schlossstr. 5, ✆ 7279162. Schloss Reinbek wurde als eines der ersten Fürstenschlösser ausschließlich als Wohngebäude konzipiert. Herzog Adolf von Schleswig-Holstein ließ es im 16. Jh. als Jagdschloss im niederländischen Stil, als unverputzten Ziegelbau, errichten. Heute ist das Schloss im Besitz des Kreises Stormarn und der Stadt Reinbek und wird als Vortrags-, Konzert- und Ausstellungsraum genutzt.
- **Alte Steinbrücke** (1793)
- **Freizeitbad Reinbek**, Hermann-Körner-Str. 47, ✆ 7229327

Lange Zeit war Reinbek eine kleine Siedlung am Rande der großen Hansestadt Hamburg. Durch die Gründung des Frauenklosters am Oberlauf der Bille im 13. Jahrhundert erhielt die Region immer mehr an Bedeutung, zumal durch Schenkungen und

Schloss Reinbek

Erbschaften wohlhabender, adeliger Frauen, die ins Kloster eintraten, der Besitz ständig wuchs.

Entscheidend für die Entwicklung zur heutigen prosperierenden Kleinstadt war der Eisenbahnanschluss im Jahre 1846. Damals entdeckten wohlhabende Bürger Hamburgs den kleinen Ort Reinbek als Erholungsgebiet, das innerhalb von wenigen Minuten von der Großstadt aus erreichbar war. Das Billetal, viel ursprüngliche Natur im Sachsenwald und eine hervorragende Infrastruktur sind bis heute jene Faktoren, welche die 25.000 Einwohner Reinbeks an ihrer Stadt so schätzen.

Tour 16 Bahntrassenradeln im Osten Hamburgs 33 km

Vom Reinbeker Backsteinschloss gelangen Sie über die Glinder Kupfermühle zu einem seltenen Radvergnügen: Denn ab Glinde können Sie ganz unbeschwert auf der ehemaligen Bahnstrecke der Südstormarnschen Kreisbahn radeln. Querfeldein geht es durch Wiesen und Felder – diese ehemaligen, schön asphaltierten Bahntrassen gehören allein den Radfahrern und Wanderern. Kurz vor Ende der Tour müssen Sie sich dann entscheiden, ob Sie Ihren Ausflug in Ahrensburg beenden möchten, oder ob die Zeit und Energie noch reicht, um über Trittau und Aumühle (Tour 15) eine Runde nach Reinbek zu fahren.

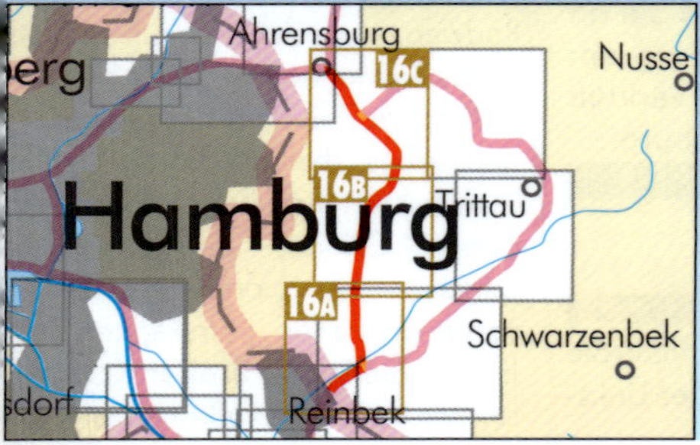

Charakteristik

Länge: 33 km

Start: Reinbek, Bahnhof

Ziel: Ahrensburg, Bahnhof

Anreise: Reinbek erreichen Sie per S-Bahn in 25 Minuten vom Hamburger Hauptbahnhof.

Wegbeschaffenheit: Der überwiegende Teil der Oberflächen ist asphaltiert, lediglich ein kurzes Stück zu Beginn im Staatsforst Trittau verläuft unbefestigt.

Verkehr: Mit leichtem Verkehrsaufkommen müssen Sie zu Beginn und am Ende der Tour in Reinbek bzw. in Ahrensburg rechnen, der Rest der Strecke führt fast ausschließlich auf Radwegen.

Beschilderung: Ab Glinde, wo Sie auf den Radwanderweg treffen, können Sie

Radwanderweg bei Siek

sich an den großen gelben Hinweisschildern orientieren.

Steigungen: zu Beginn einige wenige Steigungen

Tipp: Wenn Ihnen diese Tour allein etwas zu kurz erscheint, können Sie diese gemeinsam mit Tour 15 leicht zu einer Rundtour kombinieren – mit Start in Reinbek, Ahrensburg oder Aumühle.

Anschlusstouren: 1, 14, 15, 17

16A

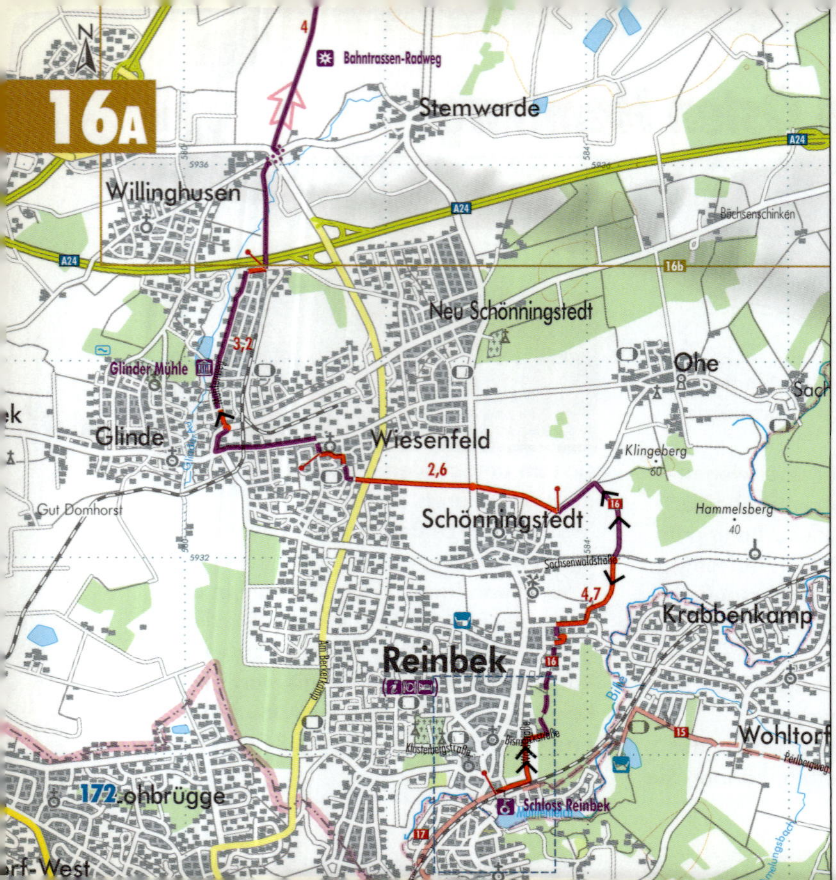

Radwanderweg auf alten Gleisen

Bereits in den 1960er Jahren wurde diese ehemalige Bahntrasse zum Radwanderweg umfunktioniert, wo die „Südstormarnsche Kreisbahn" von 1907 bis 1952 entlangfuhr. Der flache, teilweise leicht hügelige Wanderweg ist unkompliziert zu radeln und bestens mit gelben Hinweisschildern gekennzeichnet, auf denen Sie auch immer die nächsten Orte samt Kilometerangaben ablesen können.

ANSCHLUSS In Reinbek können Sie auch zu den beiden Touren 15 und 17 wechseln. Letztere führt Sie an die Elbe bzw. bis Hamburg am Elbe-Radweg, Tour 15 verläuft über Trittau nach Ahrensburg.

Reinbek **s. S. 170**

Von Reinbek nach Brunsbek *16,5 km*

Von der S-Bahn-Station rechts in die **Sophienstraße** ~ nach der Linkskurve bergauf in der **Waldstraße** ~ rechts in die **Bismarck-Straße** ~ im Wald an der ersten Möglichkeit links in den unbefestigten Weg ~ die kleinen Wege geradeaus querer ~ an der **Bernhard-Ihnen-Straße** rechts ~ leicht bergauf ~ an der T-Kreuzung links ~ rechts in den schmalen **Gartenweg** ~ bergauf zur **Wohltorfer Straße** ~ hier rechts ~ vor der Rechtskurve links in den **Sachsenwaldstraße** ~ nach der Rechtskurve bergab ~ geradeaus über die Silk-Straße ~ leicht bergauf dem Radweg entlang ~ an der T-Kreuzung links auf den linksseitigen Radweg ~ vor der Linkskurve rechts in das Asphaltband ~ leicht bergauf ~ längere Zeit dem Weg folgen ~ geradeaus über die **Königsstraße** ~ mittels einer großen Brücke in den Ortsteil Glinde ~ der Rechtskurve folgen ~ am Sportplatz vorbei ~ vorbei am Poller ~ am kleinen Platz links in die Straße **Breiter Kamp** ~ an der Vorfahrtsstraße rechts ~ an der nächsten Vorfahrtsstraße links auf den rechtsseitigen Radweg → an der großen Ampelkreuzung rechts in die **Möllner Landstraße**.

Glinde

Museum in der Glinder Mühle, Kupfermühlenweg 7, ✆ 040/7104776. In der ehemaligen Kupfer-, Korn- und Fellmühle ist heute ein interessantes Heimatmuseum und eine Kulturstätte untergebracht.

Nach der Rechtskurve an der Ampelkreuzung links in den **Mühlenweg** Richtung Glinder Mühle → leicht bergauf → am linksseitigen Radweg bis zur Glinder Mühle.

TIPP: Für eine kurze Pause an der Glinder Mühle bzw. am See folgen Sie dem Schild nach links in den Kupfermühlenweg.

Auf dem linksseitigen Radweg aus dem Ort hinaus → am Ende der Straße rechts in den Weg **Hinter den Tannen** → kurz bergauf → dem Schild **Radwanderweg Trittau** nach links über die A 24 folgen.

Vorbei am Drängelgitter → schnurgerade auf dem asphaltierten Radweg weiter → an der T-Kreuzung rechts zur großen Kreuzung → an der Ampelkreuzung die Straße queren → links und über die Bahnhofstraße → kurz nach der Kreuzung rechts wiederum dem gelben Schild des Radwanderweges nach rechts folgen → dem schönen Asphaltband für rund 2,5 km folgen → der Weg führt nach Stellau zum **Wiesenweg**.

Stellau

Geradeaus über die Vorfahrtsstraße → wiederum dem asphaltierten Weg des Radwanderweges folgen → die folgende Vorfahrtsstraße, die **L 160** geradeaus queren → befestigt führt der Radwanderweg bis nach Brunsbek.

Brunsbek

Von Brunsbek nach Ahrensburg — *16,5 km*

Am Ortsrand von Brunsbek beide Straße jeweils geradeaus queren und den Schildern des Radwan-

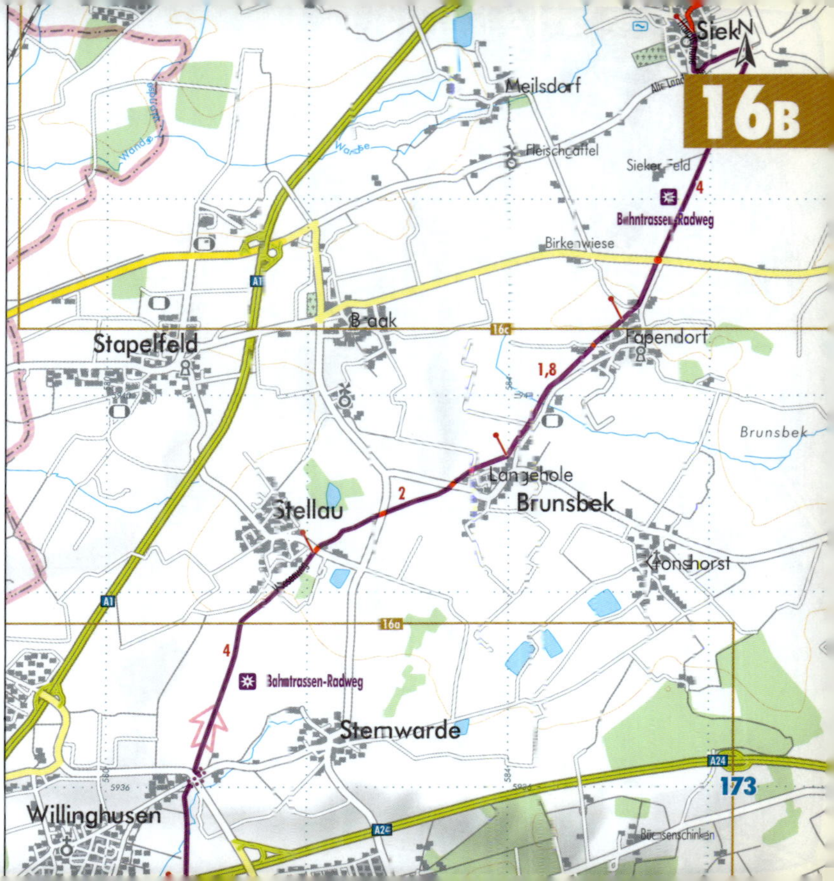

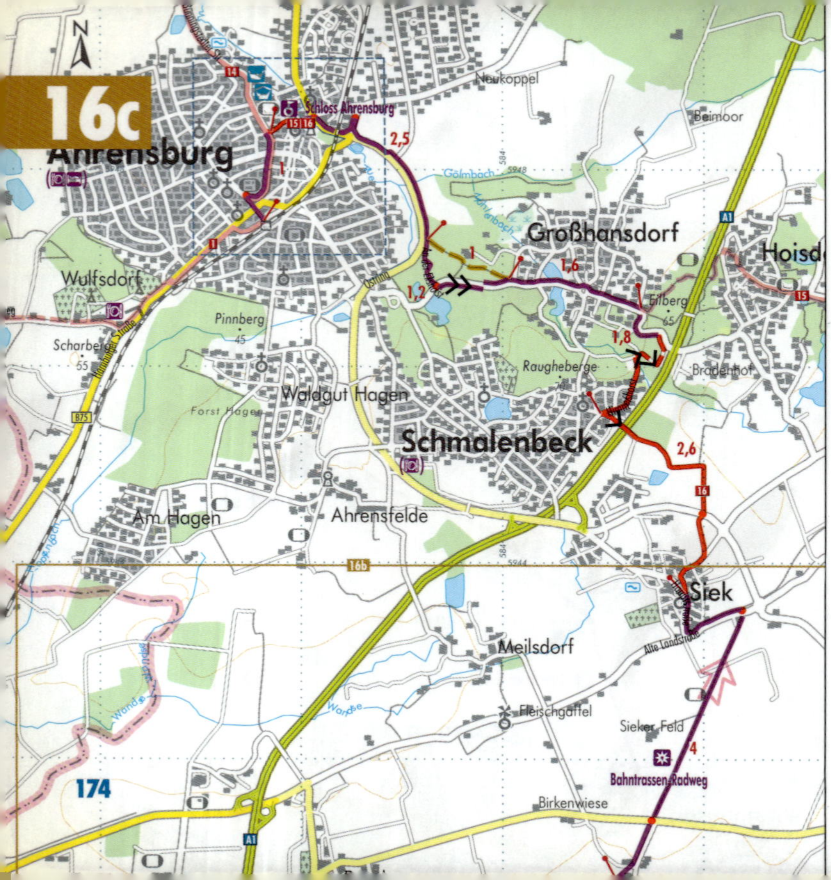

derweges folgen ⤳ nach Brunsbek verläuft der Radweg zunächst parallel zur Straße ⤳ weiter bis nach Papendorf.

Papendorf

Am Ortsende von Papendorf schräg über die Straße Am Meilsdorfer Damm ⤳ kurz am straßenbegleitenden Radweg ⤳ geradeaus über die L 92 ⤳ schnurgerade durch eine Allee bis nach Siek.

VARIANTE Dieser Radwanderweg geht – wie der Name besagt – weiter bis nach Trittau. Dort können Sie in Tour 15 einsteigen.

An der großen Vorfahrtsstraße links auf den Radweg der **Alten Landstraße** ⤳ Rechts in die **Hauptstraße**.

Siek

Nach der Kirche in der Linkskurve rechts in den **Hoisdorfer Weg** ⤳ der Rechtskurve folgen ⤳ leicht bergauf ⤳ kurz nach der Ortstafel links in den Landwirtschaftsweg ⤳ geradeaus über die Vorfahrtsstraße ⤳ weiter auf dem schmalen Asphaltband ⤳ der asphaltierten Linkskurve folgen ⤳ in einer Rechtskurve in den Weg **Birkenbusch** ⤳ an Pollern vorbei ⤳ geradeaus und mittels einer Brücke über die **A 1** ⤳ an der zweiten 4er-Kreuzung rechts in die Straße **Himmelshorst** ⤳ durch eine Wohnsiedlung ⤳ in den Wald hinein, der Weg wird unbefestigt ⤳ an der T-Kreuzung rechts ⤳ leicht bergauf ⤳ nach dem Waldstück der Linkskurve folgen ⤳ der Weg wird asphaltiert ⤳ kurz bergauf ⤳ an der Stopp-Kreuzung links ⤳ auf dem linksseitigen Radweg dem kurvigen Verlauf folgen.

ANSCHLUSS An der folgenden Kreuzung treffen Sie auf Tour 15, hier können Sie entweder links Richtung Ahrensburg radeln oder aber rechts und somit die Runde über die Seentour zur Aumühle schließen.

Ahrensburg s. S. 161

Tour 17 Durch die Vierlande an die Elbe 45 km

Zwei Schlösser, ein Freilichtmuseum, die Vierlande und der Elbe-Radweg ergeben eine abwechslungreiche Radtour im Südosten Hamburgs. Nach einem Besuch im Reinbeker Schloss oder einem Spaziergang im Bergedorfer Schlosspark kommen Sie über Curslack in die Vier- und Marschlande, eine der bekannten Gemüse- und Obstanbauregionen rund um Hamburg. Ab Kirchwerder geht es dann entlang der Elbe auf schönen Radwegen hinein nach Hamburg.

Charakteristik

Länge: 45 km
Start: Reinbek

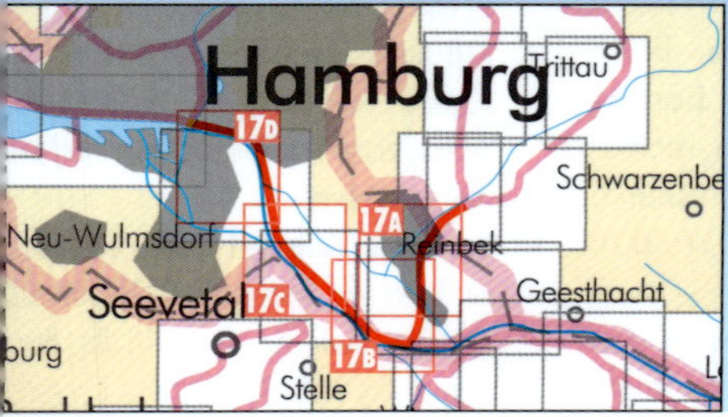

Ziel: Hamburg
Anreise: Reinbek erreichen Sie per S-Bahn in 25 Minuten vom Hamburger Hauptbahnhof.
Wegbeschaffenheit: Bis auf wenige, kurze Ausnahmen verläuft diese Tour auf asphaltierten Wegen.
Verkehr: Zu Beginn der Tour, in Reinbek und in Bergedorf, müssen Sie auf etwas Verkehr achten, durch die Vierlande und am Elbe-Radweg radeln Sie dann fast ausschließlich auf Radwegen, die zum Teil jedoch straßenbegleitend sind.
Beschilderung: Ab Kirchwerder können Sie sich an der Elbe-Radwegbeschilderung orientieren.
Steigungen: keine nennenswerten Steigungen
Tipp: Mit der Alster-Touristik können Sie auch vom Jungfernstieg bis Bergedorf per Schiff fahren, genaue Abfahrtszeiten finden Sie unter www.alstertouristik.de
Anschlusstouren: 1, 3, 15, 16

Vier- und Marschlande

Dieser Teil der Tour führt Sie durch ein bekanntes Gemüse-, Obst- und Blumenanbaugebiet rund um Hamburg. Der Name „Vierlande" bezieht sich auf die ehemaligen vier Kirchspiele Curslack, Kirchwerder, Neuengamme und Altengamme und stammt aus dem 16. Jahrhundert. Die Vierlande umfassen ein Gebiet von etwa 77 Quadratkilometer und bestehen aus ehemaligen Inseln des Elbe-Urstromtales. Im 14. Jahrhundert hatte die Stadt Hamburg bereits die Elbe in diesem Gebiet begradigen und die Süderelbe eindeichen lassen, um die Region vor Überschwemmungen zu schützen. Seither gelten die Vierlande als fruchtbare Gemüseanbau-Region an der Elbe.

ANSCHLUSS Die S-Bahn-Station Reinbek ist auch Ausgangspunkt für Tour 16 – Richtung Ahrensburg – und Endpunkt von Tour 15, die ausgehend von Ahrensburg über Trittau zur Aumühle und Reinbek führt.

Reinbek s. S. 170

Von Reinbek an die Elbe 21,1 km

Von der S-Bahn-Station links in die **Sophienstraße** ⁓ geradeaus über die Ampelkreuzung ⁓ leicht bergauf in der **Oberen Bahnstraße** ⁓ in der Rechtskurve geradeaus in den Radweg ⁓ leicht bergab ⁓ links unter der Bahn hindurch ⁓ rechts in den **Bergedorfer Weg** ⁓ auf dem rechtsseitigen Radweg der Rechtskurve folgen ⁓ direkt vor dem Wald in den unbefestigten Weg ⁓ nach der Linkskurve geradeaus in den **Möörkenweg** einfahren ⁓ leicht bergauf ⁓ beim Sackgassenschil links in den **Daniel-Hinscher Weg** ⁓ es geht bergauf ⁓ geradeau halten in den Radweg **Schillerufe** ⁓ an der T-Kreuzung rechts in die **Ernst-Mantius-Straße** ⁓ nach einem Linksknick geradeaus au dem Weidenbaumweg zur S-Bahn-Station Bergedorf.

Bergedorf

PLZ: 21029; Vorwahl: 040

- **Bergedorf-Information im Hasse-Turm** Johann-Adolf-Hasse-Pl. 3, ✆ 72693324
- **Bergedorfer Schifffahrtslinie,** Serrahnstr. 1, ✆ 73675690, Abfahrt: April-Okt., Mi, Fr, Sc 14 Uhr, Touren durch die Vierlande
- **ATG Alster-Touristik,** ✆ 3574240, Abfahrt Bergedorf: Mai-Sept., Mo, Mi-So 14 Uhr, Vierlandfahrten von Bergedorf zum Jungfernstieg in Hamburg
- **Museum für Bergedorf und die Vierlande,** im Bergedorfer Schloss, ✆ 428912509, ÖZ: April-Okt., Di-Do, Sa, So 10-18 Uhr, Nov.-März, Di-Do, Sa, So 11-16 Uhr

- **St. Petri und Pauli Kirche** (1502), Bergedorfer Schlossstr. 2, Barockaltar aus dem Jahr 1662
- **Bergedorfer Schloss** (13. Jh.), Im Schlosspark laden alte Bäume, kleine Holzbrücken und eine gemütliche Liegewiese zum Verweilen ein.
- **SkulpturenLandschaft Hamburg**, Schulenbrooksweg 18, ✆ 79418624. Auf rund 1.500 m können Sie moderne Kunst im öffentlichen Raum erleben: Skulpturen, Objekte, LandArt im Rathauspark
- **Historische Eisenbahn**, Bahnhof Bergedorf Süd, Neuer Weg 39, ✆ 77899, mit der historischen Lok „Karoline" können Sie bis Geesthacht fahren
- **Bille-Bad**, Reetwerder 25, ✆ 188890

Heute zählt der Stadtbezirk rund 120.000 Einwohner und ist beliebter Ausflugsort für die Hamburger. Aus steinzeitlichen Funden geht hervor, dass bereits vor 15.000 Jahren hier Jäger und Sammler lebten, auch Ackergeräte und landwirtschaftliches Werkzeug belegen die frühen Siedlungen im heutigen Bergedorf.

Besonders der Standort am Billedelta, wo eine wichtige Handels- und Heerstraße zwischen Hamburg und Artlenburg vorbeiführte, trug zur raschen Entwicklung zum Marktflecken (um 1220) und zur Stadt (1275) bei. Unter anderem wurde zu dieser Zeit der wichtige Mühlendamm gebaut, der einerseits die Bille aufstaute, andererseits einen trockenen Fahrweg über das Flussdelta ermöglichte. Ein kleines Kuriosum der Stadt war die gleichzeitige Herrschaft von Lübeck und Hamburg über Bergedorf vom 15. bis ins 19. Jahrhundert. Jede der beiden Großstädte eroberte eine Burg von Bergedorf, was dazu führte, dass beispielsweise die Post weder von Hamburg noch von Lübeck verwaltet werden durfte und Bergedorf somit postalisch gesehen selbständig war.

Seit 1967 gehört Bergedorf zu Hamburg und hat sich bis heute

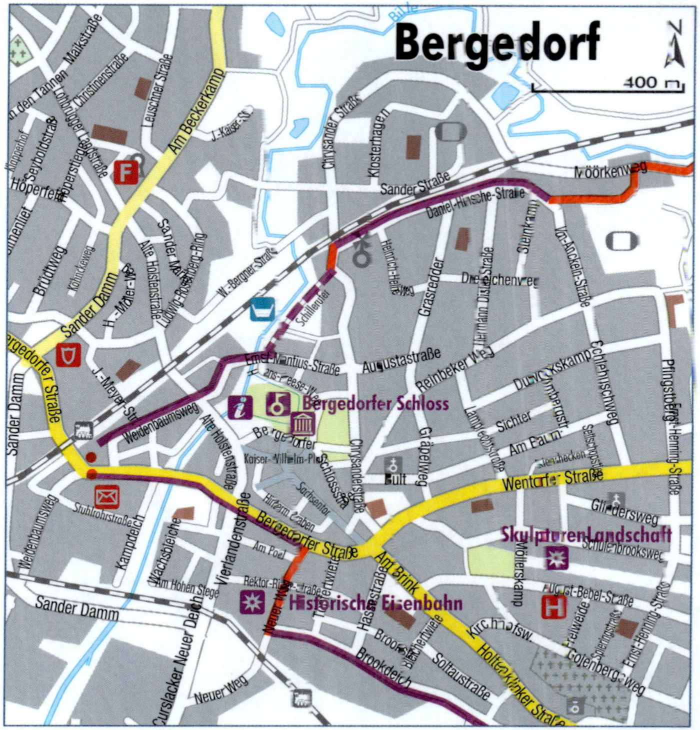

Radweg südlich von Curslack

zu einer attraktiven Wohn- und Tourismusstadt entwickelt.

Die **Bergedorfer Straße** überqueren ~ auf dem straßenbegleitenden Radweg die Bille queren ~ rechts in die Straße **Neuer Weg** ~ vor den Schienen links in die Straße **Brookdeich** ~ geradeaus weiter in dieser Straße.

TIPP **Hier ist für den motorisierten Verkehr das Einfahren verboten, Radfahrer dürfen weiter geradeaus fahren.**

Geradeaus über Gleise ~ an der Vorfahrtsstraße rechts ~ auf der Straße **Pollhof** über die A 25 ~ geradeaus in den schmalen Weg ~ auf diesem Radweg bis Curslack.

Curslack

PLZ: 21039; Vorwahl: 040

Rieckhaus (1533), Curslacker Deich 284, ✆ 7231223, ÖZ: Okt.-März, Di-So 10-16 Uhr, April-Sept., Di-So 10-17 Uhr. Außenstelle des Altonaer Museums, in diesem Freilichtmuseum sehen Sie die ehemalige Wohn- und Arbeitswelt der Marschbauern im 17./18. Jh.

St. Johannis-Kirche (um 1600), Holzturm mit achteckiger Spitze, barocker Altar im Innenraum

Bocksmühle, alte Windmühle beim Rieckhaus

Geradeaus durch den Ort ~ über eine Brücke ~ geradeaus weiter auf diesem Radweg, der auf einer ehemaligen Bahntrasse verläuft.

Kirchwerder

m Ort die Straßen geradeaus queren ~ der Radweg führt Sie weiter bis zum Elbe-Radweg.

ANSCHLUSS Sie können nun entweder am Elbe-Radweg nach Hamburg hineinradeln – wie im Folgenden beschrieben – oder Sie folgen dem Elbe-Radweg Richtung Lauenburg bzw. Hitzacker, diese Beschreibung finden Sie bei Tour 3.

An der Elbe nach Hamburg *23,5 km*

An der folgenden Kreuzung rechts den Elbe-Radweg-Schildern Richtung Hamburg folgen ~ nach 5,5 Kilometern auf dem asphaltierten Dammweg in **Fünfhausen** geradeaus über die Vorfahrtstraße in den **Lauweg** Richtung Moorfleet radeln ~ in **Ochsenwerder** wird der Radweg kurz unbefestigt, führt aber weiterhin immer geradeaus ~ bei einem Elbarm an der T-Kreuzung links ~ dem Straßenverlauf in einem Rechtsbogen über den Fluss hinüber folgen ~ gleich nach der Brücke links in die Straße **Kaltehofe Hauptdeich** und die nächsten 5 Kilometer auf dem Deich bis Rothenburgsort.

Rothenburgsort

Nach dem **Sperrwerk Billwerder Bucht** links in den **Ausschläger Elbdeich** ~ die nächste links in die **Entenwerder Straße** ~ dem Straßenverlauf nach rechts über das Haken-Hafenbecken folgen ~ links auf die Straße **Billwerder Neuer Deich** und gleich wieder rechts ab in den **Billhorner Mühlenweg** ~ an der Vorfahrtstraße links auf den straßenbegleitenden Radweg der Straße **Billhorner Röhrendamm** ~ unter der Billhorner

Hamburger Hafen

Brückenstraße hindurch, hinauf zum linksseitigen Radweg an der Billhorner Brückenstraße (B 75) ⤳ nach links in Richtung Norden einbiegen ⤳ kurz darauf nach der Bahnunterführung auf den Radweg der **Amsinckstraße**.

Vor dem Mittelkanal nach links in die **Lippeltstraße** ⤳ nach der Bahnunterführung rechts in die **Banksstraße** ⤳ nach 900 Metern an der großen Kreuzung beim Deichtorplatz rechts in den Klosterwall ⤳ auf dem straßenbegleitenden Radweg geradeaus bis zum Hauptbahnhof.

Hamburg

ANSCHLUSS In Hamburg können Sie entweder der Elbe treu bleiben und am Radweg bis nach Glückstadt radeln oder aber Sie fahren entlang der Alster durch die Innenstadt, s. Tour 1.

Tour 18 Durch die Lauenburgische Seenlandschaft 87 km

Auf dieser Rundtour können Sie zwei verschiedene Landschaftschaftstypen entdecken: Zum einen radeln Sie zu Beginn von der Till Eulenspiegelstadt Mölln entlang der „Alten Salzstraße" rund 20 Kilometer Richtung Süden am Elbe-Lübeck-Kanal. Diese Strecke ist herrlich einfach, bestens gesandet und wie für Radfahrer gemacht. In Büchen verlassen Sie dann den geschichtsträchtigen Kanal, wo einst das sogenannte „weiße Gold" transportiert wurde

und großen Wohlstand gebracht hatte, und wechseln in den Naturpark Lauenburgische Seen. Über Gudow, Sterley und durch ruhige Wiesen- und Seenlandschaften gelangen Sie in die Inselstadt Ratzeburg, die durch ihre wunderschöne Lage inmitten von großen Binnenseen beeindruckt. Ein leicht hügeliger Weg bringt Sie durch den Wald wieder zurück nach Mölln.

Charakteristik

Länge: 87 km

Start & Ziel: Mölln, Bahnhof

Anreise: Dank der guten Bahnverbindung erreichen Sie Mölln von Hamburg aus – mit einmal Umsteigen – in ca. einer Stunde.

Wegbeschaffenheit: Entlang des Kanals, von Büchen nach Mölln, ist der Weg unbefestigt, jedoch bestens zu befahren. Ansonsten radeln Sie auf asphaltierten Wegen.

Verkehr: Autos werden Ihnen – abgesehen von Ratzeburg und Mölln – kaum begegnen. Vor allem entlang des Kanals sind die Radfahrer unter sich.

Beschilderung: Der Großteil der Rundtour ist mit Schildern der „Alten Salzstraße" gekennzeichnet, auf dem kurzen Stück zwischen Ratzeburg und Mölln gibt es wenige allgemeine Radwegschilder.

Steigungen: Einige wenige Steigungen begegnen Ihnen auf dem kurzen Stück zwischen Ratzeburg und Mölln.

Tipp: Diese Rundtour führt zum Teil entlang des Radfernweges „Alte Salzstraße". Wenn Sie den gesamten mittelalterlichen Handelsweg von Lüneburg nach Lübeck per Rad erkunden möchten, so finden Sie diesen im *bikeline*-Radtourenbuch Schleswig-Holstein-Süd.

Anschlusstour: keine

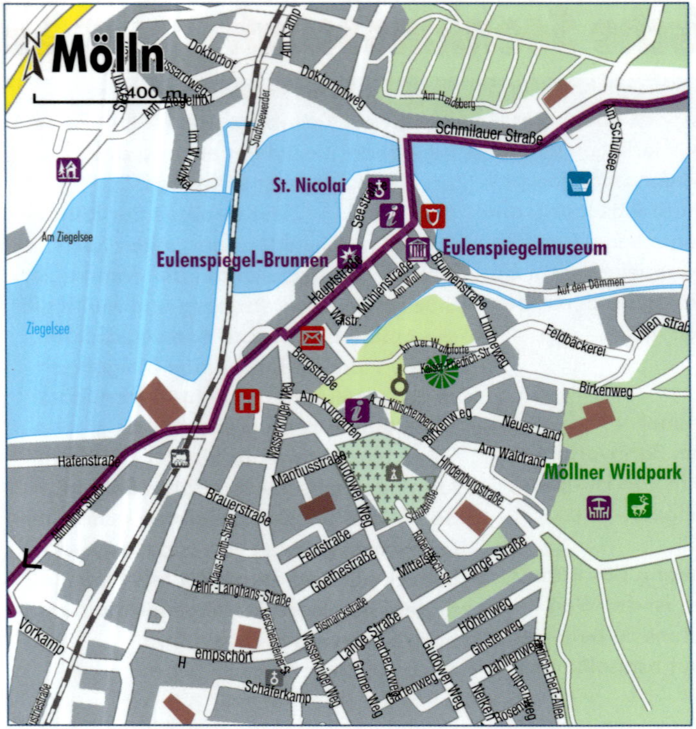

Mölln

PLZ: 23879; Vorwahl: 04542

- **Städtische Kurverwaltung Mölln**, Hindenburgstraße/Kurzentrum, ✆ 7090, www.moelln.de
- **Tourismus- und Naturzentrum „erlebnisreich"**, im Stadthauptmannshof, Hauptstr. 150, ✆ 856865
- **Eulenspiegellinie**, ✆ 0171/5115039, Schifffahrten auf den Möllner Seen
- **Möllner Museum**, im Historischen Rathaus, Am Markt 12, ÖZ: Mai-Okt., Di-Fr 10-13 Uhr und 14-17 Uhr, Sa, So 11-17 Uhr, Nov.-April, Di-Fr 13-16 Uhr, Sa, So 11-16 Uhr. Die Ausstellung informiert über die Stadtgeschichte Möllns, hervorzuheben sind die Gegenstände rund um die Gilden und Zünfte und eine multimediale Reise auf den historischen Wasserstraßen der Region.
- **Eulenspiegelmuseum**, Am Markt 2, ÖZ: Mai-Okt., Di-Fr 10-13 Uhr und 14-17 Uhr, Sa, So 11-17 Uhr, Nov.-April, Di-Fr 14-16 Uhr, Sa, So 11-13 Uhr und 14-16 Uhr. Seit 1995 hat die berühmte deutsche Schelmenfigur hier ihr eigenes Museum. Mittels Gemälden, Plastiken und Büchern wird über das Leben von Till Eulenspiegel anschaulic berichtet.
- **St.Nicolai-Kirche** (13. Jh.), spätromanische Backsteinbau mit beeindruckenden Fresken über den Hl. Nikolaus und einer mittelalterlichen Taufgruppe um 1500.
- **Historischer Wasserturm** (1913), auf dem Klüschenberg. Von rund 23 m Höhe bietet dieser Turm einen herrlichen Ausblick über Mölln und seine Umgebung. Zusätzlich finden Sie hier eine kleine naturkundliche Ausstellung über die heimische Flora und Fauna.
- **Till-Eulenspiegel-Brunnen**, am Marktplatz
- **Möllner Wildpark**, am östlichen Rande der Stadt. Heimische Tiere sind hier auf rund 20 ha Wiesen und Wald zu beobachten. Ein Spazierwegenetz führt Sie mit verschiedenen Rundgängen durch den Park.
- **Zweiradshop Klimschöfki**, Berliner Str. 100, ✆ 2306
- **Brügmann**, Wasserkrüger Weg 5, ✆ 3908

Eingebettet zwischen dem Elbe-Lübeck-Kanal und der bekannten Möllner Seenkette liegt die sogenannte Till-Eulenspiegel-Stadt Mölln. Seit rund 800 Jahren existiert

Am Marktplatz in Mölln

die heute 18.600 Einwohner zählende Stadt im Gebiet des Naturparks Lauenburgische Seen. Entscheidend für den steten wirtschaftlichen Aufschwung war seit jeher die Lage an verschiedenen Handelswegen wie beispielsweise der 1398 fertiggestellte Stecknitzkanal oder die Alte Salzstraße. Beide Wasserstraßen trafen in Mölln auf Handelswege, die weiter in den Osten Richtung Mecklenburg führten. Trotz aller Einnahmen von Handelsreisenden, waren die damaligen Herrscher, die Lauenburgischen Herzöge im 14. Jahrhundert so stark verschuldet, dass sie Mölln an die große Nachbarsstadt Lübeck verpfänden mussten; diese Fremdbestimmung dauerte rund 350 Jahre.

Große Veränderungen brachte der Zweite Weltkrieg für die Stadt. Zum einen wurde 1933 die Heeresmunitionsanstalt hier errichtet, wodurch bis zu 2.000 Menschen nach Mölln kamen um – oft unter Zwang – hier zu arbeiten, zum anderen strömten nach Kriegsende rund 7.000 Flüchtlinge und Vertriebene nach Mölln, wodurch sich die Einwohnerzahl mehr als verdoppelte.

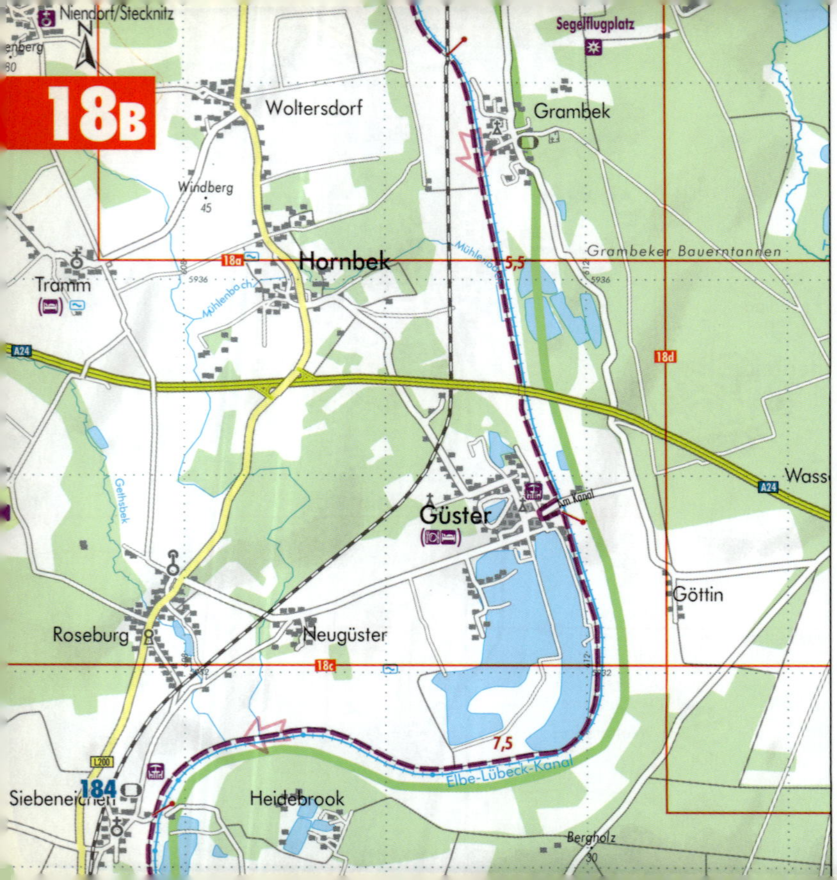

Heute ist Mölln aufgrund seines Heilklimas und seiner Infrastruktur ein anerkannter Kurort und ist durch das Till-Eulenspiegel-Museum und seiner Lage zwischen der herrlichen Seenkette Anziehungspunkt für zahlreiche Touristen.

Von Mölln nach Büchen *23 km*

Vom **Bahnhof Mölln** der **Hauptstraße** stadtauswärts folgen ~ der Rechtskurve über die Schienen folgen ~ auf dem rechtsseitigen Radweg aus dem Ort hinaus ~ kurz bergauf und der Linkskurve folgen ~ an der Vorfahrtsstraße rechts ~ über eine Brücke.

ANSCHLUSS Hier können Sie nun der Salzstraße in beide Richtungen folgen. Entweder Richtung Norden nach Lübeck oder Sie folgen ihr nach Süden, so wie im Folgenden beschrieben.

Links in die Straße **Alte Salzstraße** ~ weiter am Kanal ~ unter einer Eisenbahnbrücke hindurch ~ den Ort **Grambek** links liegen lassen ~ weiter Richtung Süden ~ unter einer Autobahn hindurch ~ auf Höhe von **Güster** kurz weg vom Kanal ~ bald darauf in eine Linkskurve wieder zurück auf den Radweg entlang des Kanals ~ auf dem bestens ausgebauten Radweg für rund 7,5 Kilometer bis nach **Siebeneichen** ~ geradeaus weiter ~ immer wieder bilden Bäume eine kurze Allee entlang der Route ~ beim kleinen Rastplatz wieder kurz weg vom Kanal und in einer Linkskurve wieder dahin zurück ~ weiter auf unbefestigtem Wege ~ Sie erreichen die Brücke Richtung Büchen bzw. Dorf.

TIPP Für jene, die an der deutschen Geschichte, im Besonderen hinsichtlich des Eisernen Vorhanges und seines Falles interessiert sind, führt hier der Deutsch-Deutsche Radweg vorbei.

Büchen

PLZ: 21514; Vorwahl: 04155

Entlang des Kanals

- **Priesterkate Büchen**, Gudower Str. 1, ☎ 6114, www.buechen.de
- **Marienkirche** (12. Jh.)
- **Kunst- und Kulturlehrpfad**, Ortsteil Pötrau. Skulpturen aus heimischen Materialien wie tanzende Steine, Holzdrehköpfe, eine Königliche Eiche u.v.m. werden Sie begeistern.

Von Büchen nach Gudow — *24 km*

Nach 2,5 Kilometern am Kanal bei der Witzeezerschleuse ans andere Ufer wechseln ~ dem asphaltierten Weg bis zum Gasthaus folgen ~ hier links, der Weg wird unbefestigt.

Dorf

- **Priesterkate Büchen**, Gudower Str. 1, ☎ 6114, www.buechen.de

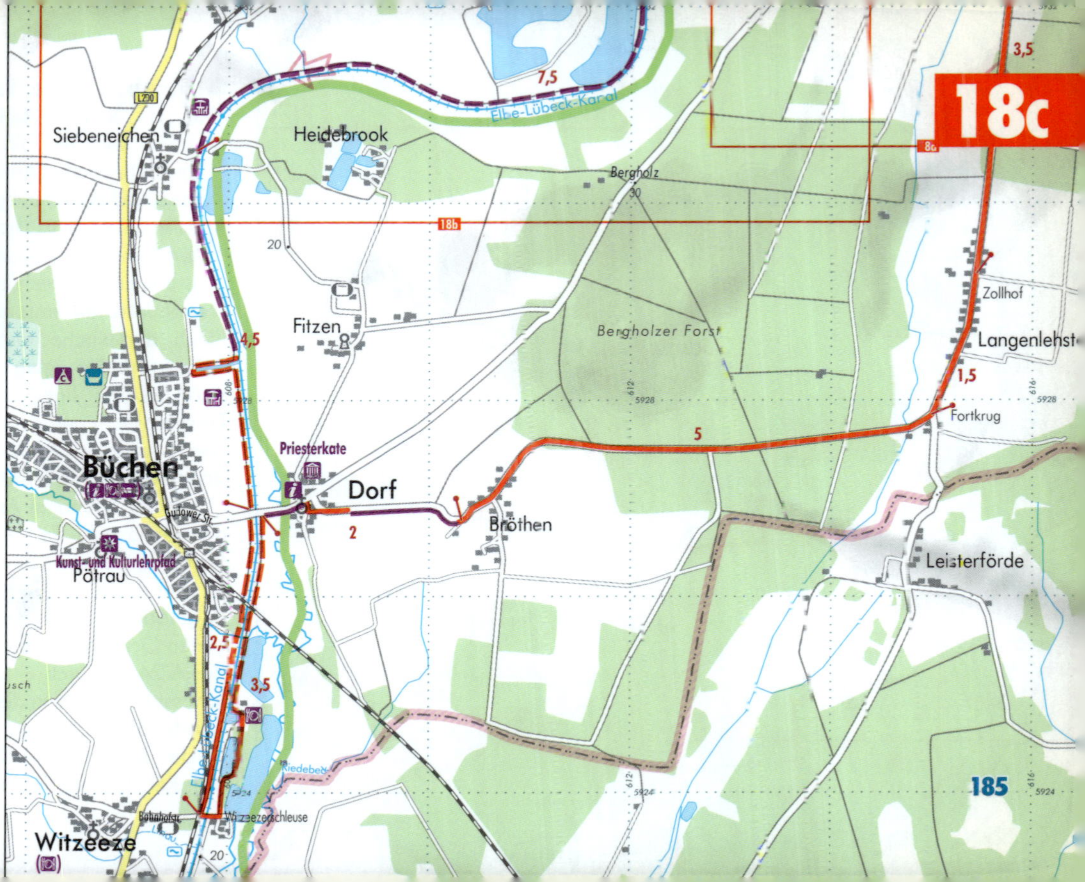

Priesterkate Büchen, Gudower Str. 1, ✆ 6114, ÖZ: Di, Do, Fr 14-17 Uhr, 1. u. 3. So im Monat 14-17 Uhr. Das Alte Pastorat, Priesterkate genannt, wurde im Jahre 1649 errichtet und gilt als ältestes datiertes Gebäude im Herzogtum Lauenburg. In dem denkmalgeschützten Gebäude ist auch eine Dauerausstellung zum Thema deutsch-deutsche Grenze zu besichtigen.

Nach der Kirche rechts in den **Schwanheider Weg** ~ an der 4er-Kreuzung links in die **Alte Dorfstraße** ~ geradeaus weiter, es beginnt rechts ein Radweg ~ im Ort **Bröthen** dem Straßenverlauf folgen ~ auf der schmalen Asphaltstraße geht es längere Zeit entlang ~ in **Fortkrug** der Linkskurve folgen ~ es geht durch den Bergholzer Forst ~ geradeaus durch den langgezogenen Ort **Langenlehsten** ~ unter der A 24 hindurch ~ an der Vorfahrtsstraße rechts in die **Büchener Landstraße** einbiegen.

In der Linkskurve rechts weg ~ der Rechts-links-Kurve folgen ~ kurz geradeaus weiter ~ an de 4er-Kreuzung dem Radschild nacl links folgen ~ es geht durch eir kleines Waldstück ~ an der T- Kreuzung zunächst links halten unc in den Ort hinein.

Gudow

PLZ: 23899; Vorwahl: 04547

Gemeinde Gudow, Kaiserberg 17, ✆ 277

St.Marien (12. Jh.), Hauptstr. 20, ✆ 291. Spätromanische Feldsteinkirche mit dreigeschossigem, typisch norddeutschen Holzturm aus dem 17. Jh. Sehenswert im Inneren sinc der Schnitzaltar aus dem 14. Jh. und eine Muttergottes aus dem 15. Jh.

Von Gudow nach Ratzeburg 19,5 km

Kurvig weiter bis zur großen T-Kreuzung mit Stopp-Tafel ~ hier rechts ~ geradeaus aus dem Ort hinaus ~ in der Rechtskurve links Richtung Kehrsen ~ dem kurvigen Straßenverlauf in den Ort folgen ~ durch **Kehrsen** durchfahren ~ nach dem Ort weiter durch eine Allee ~ kurz vor den Schienen links in einen as-

phaltierten Weg, der nur für landwirtschaftlichen Verkehr frei ist ⇝ schnurgerade geht es zur T-Kreuzung ⇝ hier rechts ⇝ unter den Gleisen hindurch ⇝ geradeaus weiter im **Bornbruchweg** und an der T-Kreuzung links nach Sterley ⇝ rechts in die **Alfred-Habert-Straße.**

Sterley

- **St.Johanneskirche,** Alte Dorfstr. 28.
- **Mittelalterlicher Burgwall**

Nach dem Reiterhof links in den Landwirtschaftsweg ⇝ der Weg wird bald unbefestigt ⇝ an der T-Kreuzung rechts ⇝ dem kurvigen, wieder asphaltierten Weg bis nach **Kogel** folgen ⇝ an der Vorfahrtsstraße rechts ⇝ an der 4er-Kreuzung links in die Straße **Lindenallee** ⇝ die nächste Vorfahrtsstraße geradeaus überqueren ⇝ der Rechts- und Linkskurve folgen ⇝ an der nächsten Vorfahrtsstraße links in den Ort Salem.

Salem

- **Kapelle zum Hl. Bartholomäus** (19. Jh.)
- **Schaalseekanal.** Seit den 1920er Jahren ist Salem durch diese künstliche Wasserstraße mit Ratzeburg verbunden.

Rechts schräg hinauf in den **Dorotheerhofer Weg** ⇝ geradeaus und leicht hügelig führt diese schmale Straße bis nach Ratzeburg ⇝ auf dem **Salemer Weg** erreichen Sie die Stadt.

An der T-Kreuzung rechts in die **Seedorfer Straße** ⇝ an der ersten Möglichkeit links weg in die **Danziger Straße** ⇝ an der T-

Kreuzung links und gleich darauf rechts in den **Eichenweg** ⇝ an der T-Kreuzung links und über die Brücke ⇝ nach der Brücke rechts hinunter in den **Waldesruher Weg** ⇝ in einem Rechts-links-Schlenker auf den Damm einfahren ⇝ auf diesem Wege Richtung Stadtzentrum.

Ratzeburg

PLZ: 23909; Vorwahl: 04541

- **Ratzeburg-Information**, im Rathaus, Unter den Linden 1, ✆ 8000886, www.ratzeburg.de
- **Personenschifffahrt**, Schlosswiese 6, ✆ 7900
- **Kreismuseum**, Domhof 12, ✆ 86070, ÖZ: Di-So 10-13 Uhr und 14-17 Uhr. Ehemaliges Herrenhaus der Herzöge von Mecklenburg aus dem Jahre 1764. Ausgestellt werden Exponate zum Thema Stadtgeschichte und Heimat- und Naturkunde. Außerdem sehenswert sind wertvolle Stuckarbeiten im Rokokosaal.
- **Haus Mecklenburg**, Domhof 41, ✆ 83668, ÖZ: n. V. In dem Fachwerkhaus aus dem Jahre 1690 ist das Kulturzentrum der Stiftung Mecklenburg untergebracht. Zu sehen gibt es ständige Ausstellungen mecklenburgischer Künstler, Ausstellungen zu Fischerei und Seefahrt, sowie mecklenburgische Trachten.
- **Barlach-Haus**, Barlachpl. 3, ✆ 3789, ÖZ: April-Okt., Di-So 10-17 Uhr. Hier befinden sich die Werke des berühmten Malers und Bildhauers E. Barlach (1870-1938), der in Ratzeburg seine Jugend verbrachte.

Ratzeburg

- **A. Paul Weber-Museum**, Domhof 5, ✆ 860720, ÖZ: Di-Sc 10-13 Uhr und 14-17 Uhr. Ausgestellt sind die Werke des 198C verstorbenen A. P. Weber, der durch seine zeitkritischen Grafiker bekannt wurde.
- **Dom**. In den Jahren 1154-1220 ließ Heinrich der Löwe den Dom von Ratzeburg erbauen. Es handelt sich dabei um einen romanischen Backsteinbau mit einer sehenswerten geschnitzten Renaissancekanzel, einem Passionsrelief im Flügelaltar und einem prächtigen Kreuzgang mit Kreuzrippengewölbe. Im Klosterinnenhof befindet sich das Werk „Bettler auf Krücken" von Ernst Barlach.
- **Erlebnisbahn Ratzeburg**, im Bahnhof, ✆ 802535, Voranmeldung erbeten. Auf der stillgelegten Bahntrasse zwischen Ratzeburg und Hollenbek – auf rund 13 km – können Sie sich mit Muskelkraft auf Handhebeldraisinen oder Hydrobikes zwischen den Lauenburgischen Seen fortbewegen.

- **Badestelle** an der Schlosswiese
- **Aqua Siwa**, Fischerstraße, ☎ 4822
- **Fahrrad Koech**, Langenbrücker Straße, ☎ 3838

Durch Ratzeburg verläuft auch der Radweg entlang der ehemaligen deutsch-deutschen Grenze.

Von Ratzeburg nach Mölln 20,6 km

Nach dem Damm geradeaus weiter ~ unter den Pfeilern des Hallenbades hindurch ~ geradeaus weiter auf der gepflasterten Promenade ~ der Radweg geht weiter in einer Linkskurve, laut Radschild ~ unter einer Straßenbrücke hindurch ~ eine Links-Rechtskurve führt beim Parkplatz wieder auf den straßenbegleitenden Radweg der **Bahnhofsallee.**

Links in die **Möllner Straße** ~ kurz bergauf ~ links in den **Farchauer Weg** ~ bergab dem unbefestigten Weg folgen ~ entlang des **Küchensees** ~ den Radschildern Richtung Farchauer Mühle bzw. Farchauer Hof folgen ~ bergab zum **Farchauer Hof** ~ an diesem vorbei ~ weiter Richtung Farchauer Mühle ~ in einer Rechtskurve vorbei an der **Farchauer Mühle** ~ der Weg ist weiterhin unbefestigt ~ es geht bergauf ~ an der Gabelung im Wald rechts halten ~ in den Ort Schmilau hinein ~ die Straße wird befestigt ~ an der Dorfstraße links Richtung Salem ~

Küchensee bei Ratzeburg

kurz bergauf ⤳ rechts an der Kirche vorbei.

Schmilau

An der Gabelung rechts der **Dorfstraße** folgen ⤳ kurz vor der großen Straße rechts in die **Twiete** ⤳ an der Vorfahrtsstraße in einer Rechts-links-Kombination Richtung Althorst ⤳ immer wieder leicht bergauf ⤳ in einer Rechts-links-Kurve über die Schienen ⤳ der Weg führt entlang der Schienen ⤳ auf dieser Straße hinein nach Horst.

Horst

Im Ort links in die Straße **Am Gutsteich** ⤳ der Weg wird gepflastert ⤳ bergauf durch eine Allee ⤳ in der Rechtskurve wird der Weg schön asphaltiert ⤳ an der T-Kreuzung rechts weiter auf dem befestigten Weg Richtung Brunsmark ⤳ nach der Linkskurve durch eine wunderschöne Allee aus sehr alten Bäumen ⤳ leicht bergauf ⤳ nach Neuhorst hinein.

Neuhorst

An der Kreuzung rechts Richtung Brunsmark ⤳ kurz bergab ⤳ über eine Brücke ⤳ dem Straßenverlauf bis Brunsmark folgen.

Brunsmark

Am Ortsende links in die **Dorfstraße** ⤳ vorbei am Rastplatz ⤳ geradeaus in die Straße **Am Teich** einfahren ⤳ an der Gabelung rechts ⤳ rechts in den unbefestigten Weg ⤳ geradeaus durch den Wald ⤳ immer wieder leicht hügelig ⤳ an der 4er-Kreuzung im Wald geradeaus Richtung Mölln ⤳ an der Gabelung rechts Richtung Mölln ⤳ der leichten Rechtskurve folgen ⤳ an der Gabelung mit dem runden, überdachten Rastplatz links ⤳ vorbei am Schranken ⤳ weiter auf dem unbefestigten Waldweg ⤳ geradeaus über den Weg **Auf der Heide** ⤳ der Rechtskurve folgen ⤳ leicht bergab ⤳ am Schranken vorbei ⤳ an der asphaltierten Straße rechts ⤳ links beginnt

Salzstraße bei Mölln

ein Radweg ~ vorbei am **Hegesee** ~ der Linkskurve des Radweges zur **Sterleyer Straße** folgen.

An der großen Ampelkreuzung links in die **Hauptstraße** Richtung Zentrum ~ auf dem Radweg der Hauptstraße entlang ~ weiter durch die Fußgängerzone ~ kurz entlang der Schienen ~ rechts sehen Sie den Bahnhof von Mölln.

Mölln

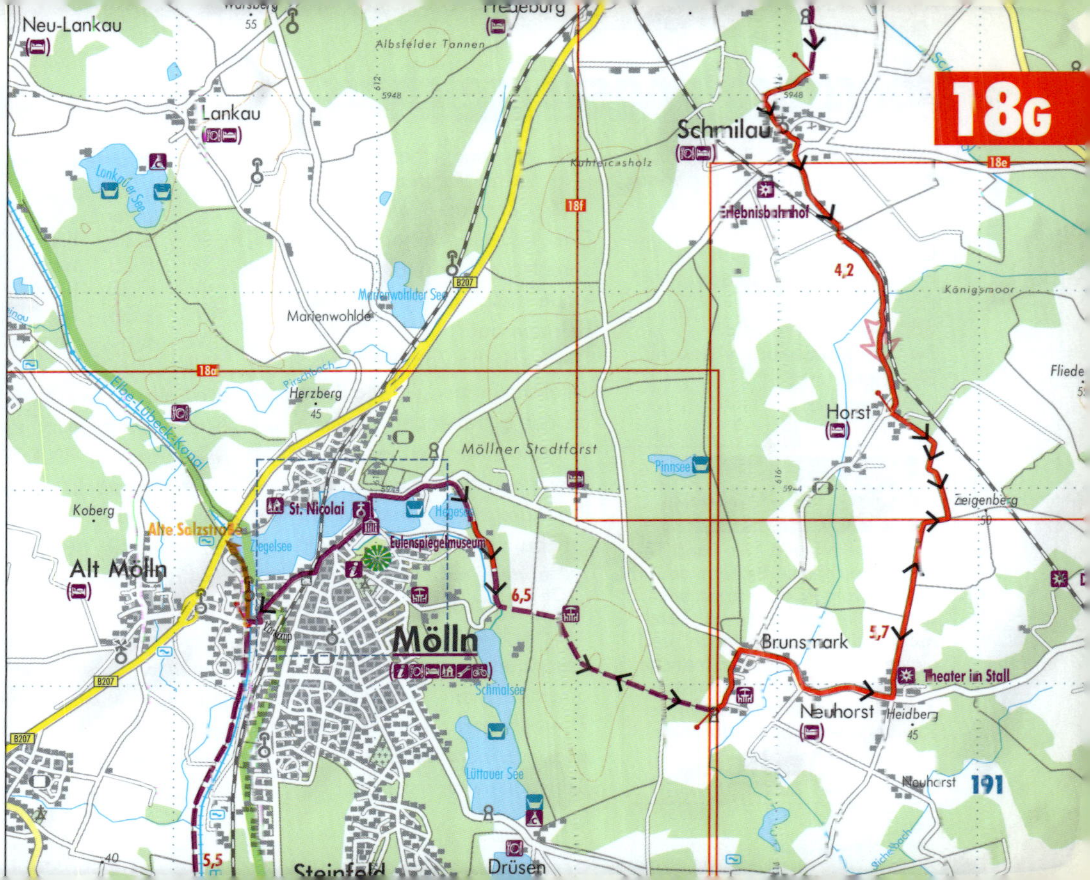

Übernachtungsverzeichnis

Dieses Verzeichnis beinhaltet folgende Übernachtungskategorien:

H	Hotel
Hg	Hotel garni
Gh	Gasthof, Gasthaus
P	Pension, Gästehaus
Pz	Privatzimmer
BB	Bed and Breakfast
Fw	Ferienwohnung (Auswahl)
Bh	Bauernhof
Hh	Heuhotel

bett+bike adfc

Alle mit dem Bett & Bike-Logo ( ) gekennzeichneten Betriebe erfüllen die vom ADFC vorgeschriebenen Mindestkriterien als „Fahrradfreundliche Gastbetriebe" und bieten darüber hinaus so manche Annehmlichkeit für Radfahrer. Detaillierte Informationen finden Sie unter *www.bettundbike.de.*

adfc Allgemeiner Deutscher Fahrrad-Club

Jugendherberge, -gästehaus
Campingplatz
Zeltplatz (Naturlagerplatz)

Die Auflistung erhebt keinen Anspruch auf Vollständigkeit und stellt keine Empfehlung der einzelnen Betriebe dar.

Die römische Zahl (I-VII) nach der Telefonnummer gibt die Preisgruppe des betreffenden Betriebes an. Wir möchten Sie jedoch darauf hinweisen, dass die angegebenen Preiskategorien dem Stand des Erhebungs- bzw. Überarbeitungszeitraumes entsprechen und sich von den tatsächlichen Preisen unterscheiden können.

Besonders während Messezeiten, aufgrund von unterschiedlichen Zimmertypen und nicht zuletzt saisonal bedingt sind preisliche Schwankungen möglich.

Folgende Unterteilung liegt der Zuordnung zugrunde:

I	unter € 15,–
II	€ 15,– bis € 23,–
III	€ 23,– bis € 30,–
IV	€ 30,– bis € 35,–
V	€ 35,– bis € 50,–
VI	€ 50,– bis € 70,–
VII	über € 70,–

Die Preisgruppen beziehen sich auf den Preis pro Person in einem Doppelzimmer mit Dusche oder Bad inkl. Frühstück. Übernachtungsbetriebe mit Zimmern ohne Bad oder Dusche, aber mit Etagenbad, sind durch das Symbol nach der Preisgruppe gekennzeichnet.

Da wir das Verzeichnis stets aktuell halten möchten, sind wir für Mitteilungen bezüglich Änderungen jeder Art dankbar. Der einfache Eintrag erfolgt für die Betriebe natürlich kostenfrei.

Agathenburg

PLZ: 21684; Vorwahl: 04142

i Tourismusverband Landkreis Stade/ Elbe e.V. Kirchenstieg 30, ✆ 813838

Pz Kohn, Hauptstr. 3, ✆ 0173/6108536, III

Ahrensburg

PLZ: 22926 Vorwahl: 04102

H Am Schloss, Am Alten Markt 17, ✆ 8055, VII

H No. 8, Dänenweg 8, ✆ 31747, V

H Park Hotel Ahrensburg, Lübecker Str. 10a, ✆ 230-0,

H Ringhotel Ahrensburg, Ahrensfelder Weg 48-50, ✆ 5156-0, VII

Pz Brinkmann, Sanddornweg 7/b, ✆ 50979, III

Amelinghausen

PLZ: 21385; Vorwahl: 04132

i Samtgemeinde Amelinghausen, Lüneburger Str. 50, ✆ 92090

H Landgasthaus und Hotel Fehlhaber, Lüneburger Str. 38, ✆ 376, IV-V

H Landgasthaus Niedersachsen, Soltauer Str. 3, ✆ 910101, IV

H Schenck's Hotel und Gasthaus, Lüneburger Str. 48, ✆ 3140, V-VI

P Bauckhof, Triangl 6, ✆ 91200, II-III

P Thieshof, Lüneburgr Str. 18, ✆ 409, III

P Appartmentanlage Hedder, Gärtnerweg 2, ✆ 8585, II

ehnsen
Z: 21385 Vorwahl: 04132
n Eichenkrug, Unter den Eichen 10, ✆ 427-0, III

rtlenburg
Z: 21380 Vorwahl: 04139
Schützenhof Artlenburg, Große Straße 22, ✆ 7030, IV
Artlenburg, Schulstr. 3, ✆ 7040

Aumühle
Z: 21521 Vorwahl: 04104
Gemeinde Aumühle, Bismarckallee 21, ✆ 9900
Fürst Bismarck-Mühle, Mühlenweg 3, ✆ 2028, V
Waldesruh am See, Am Mühlenteich 2, ✆ 3046,
Ristorante Italia, Am Mühlenteich 2, ✆ 3046, V

Bargteheide
LZ: 22941; Vorwahl: 04532
Stadt Bargteheide, Rathausstr. 24-26, ✆ 40470
Papendoor, Lindenstr. 1, ✆ 203900, V
Jägerstuben, Am Markt 18, ✆ 22960, IV-V

Bad Bramstedt
LZ: 24576; Vorwahl: 04192
Tourismusbüro Bad Bramstedt, Bleeck 17-19, ✆ 50627
balladins Superior Hotel Gutsmann, Birkenweg 14, ✆ 5080, IV-V
H Mercure Hotel Bad Bramstedt Köhlerhof, Am Köhlerhof 4, ✆ 5050, V
H Gutsmann, Birkenweg 14, ✆ 5080, V
H Tanneneck, Birkenweg 28, ✆ 50000, III
H Freese, Maienbeeck 23, ✆ 1542, III
Pz Schweder, An der Hudau 8, ✆ 3732, II
Pz Evers, An der Hudau 25, ✆ 3664, I-II
Pz Schlüter, Hoffeldweg 1, ✆ 4375, II
Pz Schwark, Otto-Liebing-Weg 12, ✆ 4411, I
Kur- und Campingplatz Roland, Kieler Str. 52, ✆ 6723

Barmstedt
PLZ: 25355; Vorwahl: 04123
Stadt Barmstedt Tourismusbüro, Am Markt 1, ✆ 68160
H Seegarten, Seestr. 10, ✆ 68400, V
H Barmstedter Hof, Königstr. 44-46, ✆ 902010, V
H Zum Pilz, Düsterlohe 44, ✆ 2548, III
Hg Am Rantzauer See, Waldstr. 9, ✆ 90560, VI
Gh Landkrog, Lutzhorner Landstr. 33, ✆ 2700, III
Pz Zum alten Markt, Kuhberg 4-6, ✆ 2762, III
Jugendbildungsstätte Barmstedt, Düsterlohe 5, ✆ 900270 I

Behringen
PLZ: 29646; Vorwahl: 05194
Campingplatz Brunautal, Seestr. 17, ✆ 840

Bendestorf
PLZ: 21227; Vorwahl: 04183
H Kurth, Gartenstr. 13-17, ✆ 7780944,
H Meinsbur, Gartenstr. 2, ✆ 77990, VI

Bergedorf
PLZ: 21029; Vorwahl: 040
Bergedorf Indormation, Johann-Adolf-Hasse Pl. 1, ✆ 72693324
H Bergedorfer Höhe, Reinbeker Weg 59, ✆ 72004400, V
H Forsthaus Bergedorf, Reinbeker Weg 77, ✆ 7258890, V-VI
H Ramada-Hotel Hamburg-Bergedorf, Holzhude 2, ✆ 725950, VII
H Mediterran, Rothenhauschaussee 32, ✆ 7202081, V
H Nettelnburg, Katendeich 8, ✆ 7359290, V

Bispingen
PLZ: 29646; Vorwahl: 05194
H Riekmanns, Kirchweg 1-2, ✆ 9510, V
H Bockelmann, Nöllestraße 18, ✆ 9803-0, V-VI
H Harms Hof, Harms Hof 2, ✆ 982040, V
H König-Stuben, Luheweg 25, ✆ 98100, V-VI
H Wilseder Hof, Wilsede 2, ✆ 311, III-IV
H Witthöfft's Gästehaus, ✆ 1500, III-V
Hg Amselhof, Amselweg 5, ✆ 7206, IV
Hg Das kleine Hotel am Park, Am Park 2c, ✆ 6844, V
P Zur Höhe, Schwarze Höhe 18, ✆ 548, III
P Haus am Heidepark, Borsteler Str. 29, ✆ 437, II
P Gästehaus Rieckmann, Borsteler Str. 27, ✆ 539
Jugendherberge, Töpinger Str. 42, ✆ 2375

Volkwardingen
PLZ: 29646; Vorwahl: 05194
Fw Hedder Volkwardingen 41, ✆ 3164

Bleckede
PLZ: 21354; Vorwahl: 05852
H Landhaus an der Elbe, Elbstr. 5, ✆ 1230, V
H Zum Löwen, Lauenburger Str. 1, ✆ 9400, V
Pz Hof Bleckeder Moor, Bleckeder Moor 26, ✆ 2550, III
Pz Mangels, Fritz-von-dem-Berge-Str. 27, ✆ 390282
Pz Pension Soetbeer, Lauenburger Str. 3, ✆ 9519080
Pz Strathusen, Sannemannweg 1, ✆ 3322, II-II
Pz Haus Elbtalaue, Von-Estorffs-Weg 25, ✆ 1221, I
Pz Haverland, HEW Str. 1, ✆ 833, IV
Pz Menke, Schloßstr. 5, ✆ 635, V
Pz Strathusen, Sannemannweg 1, ✆ 3322, V
Pz Unter den Eichen, Köstendorfer Str. 13, ✆ 967190, II
Elbeling, Am Deich 9a, ✆ 05857/555

Barskamp
PLZ: 21354; Vorwahl: 05852
Pz Unter den Eichen, Köstorfer Straße 13, ✆ 967190, II

Boizenburg an der Elbe
PLZ: 19258; Vorwahl: 038847
H Rucksackhotel Boizenburg, Schützenpl. 1, ✆ 33439, II-III
H Steinort, Weidestr. 2, ✆ 50093, III
P Stadt Boizenburg, Vor dem Mühlentor 14, ✆ 2302, II

Buxtehude
PLZ: 21614; Vorwahl: 04161
Stadtinfo Buxtehude, Viverstr. 1, ✆ 501-297
H An der Linah, Harburger Str. 44, ✆ 60090, V
H Am Stadtpark, Bahnhofstr. 1-3, ✆ 50680, V
H Stemmann, Harburger Str. 110, ✆ 7260, V
H Navigare NSBHotel, Harburger Str. 4, ✆ 74900
H Zur Mühle, Ritterstr. 16, ✆ 50650, V
H Ovelgönner Hof, Hamburger Chaussee 31, ✆ 7180, IV
H Seeburg, Cuxhavener Str. 145, ✆ 74100, V
P Meyer, Carl-Christ-Str. 7, ✆ 566704, III

Buxtehude-Hedendorf
PLZ: 21614; Vorwahl: 04163
H Zur Eiche, Harsefelder Str. 64, ✆ 80760, V
P Wiebusch, Fasanenweg 19, ✆ 3909, III
Pz Gundas Gästezimmer, Buchenweg 1, ✆ 5157, II

Fw Ferienwohnung in der Este Stadt Vaßmerstr. 30 ✆ 52832, III

Cranz

PLZ: 21129; Vorwahl: 040

Gh Zur Post, Estedeich 88, ✆ 7459409, III

Drochtersen

PLZ: 21706; Vorwahl: 04143

H Müller's, Kirchenstr. 4, ✆ 432, III

H Am Rathaus, Sietwender Str. 16, ✆ 911830, III-IV

Krautsand

PLZ: 21706; Vorwahl: 04143

H Strandhotel Krautsand, Zur Elbaussicht 3, ✆ 999250, III-IV

Campingverein Krautsand e.V., Krautsand 24, ✆ 1494

Leuchtturmweg 5a, ✆ 5522

Assel

PLZ: 21706; Vorwahl: 04148

Mietwohnwagen Dall Alte Str.8, ✆ 6169651

Elmshorn

PLZ: 25355; Vorwahl: 04121

Touristinformation, Königsstr. 56, ✆ 61189

H Im Winkel, Langenmoor 41, ✆ 84328, V

H Sportlifehotel Elmshorn, Hamburger Str. 205, ✆ 4070, V

H Drei Kronen, Gärtnerstr 92, ✆ 4219, V

H Royal, Lönsweg 5, ✆ 4262,

P Dose, Fuchsberger Allee 18, ✆ 840528,

Pz Heidemühlenweg, Heidemühlenweg 13, ✆ 91575, II-III

Pz Vigliarolo, Claus-Hinrich-Dieck-Str. 6, ✆ 461136,

Pz Fischer, Herm.-Sudermann-Allee 41, ✆ 788504, II

Fredenbeck

PLZ: 21717; Vorwahl: 04149

H Fredenbeck, Dinghorner Straße 19, ✆ 92820

H Deinster Mühle, Im Mühlenfeld 30, ✆ 9250

Gh Jägers Rast – Schwinge, Burgstraße 19, ✆ 8029

P Hof Heisterbusch, Im Heisterbusch 11, ✆ 7248, IV-V

Geesthacht

PLZ: 21502; Vorwahl: 04152

Tourist-Information Stadt Geesthacht, Krügersches Haus, Bergedorfer Str. 28, ✆ 836258

H Landhaus Tesperhude, Elbuferstr. 100, ✆ 72244, IV-V

H Fährhaus Ziehl, Fährstieg 20, ✆ 3041, III-IV

H Krümmler Hof, Elbuferstr. 72, ✆ 74128, III-IV

H Lindenhof, Johannes-Ritter-Str. 38, ✆ 846784, III-IV

Hg Zur Post, Elbstr. 7, ✆ 2265, III

P Meks, Marzahnerstr. 12, ✆ 8855626, II-IV

Pz Koch, Tesperhuder Str. 70, ✆ 77117, II

Berliner Str. 117, ✆ 2356

Glinde

PLZ: 21509; Vorwahl: 040

Stadt Glinde, Markt 1, ✆ 710020

H Classic Hotel Glinde, Am Sportpl. 98b, ✆ 711880, VI

H Sirtaki, Markt 4, ✆ 7107076, III

Glückstadt

PLZ: 25348; Vorwahl: 04124

Tourist-Info, Nübelstr. 31, ✆ 937585

H Raumann, Am Markt 5-6, ✆ 91690, VI-VII

H Tiessen „Holsteinischer Hof" Kleine Kremper Str. 18, ✆ 919910, V

P Am Hafen, Am Hafen 19, ✆ 4906, III

P Café Klingbeil, Am Markt 7, ✆ 7979, III

P Gästehaus Klindt, Königstr. 54, ✆ 604402, III-IV

P Haus am Elbdeich, Herrenfeld 34, ✆ 5671, III

P Am Museum, Am Fleth 32, ✆ 608325, III

P Dittmer, Bgm.-Schinkel-Str. 22, ✆ 1429, II

P Gehrig, Rallenstieg 17, ✆ 2760, II-III

Pz Harder, An der Chaussee 11, ✆ 1689, II

Pz Umbach, Prof.-Gudrun-Bestmann-Weg 3, ✆ 1823, II

Pz Roschewski, An Der Chaussee 63, ✆ 5150, II

Pz Blaues Haus, Drosselstr. 15, ✆ 1746

Jugendherberge Glückstadt, Am Rethövel 14-15, ✆ 604455, II

Großensee

PLZ: 22946; Vorwahl: 04154

Campingplatz ABC, Trittauer Str. 11, ✆ 60642, ÖZ: April-Okt.

Grünendeich

PLZ: 21720; Vorwahl: 04162

Touristikzentrale Jork - Altes Land, Osterjork 12, ✆ 914755

P Hessbögel, Lühedeich 1, ✆ 898845, V-VI

Elbinsel Lühesand, ✆ 04141/2775

Gudow

PLZ: 23899; Vorwahl: 04547

Gh Landgasthof Meincke, Kastanienalle 6-8, ✆ 1522, III

Gh Gudower Bauernstuben, Hohe Luft 16, ✆ 224

Gh Gudower Hof, Hauptstr. 26, ✆ 891112

P Landhaus Hartz, Kaiserberg 1, ✆ 707383

P Alte Kate, Hohe Luft 9, ✆ 1428

Pz Edler, Hauptstr. 2, ✆ 287, I

Pz Maronde, Am Brüchfeld 1, ✆ 373, I

Campingplatz Gudower See, Seestr. 3, ✆ 634,

Hamburg

Für Unterkünfte in Hamburg wenden Sie sich bitte an die angegebenen Telefonnummern der Touristeninformationsstellen.

Vorwahl: 040

Hamburg Tourismus GmbH, ✆ 30051-351

Tourist Information im Hauptbahnhof, Hauptausgang Kirchenallee, ✆ 30051-200

Tourist Information am Hafen, St.-Pauli-Landungsbrücken, Zwischen Brücke 4 und 5, ✆ 334422-0

H Schanzenstern, Bartelsstr. 12, ✆ 4398441, III

H Ausspann, Holsteiner Chaussee 428, ✆ 5598700, V

H Ökotel Hamburg, Holsteiner Chaussee 347, ✆ 5597300, V-VI

P Achtern Elvdiek, Altengammer Elbdeich 102, ✆ 7235187, III

Pz Hormann, Maike-Harder-Weg 54a, ✆ 6026513, III-IV

Pz Zimmervermietung Krantz, Detlev-Bremer-Str. 44, ✆ 315112, II

BB Deichnest, Eichholzfelder Deich 14, ✆ 7374428, V

Jh Horner Rennbahn, Rennbahnstr. 100, ✆ 6511671

Jugendherberge Auf Den Stintfang, Alfred-Wegener-

Weg 5, ✆ 313488
Jugendgästehaus Hamburg, Horner Rennbahn, Rennbahnstr. 100, ✆ 6511671, II-III
Schnelsen-Nord, Wunderbrunnen 2, ✆ 5594225
Camping Buchholz, Kieler Str. 374, ✆ 5404534
c ElbeCamp, Falkensteiner Ufer 101, #§ 812949

Blankenese

Vorwahl: 040
Blankenese, Schenefelder Landstr. 164, ✆ 874742, V
Blankenese, Falkensteiner Ufer 101, ✆ 812949

Tatenberg

Vorwahl: 040
Fährhaus Tatenberg, Tatenberger Deich 162, ✆ 7372227, III

Ochsenwerder

Vorwahl: 040
Gästehaus am Deich, Norderdeich 121, ✆ 7372654, II

Handeloh

PLZ: 21256; Vorwahl: 04188
Bürger- und Verkehrsverein Handeloh e.V., Am Markt 1, ✆ 891011
H Fuchs, Hauptstr. 53, ✆ 414, IV
H Krögers Gasthof, Hauptstr. 33, ✆ 899191, III
P Johmshof, Wörmer Str. 7, ✆ 284 II
Pz Schmidt, Hauptstr. 14, ✆ 630 II
Gh Baalshof, Hauptstr. 2, ✆ 313, II-III
Jugendherberge Inzmühlen, Wehlener Weg 10, ✆ 342,

Hittfeld

PLZ: 21218; Vorwahl: 04105
H Krohwinkel, Kirchstr. 15, ✆ 2409 V
H Seevetal, Am Radeland 2, ✆ 61260
H Derboven, Karoxbosteler Chaussee 68, ✆ 2487
H Zur Linde, Lindhorster Str. 3, ✆ 2023, VI
Hg Meyer's, Hittfelder Twiete 1, ✆ 2827, V

Hitzacker

PLZ: 29456; Vorwahl: 05862
Tourist-Information Hitzacker, Am Markt 7, ✆ 96970
H Café Dierks, Kranplatz 2, ✆ 98780, V
H Parkhotel Hitzacker, Am Kurpark 3, ✆ 977-0, VI-VII
H Hotel-Restaurant Scholz, Prof.-Borchling-Str. 2, ✆ 959100, VI-VII
H Zur Linde, Drawehnertorstr. 22-24, ✆ 347, V
H Waldfrieden, Weinbergsweg 25-26, ✆ 96720, IV-V
H Lüneburger Hof, Lüneburger Str. 6, ✆ 1601, IV
Gh Bürgerstube, Marschtorstr. 5, ✆ 6439, III
P Panorama, Prof.-Borchling-Str. 4, ✆ 210, II-III
Pz Braunschweig, Harlinger Str. 51, ✆ 7555, II-III
Pz Meyer, Drawehnertorstr. 17, ✆ 1239, II
Pz Radke, Von-Oeynhausen-Str. 4, ✆ 7350, II
Pz Stauch, Kaaßer Weg 2, ✆ 1484, II
Pz Thiemann, Harlinger Str. 59, ✆ 288, II-III
Pz Wilke, Harlinger Str. 52, ✆ 7279, II
Hitzacker/Elbe, Wolfsschlucht 2, ✆ 244, II-III

Tießau

PLZ: 29456; Vorwahl:05862
Waldbächlein, ✆ 7838

Hollenstedt

PLZ: 21279; Vorwahl: 04165
H Heitens Hoff, Lange Straße 4, ✆ 21310, V
H Hollenstedter Hof, Am Markt 1, ✆ 21370, VI

Inzmühlen

PLZ: 21256; Vorwahl: 04188
Pz Jobenshof, Im Seevegrund 1, ✆ 237, II
Jugendherberge Inzmühlen, Wehlener Weg 10, ✆ 342

Jesteburg

PLZ: 21266; Vorwahl: 04183
Verkehrsverein Jesteburg e.V., Hauptstr. 6c, ✆ 5363
H Jesteburger Hof, Kleckerwaldweg 1, ✆ 2008, V
H Niedersachsen, Hauptstr. 60, ✆ 93030, V-VI
H Haus Deutscher Ring, Itzenbüttler Str. 35, ✆ 9390, V
Pz E. Schulze, Kamerunstr. 26, ✆ 2560
Pz Rademacher, Thelstorf 3, ✆ 7252, III
Am Quellenbad, Kleckerwaldweg 58, ✆ 509080

Jork

PLZ: 21635; Vorwahl: 04162
Tourist-Info Altes Land, Osterjork 10, ✆ 914755
H Deichgraf, Am Elbdeich 27, ✆ 6393
H Altes Land, Schützenhofstr. 16, ✆ 91460, V
P Elbblick, Lühe 40, ✆ 81800, VI
Pz Lühders, Westerladekop 140c, ✆ 7711, V
Pz Im Obstgarten, Westerladekop 128b, ✆ 8911, VI
Pz Kiek in, Westerladekop 28, ✆ 94400

Wisch

PLZ: 21635; Vorwahl: 04162
Pz Obsthof Hauschildt, Wisch 27, ✆ 393

Lauenburg/Elbe

PLZ: 21481; Vorwahl: 04153
Touristinformation Lauenburg/Elbe, Amtspl. 4, ✆ 51251
H Bellevue, Blumenstr. 29, ✆ 2318, III-IV
H Lauenburger Mühle, Bergstr. 17, ✆ 5890, VI-VII
H Möller, Elbstr. 44-50, ✆ 59080, III-IV
H Zum alten Schifferhaus, Elbstr. 114, ✆ 58650, III-IV
H Zum Halbmond, Halbmond 30, ✆ 2297, IV-V
Pz Haus Gisela, Büchener Weg 67a, ✆ 3967, II
Pz Freidank, Großer Sandberg 5, ✆ 3836, II
Pz Löffler, Büchener Weg 18a, ✆ 53295, II
Pz Schubert, Maxgrund 23, ✆ 0173/6108536, I
Jugendherberge Lauenburg, Am Sportpl. 7, ✆ 2598, I
Jugendherberge Lauenburg „Zündholzfabrik“, Elbstr. 2, ✆ 598880, II

Lentföhrden

PLZ: 24632; Vorwahl: 04192
Pz Ferienhof Möller, Schmalfelder Str. 25, ✆ 6319, I-III

Lüneburg

PLZ: 21339; Vorwahl: 04131
Tourist-Information, Am Markt, ✆ 2076620
H Herr' Park Lüneburg, Vor dem neuen Tore 12, ✆ 67320, V
H Zum Heidkrug, Am Berge 5, ✆ 24160, VI
H Alt-Lüneburger Kutscherstube Heiligengeiststr. 44-45, ✆ 44113, V
H Bergström Bei der Lüner Mühle 3, ✆ 3080, VI
H Das Stadthaus Am Sande 25, ✆ 44438, V

H Zum Roten Tore, Vor dem Roten Tore 3, ✆ 34041, V
H Bremer Hof, Lüner Str. 12-13, ✆ 2240, V
H Heiderose, Uelzener Str. 29, ✆ 44410, IV
H Scheffler, Bardowicker Str. 7, ✆ 2008, V
H Parkhotel Lüneburg, Uelzener Str. 27, ✆ 41125, V
H Ringhotel Bargenturm, Vor der Sülze 2, ✆ 7290, VI
H Seminaris Hotel Lüneburg, Soltauer Str. 3, ✆ 7130, V
H Lübecker Hof, Lünertorstr. 12, ✆ 51420
P Altstadt-Gästehaus Drewes Wale, Auf der Altstadt 43, ✆ 709170
P Gästehaus Goerner, An der Buchholzer Bahn 15, ✆ 62789, II
P Sens, Klosterkamp 50, ✆ 50699, III
P Gästehaus Eggers, Klostergang 12, ✆ 232830
Pz Winkler, Neue Str. 2, ✆ 907455, III
Jugendherberge Lüneburg, Soltuaer Str. 133, ✆ 41864

Lütjensee

PLZ: 22952; Vorwahl: 04154
H Forsthaus Seebergen, Seebergen 9-12, ✆ 79290, IV-VI
H Seehof am Lütjensee, Seeredder 2, ✆ 7100, VI
H Fischerklause, Am See 1, ✆ 7165, VI
H Schleushörn, Strandweg 51, ✆ 7755, IV
H Landhaus Schäfer, Grönwohlder Str. 1, ✆ 791499, III-V
Pz Hack, Bollmoor, Trittauer Str. 39, ✆ 70238, II

Maschen

PLZ: 21220; Vorwahl: 04105
H Maack, Hamburger Str. 6, ✆ 8170, VI-VII
P Naturfreundehaus Maschen, Rahlande 32-40, ✆ 84284, V

Mölln

PLZ: 23879; Vorwahl: 04542
Tourist-Information, Hindenburgstraße, ✆ 7090
H Schwanenhof, Am Schulsee, ✆ 84830, V
H Quellenhof, Hindenburgstr. 16, ✆ 85420, V
H Waldhalle, Waldhallenweg, ✆ 85880, V
H Waldhof auf Herrenland, Auf Herrenland, ✆ 2115, V
H Seeschlösschen, Auf den Dämmen 11, ✆ 3737, III-IV
H Zum weißen Ross, Hauptstr 131, ✆ 2772, V
Hg Beim Wasserkrüger, Wasserkrüger Weg 115, ✆ 7091, IV-V
P Waldlust, Lindenweg 1, ✆ 2837, II
P Haus Bambi, Birkenweg 16, ✆ 84420, II
P Haus Luisenhof, Birkenweg 3a, ✆ 2807, III
P Waldstadtpension, Königsberger Str. 2, ✆ 86888, II
Pz Apsel, Lange Str. 76, ✆ 2741, I
Pz Barwing, Elsa-Brandström-Str. 3, ✆ 4497, II
Pz Kauderer, Kiefernweg 4, ✆ 7409, II
Pz Michl, Albert-Schweitzer-Str. 9, ✆ 2260, II
Pz Möller, Ratzeburger Str. 25, ✆ 2453, II
Pz Mühl, Mantiusstr. 22, ✆ 84560, II
Pz Thiele, Ratzeburger Str. 1, ✆ 2633, III
Jugendherberge Mölln, Am Ziegelsee 2, ✆ 2601,

Oldendorf (Luhe)

PLZ: 21385; Vorwahl: 04132
Gh Landgasthaus Tödter, Salzhausener Str. 11, ✆ 289, III-V

Marxen am Berge

PLZ: 21385; Vorwahl: 04132
P Lindenhof, Alte Dorfstr. 2, ✆ 380, II

Pinneberg

PLZ: 25421; Vorwahl: 04121
H Cap Polonio, Fahltskamp 48, ✆ 5330, VII
H Quellental, Rethwiese 2, V
Pz Heinitz, Heidmühlenweg 11, ✆ 91575, II-III

Quickborn

PLZ: 22451; Vorwahl: 04106
H Quickborner Hof, Kieler Str. 91, ✆ 2763, III
H Sporthotel Quickborn, Harksheider Weg 258, ✆ 63670, V
H Hamburger Hof, Goethestr. 5, ✆ 68383

Norderstedt

PLZ: 22851; Vorwahl: 040
H Stadt Norderstedt, Tangstedter Landstr. 508, ✆ 529990, V-VI
Hg Zum Kaffeekännchen, Ulzburger Str. 571, ✆ 52297, V
Gh Ellerbrocks, Quickborner Str. 50, ✆ 5222179

Ratzeburg

PLZ: 23909; Vorwahl: 04541
Ratzeburg-Information, im Rathaus, Unter den Linden 1, ✆ 8000886
H Der Seehof, Lüneburger Damm 1-3, ✆ 860101, V-VI
H Wittler's Hotel, Große Kreuzstr. 11, ✆ 3204,
H Hansa-Hotel, Schrangenstr. 25-27, ✆ 864100, V
H Heckendorf, Gustav-Peters-Pl. 1, ✆ 88980, V
Pz Betzinger, Dermin 2a, ✆ 83430, III
Pz Kolander, Mecklenburger Str. 16, ✆ 7528, II
Pz Hohmann, Chattillonweg 1, ✆ 84370, II
Pz Scheele, Am Kaninchenberg 15, ✆ 801795, III
Pz Wode, Bergstr. 34A, ✆ 2330, III
Jugendherberge Ratzeburg, Fischerstr. 20, ✆ 3707
Römnitz „Schwalkenberg", ✆ 7566
Römnitz „Schöne Aussicht", ✆ 3348
Kalkhütte, ✆ 5575
Buchholz, ✆ 4255

Reinbek

PLZ: 21465; Vorwahl: 040
Stadtverwaltung Reinbek, Hamburger Str. 5-7, ✆ 72750-248
H Sachsenwald, Hamburger Str. 4-8, ✆ 727610, VII
H Waldhaus Reinbek, Loddenallee 2, ✆ 727520, VII
Hg Bettkästchen, Schönningstedter Str. 40, ✆ 7222254, V
Gh Niemann, Silk 5, ✆ 041047/2391, IV
Gh Prahl, Große Str. 24, ✆ 04104/9990, V
Gh Kleiner Gasthof, Dorfstr. 360, ✆ 73597973, III
P Haidhus, Möllner Landstr. 10-12, ✆ 7111645, V
Pz Antoncyzk, Theodor-Storm-Str. 20, ✆ 7229370, III
Pz Lucht, Am Rosenpl. 9, ✆ 7226860, IV

Salzhausen

PLZ: 21376; Vorwahl: 04172
Verkehrs- und Kulturverein, Rathauspl. 1, ✆ 909915
H Josthof, Am Lindenberg 1, ✆ 90800, VI
H Rüter's Gasthaus, Hauptstr. 1, ✆ 6617, V-VI

Gödensdorf

PLZ: 21376; Vorwahl: 04172
H Gasthof Isernhagen, Hauptstr. 11, ✆ 313, IV-V

Eyendorf

PLZ: 21376; Vorwahl:04172

…üder, Salzhausener Str. 11, ✆ 5119

…chneverdingen

…: 29640; Vorwahl: 05193

… Schneverdingen Touristik, Rathauspassage 18, ✆ 93800
… Ramster, Heberer Str. 16, ✆ 6888, IV-V
… Landhaus Höpen, Höpener Weg 13, ✆ 820, VI-VII
… Haus Hubertus, Hansahlener Dorfstr. 17A, ✆ 6080, III-IV
… Schäferhof, Heberer Straße 100, ✆ 3547, V
… Landhotel Schnuck, Osterwaldweg 55, ✆ 8080, VI-VII
… Munder, Heinrich-Wahls-Str. 14, ✆ 800700, V
… Landhaus Heide, Grünstr. 23, ✆ 99170, III-IV
… Blumen-Villa, Zahrenser Weg 23, ✆ 975583
… Cohrs, Enge Str. 1, ✆ 1218, III
… Klaashof, Am Dorfteich 5, ✆ 1798, I-II
… Ingrid, Fritz-Reuter-Str. 5, ✆ 1214, IV
… Bleeken, Bundesstr.3 Nr. 67, ✆ 05198/233, II
… Röhrs, Rotenburger Str. 29, ✆ 6121, II
… Holsten, Wintermoorer Str. 8, ✆ 05198/388, III
… Meyer-Ahlers, Langelohsberg 5, ✆ 6604, II
… Die kleine Pension, An der Schule 5 - Insel, ✆ 7093, II-III
… Forstgut Einem, Im Naturschutzpark Lüneburger Heide, ✆ 05198/283, III
… Schröder, Freudenthalstr. 6, ✆ 3434, II
… Eichenhof, Gallhorner Weg 9, ✆ 7125, I-II
…z Lühmann, Schnackenbergstr. 11, ✆ 7156, II
…z Krienke, Föhrengrund 27, ✆ 7348, II
… Lüneburger Heide, Badeweg 3, ✆ 05199/275

…oderstorf

…Z: 21388; Vorwahl: 04132

…z Jornitz, Westerfeld 7, ✆ 1201, I

Rolfsen

PLZ: 21388; Vorwahl: 04132

Gh Katernerg, Alte Rolfsener Dorfstr. 9, ✆ 961496, IV

Stade

PLZ: 21682; Vorwahl: 04141

STADE Tourismus GmbH, Hansestr. 16, ✆ 409170
H Am Fischmarkt, Fischmarkt 2, ✆ 44962, V-VI
H Am Holzhafen, Salztorcontrescarpe 8, ✆ 529088, IV
H Ramada-Treff Herzog Widukind, Große Schmiedestr. 14, ✆ 99980, V-VI
H Ramada Hotel Stade, Kommandantenteich 1-3, ✆ 99970, VI
H Stader Hof, Schiffertorsstr. 8, ✆ 4990, V-VI
H Vier Linden, Schölischer Str. 63, ✆ 927-02, V-VI
H Akzent Zur Einkehr, Freiburger Str. 82, ✆ 2325, III-IV
H Zur Hanse, Am Burggraben 4, ✆ 952403 VI
H Schwedenkrone, Richeyweg 15, ✆ 81174, V-VI
Hg Am Obsthof, Freiburger Str. 86a, ✆ 40040
Pz Stach, Kehdingertorswall 6, ✆ 410753, V
Pz Haus am Park, Parkstr. 7, ✆ 47962, IV
Pz Streeck, Bockhorster Weg 1, ✆ 900095, VI
Jugendherberge, Kehdinger Mühren 11, ✆ 46368

Tespe

PLZ: 21395; Vorwahl: 04176

H Fährhaus Tespe, Elbuferstr. 200, ✆ 91350, IV
Freizeit- und Campingpark Tespe, Niedersachsenring 33, ✆ 7737,

Tornesch

PLZ: 25436; Vorwahl: 04122

H Habedank, Uetersener Str. 59, ✆ 713121, IV-V

Gh Kröger's Gasthof, Ahrenloher Str. 169, ✆ 04120/97870, IV
Hg Esinger Hof, Denkmalstr. 7, ✆ 95270, V

Tostedt

PLZ: 21255; Vorwahl: 04182

Samtgemeinde Tostedt, Schützenstr. 24, ✆ 2980
H Bostelmann's Hotel, Unter den Linden 1, ✆ 1409
H Zur Lindenburg, Unter den Linden 28, ✆ 1289
H Zum Meierhofer, Buxtehuder Str. 3, ✆ 28480
H Wiechern, Tostedter Str. 9, ✆ 29420, IV

Trittau

PLZ: 22946; Vorwahl: 04154

Gemeinde Trittau, Europapl. 5, ✆ 80790
H Zur Vorburg, Vorburgstr. 3, ✆ 844111, IV
H Lauenburger Hof, Vorburgstr. 8, ✆ 99350, IV
Gh Heydorn, Heinrich-Hertz-Str. 2, ✆ 86050, V
P Buck, Lerchenstr. 40, ✆ 3374, IV
P Trittau, Bgm.-Hergenhahn-Str. 12, ✆ 8419[illegible]9, III
Pz Gästehaus Keßling, Hamburger Str. 64, ✆ 7[illegible]4746, II
Campingplatz ABC am Großensee, ✆ 6064[illegible]

Uetersen

PLZ: 25436; Vorwahl: 04122

Stadt Uetersen, Wassermühlenstr. 7, ✆ 7140
H Parkhotel Rosarium, Berliner Str. 10, ✆ 92180, V-VII
H Im Mühlenpark, Mühlenstr. 49, ✆ 42550, VII
H Am Rathaus, Am Markt 7, ✆ 92510, V
H Deutsches Haus, Kirchenst. 24, ✆ 2444, IV
H Krug zum Grünen Kranze, Tornescher Weg 118, ✆ 902417
Gh Zur Alten Ecke Bahnstraße 5, ✆ 42467, III

Wehlen

PLZ: 21247; Vorwahl: 04[illegible]89

P Peetshof, Wehlen Nr. 2, ✆ 230, I

Wedel

PLZ: 22880; Vorwahl: 04103

Stadt Wedel, Rathauspl. 3-5, ✆ 7070
H Diamant, Schulstr. 2-4, ✆ 702600, V
H Senator Marina, Hafenstr. 28, ✆ 30770, VI
H Wedel, Pinneberger Str. 69, ✆ 91360, V
H Kreuzer, Rissener Str. 195, ✆ 1270
P Smrcka, Feldstr. 93-95, ✆ 4551, II

Wesel

PLZ: 21274; Vorwahl: 0281

Stadt Wesel, Klever-Tor-Pl. 1, ✆ 2030,
Gh Heidelust, Weseler Dorfstr. 9, ✆ 272, II-III
P Zum Höllenhoff, Am Höllenhoff 7, ✆ 277

Winsen

PLZ: 21423; Vorwahl: 041[illegible]1

Stadt Winsen, Schlosspl. 11, ✆ 663075
H Storchennest, Tönnhäuser Weg 3, ✆ 8880, V
H Zum Weißen Roß, Marktstr. 10, ✆ 65850, V
H Martin, Am Schloßplatz, ✆ [illegible]07080
H Shape Sport Club, Osttangente 200, ✆ 7890, V
Gh Zum Nassen End, Deichstr. 30, ✆ 2551, III-V
Pz Gasthaus Jever Krug, Schanzenring 1, ✆ 63373, IV
Pz Voß, Tönhäuser Weg 19, ✆ 64929
Stover-Strand, Stover-Strand 10, ✆ 04177/430

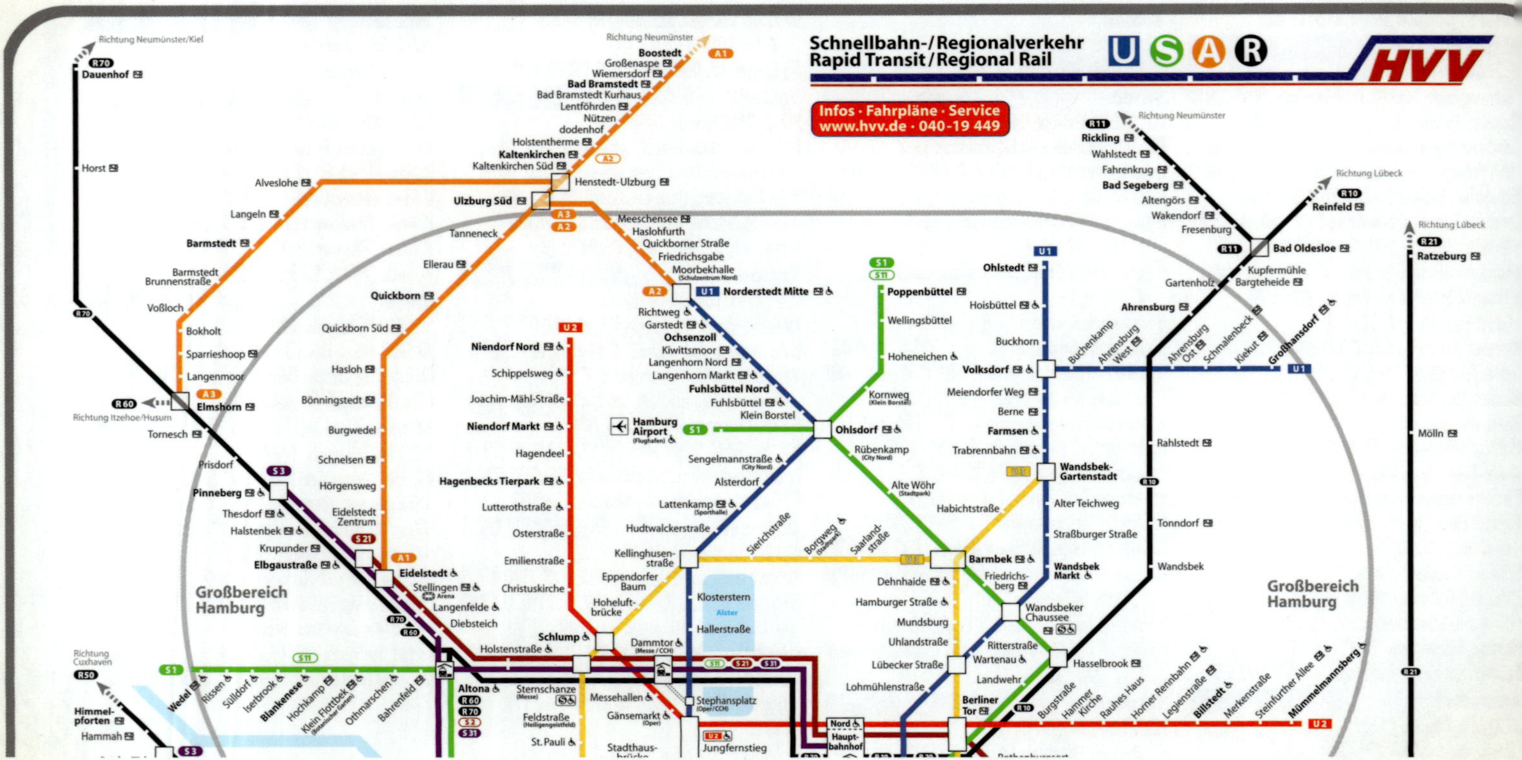

Schnellbahn-/Regionalverkehr
Rapid Transit / Regional Rail
U S A R
HVV
Infos · Fahrpläne · Service
www.hvv.de · 040-19 449
Richtung Neumünster/Kiel
R70
Dauenhof
Horst
Richtung Neumünster
A1
Boostedt
Großenaspe
Wiemersdorf
Bad Bramstedt
Bad Bramstedt Kurhaus
Lentföhrden
Nützen
dodenhof
Holstentherme
Kaltenkirchen
Kaltenkirchen Süd
A2
Henstedt-Ulzburg
Alveslohe
Ulzburg Süd
Langeln
A3
Tanneneck
Meeschensee
Haslohfurth
Quickborner Straße
Friedrichsgabe
Moorbekhalle
Barmstedt
Barmstedt Brunnenstraße
Ellerau
Voßloch
Quickborn
Norderstedt Mitte
Bokholt
Quickborn Süd
Richtweg
Garstedt
Ochsenzoll
Kiwittsmoor
Langenhorn Nord
Langenhorn Markt
Fuhlsbüttel Nord
Fuhlsbüttel
Klein Borstel
Sparrieshoop
Langenmoor
Hasloh
Bönningstedt
Burgwedel
Schnelsen
Hörgensweg
Eidelstedt Zentrum
R60
Elmshorn
Richtung Itzehoe/Husum
Tornesch
Prisdorf
S3
Pinneberg
Thesdorf
Halstenbek
Krupunder
Elbgaustraße
S21
Eidelstedt
Stellingen
Arena
Langenfelde
Diebsteich
U2
Niendorf Nord
Schippelsweg
Joachim-Mähl-Straße
Niendorf Markt
Hagendeel
Hagenbecks Tierpark
Lutterothstraße
Osterstraße
Emilienstraße
Christuskirche
Schlump
Hamburg Airport
(Flughafen)
S1
Sengelmannstraße
(City Nord)
Alsterdorf
Lattenkamp
(Sportplatz)
Hudtwalckerstraße
Kellinghusenstraße
Eppendorfer Baum
Hoheluftbrücke
Klosterstern
Alster
Hallerstraße
Dammtor
(Messe / CCH)
Stephansplatz
(Oper/CCH)
Jungfernstieg
Messehallen
Gänsemarkt
(Oper)
Stadthausbrücke
S11
Poppenbüttel
Wellingsbüttel
Hoheneichen
Kornweg
(Klein Borstel)
Ohlsdorf
Rübenkamp
(City Nord)
Alte Wöhr
(Stadtpark)
Habichtstraße
Sierichstraße
Borgweg
(Stadtpark)
Saarlandstraße
U3
Barmbek
Dehnhaide
Hamburger Straße
Mundsburg
Uhlandstraße
Lübecker Straße
Lohmühlenstraße
Berliner Tor
Nord
Hauptbahnhof
U1
Ohlstedt
Hoisbüttel
Buckhorn
Volksdorf
Meiendorfer Weg
Berne
Farmsen
Trabrennbahn
Wandsbek-Gartenstadt
Alter Teichweg
Straßburger Straße
Wandsbek Markt
Friedrichsberg
Wandsbeker Chaussee
Ritterstraße
Wartenau
Landwehr
Hasselbrook
Buchenkamp
Ahrensburg West
Ahrensburg Ost
Schmalenbeck
Kiekut
Großhansdorf
Richtung Neumünster
R11
Rickling
Wahlstedt
Fahrenkrug
Bad Segeberg
Altengörs
Wakendorf
Fresenburg
Bad Oldesloe
Kupfermühle
Bargteheide
Gartenholz
Ahrensburg
Richtung Lübeck
R10
Reinfeld
Rahlstedt
Tonndorf
Wandsbek
Richtung Lübeck
R21
Ratzeburg
Mölln
Großbereich Hamburg
Großbereich Hamburg
Burgstraße
Hammer Kirche
Rauhes Haus
Horner Rennbahn
Legienstraße
Billstedt
Merkenstraße
Steinfurther Allee
Mümmelmannsberg
Rothenburgsort
Holstenstraße
Sternschanze
(Messe)
Feldstraße
(Heiligengeistfeld)
St. Pauli
Altona
R60
R70
S2
S31
Richtung Cuxhaven
R50
Himmelpforten
Hammah
Wedel
Rissen
Sülldorf
Iserbrook
Blankenese
Hochkamp
Klein Flottbek
(Botanischer Garten)
Othmarschen
Bahrenfeld

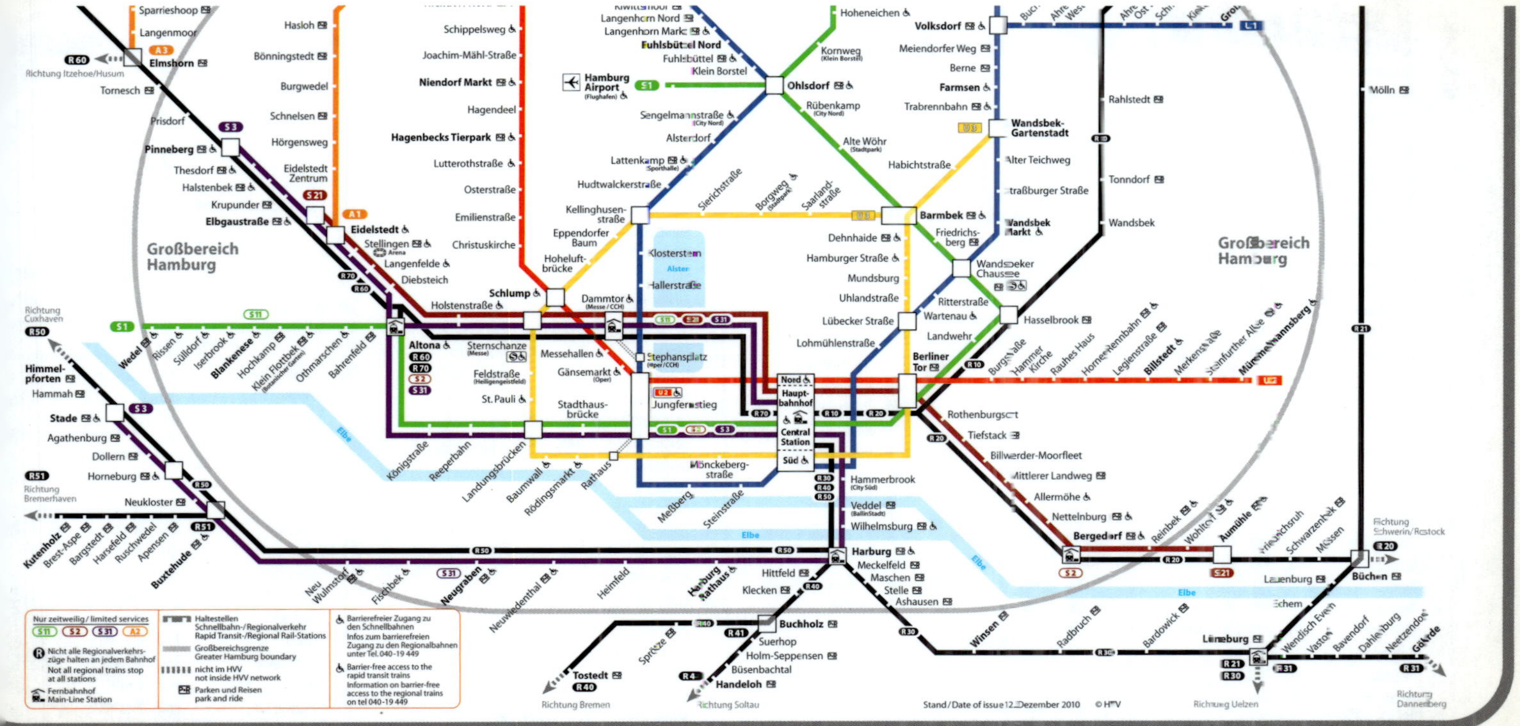

Sparrieshoop
Langenmoor
A3
R60
Elmshorn
Richtung Itzehoe/Husum
Tornesch
Prisdorf
S3
Pinneberg
Thesdorf
Halstenbek
Krupunder
Elbgaustraße
Hasloh
Bönningstedt
Burgwedel
Schnelsen
Hörgensweg
Eidelstedt Zentrum
S21
A1
Eidelstedt
Stellingen
Arena
Langenfelde
Diebsteich
R70
R60
Großbereich Hamburg
Schippelsweg
Joachim-Mähl-Straße
Niendorf Markt
Hagendeel
Hagenbecks Tierpark
Lutterothstraße
Osterstraße
Emilienstraße
Christuskirche
Hamburg Airport
(Flughafen)
S1
Langenhorn Nord
Fuhlsbüttel
Klein Borstel
Ohlsdorf
Alsterdorf
Lattenkamp
Hudtwalckerstraße
Kellinghusenstraße
Eppendorfer Baum
Hoheluftbrücke
Schlump
Dammtor
(Messe / CCH)
Hoheneichen
Kornweg
(Klein Borstel)
Rübenkamp
(City Nord)
Alte Wöhr
(Stadtpark)
Sierichstraße
Borgweg
(Stadtpark)
Saarlandstraße
U3
Barmbek
Habichtstraße
Dehnhaide
Hamburger Straße
Mundsburg
Uhlandstraße
Lübecker Straße
Lohmühlenstraße
Alster
Volksdorf
Meiendorfer Weg
Berne
Farmsen
Trabrennbahn
Wandsbek-Gartenstadt
Friedrichsberg
Wartenau
Ritterstraße
Landwehr
Hasselbrook
Berliner Tor
Rahlstedt
Tonndorf
Wandsbek
Möln
L1
Richtung Cuxhaven
R50
S11
Wedel
Rissen
Sülldorf
Iserbrook
Blankenese
Hochkamp
Klein Flottbek
(Botanischer Garten)
Othmarschen
Bahrenfeld
Altona
Holstenstraße
Sternschanze
(Messe)
Messehallen
Feldstraße
(Heiligengeistfeld)
St. Pauli
Gänsemarkt
(Oper)
Stadthausbrücke
S2
S31
Himmelpforten
Hammah
Stade
Agathenburg
Dollern
Horneburg
Neukloster
R51
Richtung Bremerhaven
Kutenholz
Brest-Aspe
Bargstedt
Harsefeld
Ruschwedel
Apensen
Buxtehude
Elbe
Königstraße
Reeperbahn
Landungsbrücken
Baumwall
Rödingsmarkt
Rathaus
Meßberg
Steinstraße
Nord
Hauptbahnhof
Central Station
Süd
R10
R20
R30
R40
U2
Burgstraße
Hammer Kirche
Rauhes Haus
Legienstraße
Billstedt
Merkenstraße
Rothenburgsort
Tiefstack
Billwerder-Moorfleet
Allermöhe
Nettelnburg
Bergedorf
Reinbek
Aumühle
Schwarzenbek
Müssen
Hammerbrook
(City Süd)
Veddel
(BallinStadt)
Wilhelmsburg
Harburg
Meckelfeld
Maschen
Stelle
Ashausen
Hittfeld
Klecken
Neu Wulmstorf
Fischbek
Neugraben
Neuwiedenthal
Heimfeld
Buchholz
Suerhop
Holm-Seppensen
Büsenbachtal
Handeloh
R41
Tostedt
Richtung Bremen
Winsen
Radbruch
Bardowick
Lüneburg
R21
R31
Büchen
Echem
Bavendorf
Dahlenburg
Göhrde
Richtung Uelzen
Nur zeitweilig / limited services
Nicht alle Regionalverkehrszüge halten an jedem Bahnhof
Not all regional trains stop at all stations
Fernbahnhof
Main-Line Station
Haltestellen Schnellbahn-/Regionalverkehr
Rapid Transit-/Regional Rail-Stations
Großbereichsgrenze
Greater Hamburg boundary
nicht im HVV
not inside HVV network
Parken und Reisen
park and ride
Barrierefreier Zugang zu den Schnellbahnen
Infos zum barrierefreien Zugang zu den Regionalbahnen unter Tel. 040-19 449
Barrier-free access to the rapid transit trains
Information on barrier-free access to the regional trains on tel 040-19 449
Stand / Date of issue 12. Dezember 2010

Ortsindex

Einträge in *grüner Schrift* beziehen sich aufs Übernachtungsverzeichnis.